Projektentwicklung von Fernstraßen durch Private

unter besonderer Berücksichtigung von Ingenieurbauwerken

Thomas Benz

Projektentwicklung von
Fernstraßen durch Private
unter besonderer Berücksichtigung
von Ingenieurbauwerken

ISBN 3-934369-50-2

Umschlaggestaltung: moniteurs, Berlin
Produktion: Systemdruck, Köln

Dr.-Ing. Dipl.-Kfm. Thomas Benz

Projektentwicklung von Fernstraßen durch Private

unter besonderer Berücksichtigung von Ingenieurbauwerken

Ein Modell zur Optimierung der Wirtschaftlichkeit von Investitionen in privatfinanzierte und -betriebene Fernstraßen nach dem Fernstraßenbauprivatfinanzierungsgesetz (FStrPrivFinG)

VORWORT DES VERFASSERS

Die privatwirtschaftliche Realisierung von Investitionen in die öffentliche Infrastruktur gewinnt immer mehr an Bedeutung, da auch in Zukunft davon auszugehen ist, dass aufgrund leerer Staatskassen dringend notwendige Investitionen verschoben oder ganz gestrichen werden.
Besonders im Bereich von Fernstraßen führen unterlassene Erweiterungs- und vor allem Erhaltungsinvestitionen zu einem unter Sicherheitsgesichtpunkten bedenklichen Zustand vieler Straßen. Darüber hinaus verursachen Dauerstau und überfüllte Straßen einen geschätzten volkswirtschaftlichen Schaden von 180 - 200 Mrd. DM/a.

Zur Beseitigung dieser Probleme trat 1994 das Fernstraßenbauprivatfinanzierungsgesetz (FStrPrivFinG) in Kraft, das erstmals mit Hilfe von streckenabhängigen Straßenbenutzungsgebühren, also Maut, eine Refinanzierung des in Fernstraßen investierten Kapitals, welches von privater Seite aufgebracht werden soll, ermöglicht.

Die vorliegende Arbeit wurde mit dem Ziel verfasst, für private Investoren aus der Bau-, Immobilien- oder Kreditwirtschaft ein Instrumentarium zur Verfügung zu stellen, mit dessen Hilfe die Wirtschaftlichkeit gebührenfinanzierter Fernstraßen untersucht und gegebenenfalls optimiert werden kann. Der Schwerpunkt der Betrachtung liegt dabei besonders auf teuren Ingenieurbauwerken, weil die Gebührenfinanzierung gemäß FStrPrivFinG nur für Brücken, Tunnel oder Gebirgspässe Gültigkeit hat. Des Weiteren ist es Anliegen der Arbeit, eine strukturierte Vorgehensweise für die Projektentwicklung von Fernstraßen durch Private zu entwickeln, die es auch ermöglicht, Risiken gezielt zu erfassen, bewerten und einzugrenzen. Dafür wurde eigens ein Risiko-Diagnose-Modell erarbeitet, das über die Ableitung einer projektspezifischen Risikokennzahl die Bewertung der Investition erleichtert.

Die Arbeit entstand während meiner Tätigkeit als wissenschaftlicher Mitarbeiter am Institut für Baubetriebslehre der Universität Stuttgart. Meinem verehrten akademischen Lehrer, Herrn Prof. Dr.-Ing. Fritz Berner, danke ich für die Anregung, Förderung und Betreuung dieser Arbeit sowie für zahlreiche wertvolle Diskussionen. Ebenso danke ich Herrn Prof. Dr.-Ing. Wolfram Ressel, Institut für Straßen- und Verkehrswesen der Universität Stuttgart, für die wissenschaftliche Begutachtung und Übernahme des Mitberichts.

Stuttgart, im September 2000 Dr.-Ing. Dipl.-Kfm.Thomas Benz

Vorwort des Herausgebers

Für die heutige arbeitsteilig organisierte Industriegesellschaft sind für ein funktionierendes Ganzes Fernstraßen Grundvoraussetzung. Mit in das Gesamtverkehrsnetz optimal eingebundenen Fernstraßen werden wesentliche Voraussetzungen für einen passend eingebundenen Standort und somit Wettbewerbsvorteile geschaffen. Leider sind heute die öffentlichen Haushalte aufgrund ihrer Engpässe in den Finanzen nur noch dazu in der Lage, im Wesentlichen die vorhandene Substanz zu erhalten. Somit sinkt seit Jahren der Modernitätsgrad.

Da die Mobilitätsbedürfnisse der Gesellschaft weiterhin wachsen, sind für neue Fernstraßen alternative Finanzierungslösungen sowohl für den Bau, den Betrieb als auch den Unterhalt zu sichern. Mit dem Fernstraßenbauprivatfinanzierungsgesetz von 1994 hat der Gesetzgeber zumindest für teuere Ingenieurbauwerke die Möglichkeit eröffnet, private Konzessionsmodelle einzurichten. Zur Finanzierung dieser Konzessionsmodelle sind streckenabhängige Straßenbenutzungsgebühren vorgesehen. Das Ziel war die verursachungsgerechte Wegekostenabrechnung beim Straßenbenutzer mit gleichzeitiger Mobilisierung privaten Kapitals. Bis heute sind jedoch nur wenige Projekte realisiert, da die Erfahrungen bei der Beurteilung solcher Investitionen fehlen. Hier setzt die vorliegende Arbeit an.

Ziel dieser Arbeit ist es, ein Modell zur Optimierung der Wirtschaftlichkeit von privatfinanzierten Fernstraßen unter besonderer Berücksichtigung von Ingenieurbauwerken zu entwickeln. Im Mittelpunkt der Betrachtung steht dabei neben der Analyse zukünftiger Rückflüsse ein Modell zur Diagnose möglicher Risiken, die speziell bei privatfinanzierten Fernstraßen bestehen. Diese Risiken werden kategorisiert und in Form von einer Checkliste im Rahmen der Begutachtung spezifischen Risikosituationen zugeführt.

Anhand einer Fallstudie werden die kritischen Erfolgsfaktoren ermittelt und nach ihrer Bedeutung sortiert. Somit kann die Wirtschaftlichkeit im Rahmen eines Diagnosemodells umfassend eingegrenzt werden. Der Forschungsarbeit ist eine weite Verbreitung zu wünschen, um die Projektentwicklung von Fernstraßen durch Private zu fördern.

Stuttgart, im September 2000 Prof. Dr.-Ing. Fritz Berner

INHALTSVERZEICHNIS

ABBILDUNGSVERZEICHNIS

ABKÜRZUNGSVERZEICHNIS

A	Autobahn
a	Jahr
AASHTO	American Association of State Highway and Transportation Officials
AZ	Aktenzeichen
B	Bundesstraße
ABBG	Autobahnbenutzungsgebührengesetz
AG	Aktiengesellschaft
Arge	Arbeitsgemeinschaft
BAB	Bundesautobahn
BauGb	Baugesetzbuch
BBauG	Bundesbaugesetz
BGBL	Bundesgesetzblatt
BHO	Bundeshaushaltsordnung
BImschG	Bundesimmissionsschutzgesetz
BMF	Bundesministerium der Finanzen
BMV	Bundesministerium für Verkehr (bis 1.10.1998)
BMV-ARS	Allgemeine Rundschreiben Straßenbau des Bundesministeriums für Verkehr
BMVBW	Bundesministerium für Verkehr, Bau- und Wohnungswesen
BNatSchG	Bundesnaturschutzgesetz
BLOT	Build Lease Operate Transfer
BOL	Build Operate Lease
BOO	Build Operate Own
BOT	Build Operate Transfer
BOOM	Build Operate Own Maintain
BOOT	Build Own Operate Transfer
BOx	Build Operate Variante
BRH	Bundesrechnungshof
bspw	beispielsweise
BStrVermG	Bundestraßenvermögensgesetz
BSVI	Bundesvereinigung der Straßenbau- und Verkehrsingenieure e.V.
BT-Drs.	Bundestags-Drucksache
BTO	Build Transfer Operate

BVWP	Bundesverkehrswegeplan
bzw.	beziehungsweise
ca.	circa
CF	Cash-Flow
CRV	Chance-Risiko-Verhältnis
d	Tag(-e)
DBFO	Design Build Finance Operate
DCF	Discounted Cash-Flow
DEGES	Deutsche Einheit Fernstraßenplanungs- und Baugesellschaft mbH
d.h.	das heißt
DIHT	Deutscher Industrie- und Handelstag
DIW	Deutsches Institut für Wirtschaftsforschung
DM	Deutsche Mark
DOT	Department of Transportation
DSchG	Denkmalschutzgesetz
DSCR	Debt service cover ratio
DTV	Durchschnittlicher täglicher Verkehr
DVWG	Deutsche Verkehrswissenschaftliche Gellschaft
EU	Europäische Union
e.V.	eingetragener Verein
evtl.	eventuell
EWS	Empfehlungen für Wirtschaftlichkeitsuntersuchungen an Straßen
f.	folgend(-e)
ff.	fortfolgend(-e)
FlurbG	Flurbereinigungsgesetz
FGSV	Forschungsgesellschaft für das Straßen- und Verkehrswesen e.V.
FStrAbG	Fernstraßenausbaugesetz
FStrG	Fernstraßengesetz
FStrPrivFinG	Fernstraßenbauprivatfinanzierungsgesetz
GVFG	Gemeindeverkehrsfinanzierungsgesetz
GBP	Great Britain Pounds
GbR	Gesellschaft bürgerlichen Rechts
GG	Grundgesetz
ggf.	gegebenenfalls

GmbH	Gesellschaft mit beschränkter Haftung
HDB	Hauptverband der Deutschen Bauindustrie
HGrG	Haushaltsgrundsätzegesetz
HOAI	Honorarordnung für Architekten und Ingenieure
HStruG	Haushaltsstrukturgesetz
HTF	Highway Trust Fund
HVA-Stb	Handbuch für die Vergabe und Ausführung von Bauleistungen im Straßen- und Brückenbau
i.d.R.	in der Regel
ifo	Institut für Wirtschaftsforschung
inkl.	inklusive
IRI	Instituto per la reconstruzione industriale
ISTEA	Intermodal Surface Transportation Efficiency Act
Jh.	Jahrhundert
Jg.	Jahrgang
Kap.	Kapitel
Kfz	Kraftfahrzeug(-e)
KG	Kommanditgesellschaft
km	Kilometer
km/h	Kilometer pro Stunde
l	Liter
LHO	Landeshaushaltsordnung
LStrG	Landesstraßengesetz
Lkw	Lastkraftwagen
LSVA	Leistungsabhängige Schwerverkehrsabgabe
LVI-BW	Landesverband der Industrie Baden-Württemberg
Mio.	Millionen
Mrd.	Milliarden
MwSt	Mehrwertsteuer
NHS	National Highway System
NHSDA	National Highway System Designation Act
NKV	Nutzen-Kosten-Verhältnis
Öffa	Deutsche Gesellschaft für öffentliche Arbeiten
o.J.	ohne Jahresangabe
o.Jg.	ohne Jahrgang
o.S.	ohne Seitenangabe
o.V.	ohne Verfasserangabe
p	Pence

Pf.	Pfennig
PFP	Public Finance Panel
PPP	Public Private Partnership
Pkw	Personenkraftwagen
RAS	Richtlinien für die Anlage von Straßen
RAS-W	Richtlinien für die Anlagen von Straßen - Teil Wirtschaftlichkeitsbetrachtung
rd.	rund
RDM	Risiko-Diagnose-Modell
ROG	Raumordnungsgesetz
ROI	Return on Investment
ROOM	Refurbish Own Operate Maintain
ROT	Refurbish Operate Transfer
RStO	Richtlinien für die Standardisierung des Oberbaus von Verkehrsflächen
SpA	Società per Azioni (=italienische Rechtsform für AG)
SR	State Route
StrG	Straßengesetz(-e)
StVO	Straßenverkehrsordnung
StVZO	Straßenverkehrszulassungsordnung
t	Tonne(-n)
tkm	Tonnen Kilometer
Tab.	Tabelle
TDM	Tausend Deutsche Mark
TEA	Transportation Equity Act
TEN	transeuropäische Netze
TL	Technische Lieferbedingungen
TV	Technische Vertragsbedingungen
u.a.	unter anderem(-n)
USA	United States of America
usw.	und so weiter
US-$	United States Dollars
UVPG	Umweltverträglichkeitsprüfungsgesetz
VDA	Verband der Automobilindustrie e.V.
vgl.	vergleiche
VOB	Verdingungsordnung für Bauleistungen
VOB/B	VOB Teil B oder "Die Allgemeinen Vertragsbedingungen für die Ausführung von Bauleistungen"

VOB/C	VOB Teil C oder "Die Allgemeinen Technischen Vertragsbedingungen für Bauleistungen"
z.B.	zum Beispiel
ZTV	Zusätzliche Technische Vertragsbedingungen
ZTV-BEA	Zusätzliche Technische Vertragsbedingungen und Richtlinien für die Bauliche Erhaltung von Verkehrsflächen - Asphaltbauweisen
ZTV-Funktion StB	Zusätzliche Technische Vertragsbedingungen Funktionsbauvertrag Straßenbau
z.Zt.	zur Zeit

LITERATURVERZEICHNIS

Aberle, Gerd (1999), Vortrag beim Hauptverband der Deutschen Bauindustrie am 18.11.1999 in Hamburg, in: Bauindustrie aktuell, 11-12, 1999, S. 5

Abolins, Karlis (1984), Projektfinanzierungen als Instrument für Joint-Venture Finanzierungen, in: Sparkasse, 101, 1984, 7, S. 253 - 256

Alda, Willi (1998), Projektentwicklung in der Immobilienwirtschaft, Vorlesungsmanuskript des Instituts für Baubetriebslehre, Universität Stuttgart

Alfen, Hans-Wilhelm (1999a), Neue Wege der Straßenfinanzierung in Deutschland, in: Tief-Ingenieur-Straßenbau, 41, 1999, 7, S. 14 ff.

Alfen, Hans-Wilhelm (1999b), Projektentwicklung Infrastruktur als Geschäftsfeld der Bauindustrie (Teil 1) in: Bauwirtschaft 53, 1999, 4, S. 16-18

Alfen, Hans-Wilhelm (1999c), Projektentwicklung Infrastruktur als Geschäftsfeld der Bauindustrie (Teil 2) in: Bauwirtschaft 53, 1999, 5, S. 22-24

Alfen, Hans-Wilhelm (1999d), Rednerbeitrag im Workshop Verkehrs- und Erlösprognosen bei privatfinanzierten Infrastrukturprojekten, in: Bauindustrie aktuell, o.Jg., 1999, S. 7-8

Andreae, Nicolaus (1999), Politik darf Straßenbau als Arbeitsplatzmotor nicht unterschätzen, in: Bauindustrie aktuell, o.Jg., 1999, 1-2, S. 3

Andreae, Nicolaus / Barz, Günter / Deyhle, Karl-Heinz (1994), Konzeptionen für den künftigen Bau und Betrieb der deutschen Autobahnen, in: Straße und Autobahn, 44. Jg., 1994, 12, S.770-773

Andreas, Dieter / Sauter, Bernhard / Rademacher, Günther (1992), Projektcontrolling und Projektmanagement im Anlagen- und Systemgeschäft, 5. Auflage, Frankfurt: Maschinenbau Verlag, 1992

Aring, Jürgen (1992), Verkehrsmanagement und Straßengebühren, in: Stadtbauwelt, o. Jg., 1992, 12, S. 620-623

Axhausen, Kay	(1996), Internationale Erfahrungen über die Reaktion der Verkehrsnachfrage bei einer Gebührenerhebung auf Straßen, in: Deutsche Verkehrswissenschaftliche Gesellschaft e.V. (1996), S. 122-145
Axhausen, Kay / Jones, Peter M.	(1991), Straßengebühren – Ein Instrument des Verkehrsmanagements, in: Stadtbauwelt, o. Jg., 1991, 12, S. 606 – 611
Backhaus, Klaus	(1988), Projektfinanzierung, in: Handwörterbuch der Finanzwirtschaft, Stuttgart: Schaeffer-Poeschel Verlag, 1988, S. 1728 – 1736
Backhaus, Klaus/ Sandrock Otto / Schill, Jörg / Uekermann, Heinrich	(Hrsg., 1990), Projektfinanzierung – wirtschaftliche und rechtliche Aspekte einer Finanzierungsmethode für Großprojekte, Stuttgart: Schaeffer-Poeschel, 1990
Backhaus, Klaus / Uekermann, Heinrich	(1990), Die Projektfinanzierung – Eine Methode zur Finanzierung von Großprojekten, in: Wirtschaftswissenschaftliches Studium, 19, 1990, 3, S. 106 – 112
Backhaus, Klaus / Köhl, Thomas / Behrens, Holger	(1997), Varianten der Projektfinanzierung, Arbeitspapier des Betriebswirtschaftlichen Instituts für Anlagen und Systemtechnologie, Münster: Förderkreis für Investitionsgütermarketing, 1997
Bailey, Eric	(1998), California and the west: taking it toll, in: Los Angeles Times, 01.03.1998, S.A-3
Bartholmai, Bernd	(1999), Zur Entwicklung der Bauwirtschaft 1999 und 2000 – Rückgang im Ausbaugewerbe bisher unterschätzt, Tabelle 5: Entwicklung und Vorausschätzung des Bauvolumens in Deutschalnd, DIW – Wochenbericht 13/99
Bartlsperger, Richard / Blümel, Willi / Schroeter, Hans-Wolfgang	(Hrsg., 1980), Ein Vierteljahrhundert Straßengesetzgebung, Hamburg: Joachim Heitmann Verlag, 1980

Bauermeister, Ulrich — (1997), Chancen und Risiken von Sonderfinanzierungen im Verkehrsbereich – dargestellt am Beispiel Warnowtunnel, Seminar „Neue Märkte durch Überführung öffentlicher Infrastrukturaufgaben in die Privatwirtschaft" am 15./ 16. September 1997, Veranstalter Stein Akademie – Geoplan GmbH, Iffezheim

Bauermeister, Ulrich / Becherer, Hartmut / Wolff Kurt — (1996), Maut auf der Ortsdurchfahrt einer Bundesstraße, in: Straßenverkehrstechnik, 47, 1996, 10, S. 473-484

Baustatistisches Jahrbuch — (1999), Baustatistisches Jahrbuch, Hauptverband der Deutschen Bauindustrie, Frankfurt am Main: Graphia-Huss Verlag, erscheint jährlich

Bayerischer Bauindustrieverband — (Hrsg., 1992), Private Finanzierung öffentlicher Bauvorhaben, München: Bayerischer Bauindustrieverband, 1992

Bea, Franz Xaver / Dichtl, Erich / Schweitzer, Marcell — (Hrsg.; 1991); Allgemeine Betriebswirtschaftslehre, 5. Auflage: Stuttgart, Fischer Verlag, 1991

Behrendt, Jürgen — (1992), Das Programm des Bundes zur Umwandlung vorhandener Straßen in intelligente Straßen, in: Deutsche Verkehrswissenschaftliche Gesellschaft e.V. (1992), S. 40-58

Behrendt, Jürgen / Hahn, Wolfgang / Huber, Jürgen — (1996), Finanzierung und Betrieb von Autobahnen, in: Straße und Autobahn, 47, 1996, 1, S. 5-21

Berger, Roland — (1995), Untersuchung zur Privatisierung von Bundesautobahnen, München, Bonn, 1995

Berger, Roland — (1996), Besseres Management und höheres Kostenbewusstsein durch private Organisation und Finanzierung der Verkehrsinfrastruktur, in: Deutsche Verkehrswissenschaftliche Gesellschaft e.V. (1996), S. 11-27

Berner, Fritz — (1999a), Vom Bauunternehmen von heute zum Dienstleistungsunternehmen von morgen? Vortrag vom 8.6.1999 auf dem 4. Deutschen Baukongress in Frankfurt a.M. 1999, Veranstalter: Institute for International Research

Berner, Fritz — (1999b), Projektentwicklung im Geschosswohnungsbau, Institut für Baubetriebslehre, Universität Stuttgart

Berner, Fritz / Benz, Thomas — (1999), Chancen der Insolvenzrechtsreform und ihre Auswirkungen auf die Bauwirtschaft, in: Bauzeitung, 53, 1999, 1, S. 84–87

Beyer, Eberhard — (1997), Zukunftsszenarien für öffentlich-private Partnerschaften im Verkehrssektor, in: Deutsche Verkehrswissenschaftliche Gesellschaft e.V. (1997), S. 99-106

Blöhm, Hans/ Lüder, Klaus — (1995), Investition, 7. Auflage, München, Verlag Vahlen, 1995

Blümel, Willi — (Hrsg., 1993), Verkehrswegerecht im Wandel, Berlin: Dunker & Humbolt, 1993

Blümel, Willi — (1980), Die Straßenplanung im System der Raumplanung, in: Bartelsperger, Blümel, Schroeter (1980), S. 309-342

Billand, Frank — (1989), Projektfinanzierung und –entwicklung im Auslandsbau – Erfahrungen und Perspektiven aus der Sicht eines Bauunternehmers, in: Horväth, 1989, S. 323-339

Bobinger, Rupert — (1996), Optimierung des Verkehrs durch Preissteuerung, in: Straßenverkehrstechnik, o.J. 1996, 12, S. 589-595

Bouygues — (1996), Pressemitteilung Bouygues: Rostocker Warnowquerung, Rostock, September 1996

Brede, Helmut — (1988), Privatisierung und die Zukunft der öffentlichen Wirtschaft, Schriftenreihe der Gesellschaft für öffentliche Wirtschaft und Gemeinwirtschaft Band 29, 1. Auflage, Baden-Baden: Nomos Verlagsgesellschaft, 1988

Brohm, Winfried — (1980), Straßenplanung und Bauleitplanung, in: Bartelsperger, Blümel, Schroeter (1980), S. 343-384

Brüderle, Rainer — (1994), Die erste privatfinanzierte Straßenbrücke Deutschlands, in: Der langfristige Kredit, o. Jg., (1994), 22, S. 744–747

Bundesministerium der Finanzen (1991), Bericht der Arbeitsgruppe: Private Finanzierung öffentlicher Infrastruktur, Bonn: Bundesministerium der Finanzen, 1991

Bundesministerium der Finanzen (1997a), Das Haushaltssystem der Bundesrepublik Deutschland, Bonn, 1997

Bundesministerium der Finanzen (1997b), Der Finanzplan des Bundes 1997 bis 2001, Bonn, 1997

(bis November 1998)

Bundesministerium für Verkehr (1992), Bundesverkehrswegeplan 1992, Bonn, 1992

Bundesministerium für Verkehr (1994), Gesetz über den Bau und die Finanzierung von Bundesfernstraßen durch Private vom 30.08.1994 (Fernstraßenbauprivatfinanzierungsgesetz) FstrPrivFinG, 1994
BGBL.I 1994 S. 2243

Bundesministerium für Verkehr (1995a), Zweiter Bericht über Schäden an Bauwerken der Bundesverkehrswege, Bonn, 1995

Bundesministerium für Verkehr (1995b), Betreibermodelle nach dem Fernstraßenbauprivatfinanzierungsgesetz, Bonn, 1995

Bundesministerium für Verkehr (1997a), So plant der Bund seine Verkehrswege: Investitionspolitische Ziele des Bundesverkehrswegeplans 1992, Bonn, 1997

Bundesministerium für Verkehr (1997b), Privatfinanzierung/Privatisierung von Bundesfernstraßen: Sachstand und Perspektiven, Bonn, 1997

Bundesministerium für Verkehr (1998), Private Vorfinanzierung beschleunigt Straßenbau, in: Verkehrsnachrichten, o. Jg. 1998, 4, S. 2

(ab Dezember 1998)

Bundesministerium für Verkehr, Bau- und Wohnungswesen (1999a), Bundesverkehrswegeplan wird überarbeitet, in: o.Jg., Verkehrsnachrichten, 1999, 8-9, S. 12-14

Bundesministerium für Verkehr, Bau- und Wohnungswesen (1999b), Investitionsprogramm 1999-2000, in: Verkehrsnachrichten, o. Jg. 1999, 11, S. 1-2

Bundesministerium für Verkehr, Bau- und Wohnungswesen (1999c), Startschuss für Road Pricing, Presseinformation vom 22.12.1999, Berlin, 1999

Bundesministerium für Verkehr, Bau- und Wohnungswesen (1999d), Neue Sätze für LKW-Autobahnbenutzungsgebühren, in: Verkehrsnachrichten, o.Jg, 1999, 12, S. 5

Bundesvereinigung der Straßenbau- und Verkehrsingenieure e.V. (1998), Privatfinanzierung: Chance für die Straßen, Hannover: Bundesvereinigung der Straßenbau- und Verkehrsingenieure e.V., 1998

Bundesverwaltungsgericht (1999), Urteil zum Fernstraßenrecht, Privatfinanzierung eines Straßenbauvorhabens – Planrechtfertigung, AZ 4 A 12.98 vom 20.5.1999 in: Baurecht, 10, 99, S. 1156–1158

Bungarten, Hermann-Josef (1996), Alternative Finanzierungskonzepte für die private Finanzierung öffentlicher Investitionen, in: Zeitschrift für das Kreditwesen, 49, 1996, 14, S. 12-15

Büschgen, Hans / Ergenzinger, Till (1993), Privatwirtschaftliche Finanzierung und Erstellung von Verkehrsinfrastruktur-Investitionen, Forschungsbericht des Forschungsinstituts für Leasing der Universität Köln, Knapp Verlag, 1993

BWI Baubetriebswirtschaftliches Institut der Bauindustrie (Hrsg., 1993), Bauplanung und Bauausführung in Studium und Beruf, Düsseldorf, 1993

BWI Baubetriebswirtschaftliches Institut der Bauindustrie (Hrsg.; 1997), Tagungsunterlagen der Fachtagung „Private Finanzierung öffentlicher Bauten – Bauen trotz knapper Haushalte" – 23.10.1997, Arnsberg

Cofiroute (1998), International Activities, im Internet: www.cofiroute.fr./UK/protrait/internat.htm

Commerzbank (1997), Projektfinanzierung, Betreiber- und Konzessionsmodelle, Essen, 1997

Del Mestre, Guido (1998), Straßen mit geringsten Kosten aufrechterhalten, in: Bauwirtschaft, 52, 1998, 11, S. 21-23

DER ELSNER – Handbuch für Straßen- und Verkehrswesen (Hrsg., 1999), DER ELSNER – Handbuch für Straßen- und Verkehrswesen 1999, Berlin: Otto Elsner Verlagsgesellschaft, 1999

Deutsche Bank Research (1994), Privatisierung des Bundesautobahnnetzes – Chance für die Verkehrs- und Finanzpolitik, Sonderbericht der Deutschen Bank Research, Frankfurt, 1994

Deutsche Verkehrswissenschaftliche Gesellschaft e.V. (Hrsg., 1991) Privatisierung im Verkehr, Band 145, Bergisch Gladbach, Deutsche Verkehrswissenschaftliche Gesellschaft e.V., 1991

Deutsche Verkehrswissenschaftliche Gesellschaft e.V. (Hrsg., 1992), Die intelligente Straße, Band 159, Bergisch Gladbach, Deutsche Verkehrswissenschaftliche Gesellschaft e.V., 1992

Deutsche Verkehrswissenschaftliche Gesellschaft e.V. (Hrsg., 1996), Privatisierung der Autobahnen, Band 188, Bergisch Gladbach, Deutsche Verkehrswissenschaftliche Gesellschaft e.V., 1996

Deutsche Verkehrswissenschaftliche Gesellschaft e.V. (Hrsg., 1997), Öffentlich-Private Partnerschaften im Verkehrssektor, Band 193, Bergisch Gladbach, Deutsche Verkehrswissenschaftliche Gesellschaft e.V., 1997

Deutscher Verband der Projektsteuerer e.V. (Hrsg., 1998), Strategie des Projektmanagements Teil 1: Verkehrsprojekte, Wuppertal, Deutscher Verband der Projektsteuerer e.V., 1998

Diederichs, Claus Jürgen (1996), Grundlagen der Projektentwicklung, in: Schulte, 1996, Kapitel 1

Diederichs, Claus Jürgen (Hrsg., 1996), Handbuch der strategischen und taktischen Bauunternehmensführung, Wiesbaden/ Berlin 1996

Dörries, Wolfgang (1993), Neue Aspekte der Bundesverkehrswegeplanung, in: Staße und Autobahn, 1993, 2, S. 57-59

Drukarczyk, Jochen (1991), Finanzierung, in: Bea, Dichtl, Schweitzer (1991), Band 3, S. 257–335

Eifert, Helmut (1998), Tagungsbericht Deutscher Straßen- und Verkehrskongreß Leipzig, in: Beton, 48, 1998, 12, S. 762 - 763

Ekardt, Felix (1997), Zur Verfassungsmäßigkeit der so genannten Privatfinanzierung von Straßen, Verwaltungsblätter für Baden-Württemberg, o. Jg., 1997, 8, S. 281-320

Enderlein, Heinz / Link, Heike (1992), Berechnung der Wegekosten- und Wegeausgabendeckungsgrade für den Straßenverkehr in den alten Ländern der Bundesrepublik Deutschland für das Jahr 1991, Gutachten im Auftrag des Bundesministeriums für Verkehr, Berlin, 1992

Erbach, Jürgen (1997), Public Private Partnership – Die Bedeutung privater Finanzierungen öffentlicher Infrastrukturmaßnahmen für die Bauwirtschaft, Dissertation an der Bergischen Universität Gesamthochschule Wuppertal, Berlin/Bonn/Wuppertal, 1997

Estermann, G. (1985), Straßenfinanzierung – eine internationale Übersicht, in: Schriftenreihe Straßenforschung des österreichischen Bundesministeriums für Bauten und Technik, Heft 281, Wien, 1985

Ewers, Hans-Jürgen (1996), Organisatorische Lösungen für eine Privatisierung der Verkehrsinfrastruktur, in: Deutsche Verkehrswissenschaftliche Gesellschaft e.V. (1996), S. 73-84

Ewers, Hans-Jürgen / Tegner, Henning (1997), Strategische Verkehrsplanung in Europa, Beitrag zum 14. ECTM-Symposium der TU Berlin, Fachgebiet Wirtschafts- und Infrastrukturpolitik, Berlin, 1997

Ewers, Hans-Jürgen / Tegner, Henning (1996), Finanzierung transeuropäischer Netze, Veröffentlichung des Instituts für Verkehrswissenschaft der Universität Münster, Münster, 1996

Ewers, Hans-Jürgen / Rodi, Hansjörg (1995), Privatisierung der Bundesautobahnen, Forschungsbericht des Instituts für Verkehrswissenschaft der Universität Münster, Band 134, Göttingen: Vandenhoeck Rubrecht Verlag 1995

Ewers, Hans-Jürgen / Tegner Henning (1999), Entwicklungschancen der privaten Realisierung von Verkehrsinfrastruktur in Deutschland, Endbericht zum Forschungsvorhaben, Berlin, 1999

Fickert, Hans Carl (1980), Inhalt, Rechtswirkung und Anwendungsbereich der straßenrechtlichen Planfeststellung, in: Bartelsperger, Blümel, Schroeter (1980), S. 385-402

Fixler, Philip (1987), Phasing the user-pays concept on urban freeways: the privatization strategy, in: Transportation Research Board (1987), S. 112-119

Fleischer, Erwin (1999), Vortrag beim Hauptverband der Deutschen Bauindustrie am 18.11.1999 in Hamburg, in: Bauindustrie aktuell, 11-12, 1999, S. 4

Forschungsgemeinschaft Durth, Roos Consulting - Ressel + Partner (1999), Funktionsbauverträge – Schlussbericht zum Forschungsvorhaben im Auftrag des Bundesministeriums für Verkehr, Bau und Wohnungswesen, unveröffentlicht, später in: ZTV – Funktion – StB

Franke, Horst (1996), Europäischer Baumarkt, in: Diederichs, Claus Jürgen (1996), S. 513-541

Friauf, Karl Heinrich (1980), Die Straßenbaufinanzierung, in: Bartelsperger, Blümel, Schroeter (1980), S. 209-224

Funk, Jürgen (1988), Sonderformen der Außenhandelsfinanzierung, in: Finanzierungshandbuch, 2. Auflage, Wiesbaden: Gabler, 1988, S. 397 – 443

Funck, Rolf (1988), Straßenverkehrssteuern, in: Handbuch der Wirtschaftswissenschaften (HdWW), Stuttgart u.a., 1988, S. 468 – 479

Gabler Wirtschaftslexikon (1997), Gabler Wirtschaftslexikon, 14. Auflage, Wiesbaden 1997

Gaiser, Herbert (1992), Betreibermodelle aus dem Verkehrs- und Abwasserbereich, in: Bayerischer Bauindustrieverband (1992), S. 31-52

Girmscheid, Gerhard / Behnen, Oliver (1998), Chancen der Bauindustrie auf dem internationalen Baumarkt unter besonderer Betrachtung von Konzessionsmodellen, Veröffentlichung des Instituts für Bauplanung und Baubetrieb ETH Zürich, Zürich, 1998

Girmscheid, Gerhard / Benz, Pascal (1998), Neue Geschäftsfelder für Bauunternehmungen: BOT – Build Operate Transfer, Diplomarbeit am Institut für Bauplanung und Baubetrieb ETH Zürich, Zürich, 1998

Güthert, Ralf (1999), Privatfinanzierung nach dem Thüringer Modell, in: Bauwirtschaft, 53, 1999, 8, S. 16-17

Gomez-Ibanez, Meyer, John (1993), Going Private: The international Experiance with Transport Privatization, Washington D.C.: Brookings Institution Press, 1993

Görisch, Uwe (1999), Realisierung von Projekten nach dem Fernstraßenbauprivatfinanzierungsgesetz, Vortrag vom 27.1.1999 im Umwelt- und Verkehrsministerium Baden – Württemberg Veranstaltung VSVi, Stuttgart

Grandjot, Hans-Helmut (1997), Kundenorientierte Betreiberangebote im Verkehrsbereich als Marktchance für die Bauwirtschaft, in: Bauindustrie, aktuell, 1997, 7-8, S. 3

Gräser, Alfons (1995), Organisationsmodelle und Investitionsmanagement zum Bau und Betrieb der kommunalen Abwasserbeseitigung, Dissertation an der Universität Stuttgart, Ehningen: Expert Verlag, 1995

Gratza, Hugo / Hahn, Wolfgang / Steenken, Nicolaus (1996), Möglichkeiten einer Privatisierung von Bundesautobahnen, in: Internationales Verkehrswesen, 48, 1996, 6, S. 13-19

Grosse, Paul (1990), Projektfinanzierung aus Bankensicht, in: Backhaus, Sandrock, Schill, Uekermann (Hrsg.), 1990, S. 41 – 62

Grupp, Klaus (1993), Rechtsprobleme der Privatfinanzierung von Verkehrsprojekten, in: Blümel (1993), S. 129 – 148

Gutmannsthal-Krizanits, Harald (1994), Risikomanagement von Anlagenprojekten, Wiesbaden: Deutscher Universitätsverlag, 1994

Haag, Martin (1993), Auswirkungen von Road Pricing, in: Der Nahverkehr, o. Jg., 1993, 5, S. 13-20

Habermann, Ulrich (1998a), Forschung und Entwicklung im Straßenbau weiterhin von großer Bedeutung, in: Bauwirtschaft, 52, 1998, 10, S. 30-32

Habermann, Ulrich (1998b), Verkehr stiftet hohen volkswirtschaftlichen Nutzen, in: Bauwirtschaft, 52, 1998, 2, S. 30-32

Habermann, Ulrich (1999a), Transeuropäische Netze – Schwerpunkt Schiene, in: Bauwirtschaft, 53, 1999, 2, S.23-26

Habermann, Ulrich (1999b), Wunsch und Wirklichkeit – Der Bundesverkehrswegeplan, in: Bauwirtschaft, 53, 1999, 4, S. 31–33

Hahn, Dietger (1986), Planungs- und Kontrollrechnung, 3. Auflage, Wiesbaden: Gabler, 1986

Hahn, Werner (1996), Pkw-Verkehr in Europa bis zum Jahr 2005, ifo Schnelldienst, Nr. 32, 1996, München, S. 3-23

Handbuch des kommunalen Immobilienleasing (1998), Leasing Handbuch für die öffentliche Hand, 4. Auflage, Lichtenfels: Leasoft Verlag, 1998

Hansestadt Rostock (1995) Die erste Bundesstraße durch Private, Presseinformation vom 21.9.1995, Amt für Pressearbeit und Stadtmarketing, Rostock, 1995

Hansestadt Rostock (1997) Bouygues baut Warnowquerung, Presseinformation vom 3.6.1997, Amt für Pressearbeit und Stadtmarketing, Rostock, 1997

Hauptverband der Deutschen Bauindustrie (1991), Leasing-Modell zur privatwirtschaftlichen Finanzierung und Betreibung von Bundesautobahnen, Hauptverband der Deutschen Bauindustrie, Bonn, 1991

Hauptverband der Deutschen Bauindustrie (1995), Bauwirtschaft im Zahlenbild, Hauptverband der Deutschen Bauindustrie, Bonn 1995

Hauptverband der Deutschen Bauindustrie (1997a), Privatisierung von Infrastrukturprojekten, Hauptverband der Deutschen Bauindustrie, Bonn, 1997

Hauptverband der Deutschen Bauindustrie (1997b), Bauwirtschaft im Zahlenbild, Hauptverband der Deutschen Bauindustrie, Bonn 1997

Hauptverband der Deutschen Bauindustrie (1997c), Bericht der interministeriellen Arbeitsgruppe private Finanzierung, in: Bauindustrie aktuell, 3-4, 1997, S. 4

Hauptverband der Deutschen Bauindustrie (1999a), Parlamentarierbrief zur Verkehrsinfrastruktur, in: Bauindustrie aktuell, 1999, 3-4, S. 1–5

Hauptverband der Deutschen Bauindustrie (1999b), Sparmaßnahmen der Städte gehen zu Lasten der Bauausgaben, in: Bauindustrie aktuell, 1-2, 1999, S. 2 – 3

Heiermann, Wolfgang (1998a), Vergaberecht aktuell – Baukonzession, in: Bauwirtschaft, 52, 1998, 2, S. 41-42

Heiermann, Wolfgang (1998b), Der Funktionsbauvertrag, in: Bauwirtschaft, 52, 1998, 10, S. 33-38

Heintzeler, Frank (1983), Internationale Projektfinanzierung, in: Zeitschrift für das gesamte Kreditwesen, o.Jg., 1983, 13, S. 601 – 604

Hensler, Friederich (1986), Investitionsanalyse bei Hochbauten, Dissertation an der Universität Stuttgart, Wiesbaden: Verlag, 1986

Herold, Bodo (1987), Risiko-Management im Baubetrieb, Dissertation an der Universität-Gesamthochschule Essen, Essen, 1987

Heusch, Heinz (1993), Verkehrsdaten für Straßenbauprojekte, in: Straße und Autobahn, 43 , 1993, 2, S. 66-71

Hinrichs, Konrad (1996), Wege in der Krise, Festvortrag vom 9.12.1996 anlässlich der Gerhard Drees Förderpreis Verleihung, Institut für Baubetriebslehre, Universität Stuttgart, 1996

Hochtief (1999), Travequerung, Lübeck, PROJECT kontakt, Essen, HOCHTIEF, 1999

Höpfner, Kai-Uwe (1995), Projektfinanzierung, 1. Auflage, Göttingen: Verlag Otto Schwartz & Co, 1995

Hofmann, Heinz (1996), Private Public Partnership, in: Diederichs, Claus Jürgen (1996), S. 427-443

Horváth, Péter (Hrsg.,1989), Internationalisierung des Controlling, Stuttgart: Poeschel- Verlag, 1989

Horváth, Péter — (1996), Controlling, 6. Auflage, München: Vahlen Verlag (1996)

Huber, Hans-Jürgen — (1996), Untersuchungsergebnisse zur Autobahnprivatisierung und Finanzierung durch Benutzungsgebühren, in: Deutsche Verkehrswissenschaftliche Gesellschaft e.V. (1996), S. 28-72

Jacob, Dieter / Otto, Jan-Peter — (1998), Private Financing of Public Infrastrukture Projekts – actual examples in Great Britain and the possibility of their adoption in Germany, Diplomarbeit an der Technischen Universität Bergakademie Freiberg, Freiberg, 1998

Keuchel, Stefan — (1992), Internationale Erfahrungen mit Staßenbenutzungsgebühren im Straßenverkehr, in: Internationales Verkehrswesen, 44, 1992, 10, S. 377-386

Kiethe, Kurt / Hektor, Doris — (1996), Grundlagen und Techniken der Projektfinanzierung, Deutsches Steuerrecht, 34, 1996, 25, S. 977-983

Kirchhoff, Ulrich / Müller-Godeffroy, Heinrich — (1992), Finanzierungsmodelle für kommunale Investitionen, 3. Auflage, Stuttgart: Deutscher Sparkassenverlag, 1992

Knackstedt, Jürgen — (1999), Privatisierung der Straßenunterhaltung – Erfahrungen aus Sicht der Thüringer Straßenbauverwaltung, Vortrag am Institut für Straßen und Verkehrswesen der Universität Karlsruhe, 12.01.1999

Knepper, Siegfried Sulten, Peter — (1997), Auf dem Weg zur systematischen Straßenerhaltung, in: Straße und Autobahn, 48, (1997), 11, S. 605-613,

Knieps, Günter — (1991), Möglichkeiten und Grenzen einer Privatisierung im Verkehr, in: Deutsche Verkehrswissenschaftliche Gesellschaft e.V. (1991), S. 7-17

Knipper, Michael — (1998), Forderungen der Aktionsgemeinschaft Bau, in: Bauindustrie aktuell, o.Jg., 1998, 9, S. 1

Knoll, Eberhard — (1999), Straßenverwaltung in: DER ELSNER (1999), S. 213 – 385

Krause, Gerd (1993), Genaue Gebührenerfassung mit Navigations-Satelliten, in: VDI-Nachrichten, 20. August 1993, S. 3

Kremer, Gottfried (1996), Privatisierung von Infrastruktureinrichtungen, in: Nicklisch (1996), S.51-67

Kutter, Manfred (1999), Straßenunterhaltung und Betriebsdienst, in: DER ELSNER (1999), S. 985 – 1076

Leichnitz, Wolfhard (1999), Neue Wege in der Infrastrukturfinanzierung, in: Bauwirtschaft, 53, 1999, 8, S. 12-13

Limberger, Gerhard (1998), Public Private Partnership im Verkehr Rechtliche Rahmenbedingungen einer mautfinanzierten Autobahnstrecke, Rechtsanwaltskanzlei Bruckhaus Westrick Heller Löber, Frankfurt a. M., 1999

Link, Heike (1996), Immer noch Nachholbedarf bei der Verkehrsinfrastruktur in Ostdeutschland, in: Wochenbericht 50 des Deutschen Instituts für Wirtschaftsforschung, 1996, Berlin

Lookwood, Stephen (1995), Public Private Partnership in US-Highway Finance: ISTEA and Beyond, in: Transportation Quarterly, 49, Winter 1995, 1, S. 5-26

Luberoff, David (1997), The U.S. highway finance system: Much more than meets the eye, in: Journal of Project Finance, 3 Fall 1997, 3, S. 37-52

Mahnke, Lothar / Middendorf, Bodo (1997), Private Finanzierung öffentlicher Infrastruktur, in: Jahrbuch 1997 des Verbandes der Bauindustrie für Niedersachsen e.V., S. 22–90

Maier, Kurt (1999), Risikomanagement im Immobilienwesen, Frankfurt am Main: Fritz Knapp Verlag, 1999

McKay, Charles (1989), Möglichkeiten der privatwirtschaftlichen Finanzierung von Verkehrsinfrastrukturinvestitionen in der EG , Beiträge des Institut für Verkehrswissenschaft der Universität Münster, Münster, 1989

Media Daten (1997), Media-Daten 1997 für den Raum Stuttgart, Walluf: Media Daten Verlag,1997

Meisert, G. (1993), Bauunternehmer als Projektentwickler, in: BWI Bau, (1993), Düsseldorf, 1993, S. 31-48

Merkel, Ernst (1993), Privatfinanzierung Modell Mogendorf – Chancengleichheit für den Mittelstand, in: Ministerium für Wirtschaft Rheinland Pfalz, (1993), S. 2-5

Merkel, Ernst (1996), Neue Finanzierungsformen zum Aufbau der Verkehrsinfrastruktur in Deutschland, in: Steinmann, Haardt (1996), S. 71-80

Ministerium für Umwelt und Verkehr Baden-Württemberg (1998), Machbarkeitsstudie für ein Betreibermodell nach dem Fernstraßenbauprivatfinanzierungsgesetz, B 10 Nordtangente Karlsruhe, unveröffentlichtes Gutachten, Stuttgart, Bonn, 1998

Ministerium für Umwelt und Verkehr Baden-Württemberg (Hrsg., 1998), Straße und Gesellschaft – Stellenwert der Straße aus heutiger Sicht, Dokumentation der Tagung am 3.2.1998, Stuttgart, 1998

Ministerium für Wirtschaft Rheinland Pfalz (1993), Privatfinanzierung „Modell Mogendorf", Aktuell im Gespräch, Ausgabe 5, 1993, S. 2-4

Möller, Jörg/ Schramm, Frank (1996). BOT-Geschäfte: Finanzierung und Risikomanagement, Arbeitspapier Nr. 4 der Fachhochschule Rheinland-Pfalz, Abteilung II Wirtschaftswissenschaften, Mainz, 1996

Müller, Ulrich (1999), Verkehrspolitik und Standortqualität, in: Stiftung Bauwesen, 1999, S. 15-34

Müntefering, Franz (1999), Die Verkehrspolitik der Bundesregierung, Einführungsreferat des Bundesministers für Verkehr, Bau- und Wohnungswesen, Bonn, 1999

Nagel, Walter (1997), Straßengesetz für Baden-Württemberg, 3. Auflage, Stuttgart, München: Richard Boorberg Verlag, 1997

Natzschka, Henning (1996), Straßenbau: Entwurf und Technik, 1. Auflage, Stuttgart: Teubner, 1996

Nevitt, Peter (1983), Project Financing, 4. Auflage, London: Euromoney Publications, 1983

Nicklisch, Fritz (Hrsg., 1993), Rechtsfragen pivatfinanzierter Projekte, Heidelberg: C.F. Müller Verlag, 1994

Nicklisch, Fritz (Hrsg., 1996), Partnerschaftliche Infrastrukturprojekte, Heidelberg: C.F. Müller Verlag, 1996

Olfert, Klaus (1992), Finanzierung, 7. Auflage, Ludwigshafen: Kiehl Verlag (1992)

o.V. (1999a), Hochtief und Bilfinger sollen Maut-Tunnel bauen, in: Die Welt, 13.03.1999

o.V. (1999b), Im Jahr 2005 soll Herrentunnel fertig sein, in: Lübecker Stadtzeitung, 69, 1999

Ohl, Hanns-Peter (1998), Erfahrungen mit der Umsetzung von Straßen-BOT-Modellen im In- und Ausland, in: Deutscher Verband der Projektsteuerer e.V. (1998)

Ostrowski, Rüdiger (1993), Neue Wege der Infrastrukturfinanzierung, in: Zeitschrift für Verkehrswissenschaft, 64, 1993, 2, S. 49-66

Pabst, Heinz-Joachim (1997), Verfassungsrechtliche Grenzen der Privatisierung im Fernstraßenbau, Dissertation an der Universität Köln, Berlin, 1997

Pahl, Tyll (1993), Die Entwicklung von Projektfinanzierungsstrukturen aus Sicht des Financies, in: Nicklisch (Hrsg.), 1993, S. 23 - 30

Peratta, Ed (1995), Despite Pumps in the road, privatization rices on, in. American City & County, 110, 1995, 10, S. 50-58

Perridon, Louis
Steiner, Manfred (1995), Finanzwirtschaft der Unternehmung, 8. Auflage, München: Vahlen, 1985

Petersen, Rudolf (1998), Straßen und Straßenbau in der Kritik, in: Ministerium für Umwelt und Verkehr Baden-Württemberg (Hrsg.), 1998, S. 11–19

Pfeffer, Gerald (1997), SR-91, Los Angeles, in: Transportation Research Board (1997), S. 172-174

Pfeiffer, Marco (1998), Projekt-Controlling und Risikomanagement von BOT-Projekten in: DER CONTROLLING BERATER, Freiburg: Haufe Verlag, 1998, Lose Blatt Handbuch, S. 425–463

Pool, Robert (1996), Private tollways for Wisconsin, The Wisconsin Policy Reasearch Institute Report, 9, 1996, 2, S. 5-12

Preuß, Mirko (1999), Wenn Straßenbau zur Dienstleistung wird, in: Straßen- und Tiefbau, 41, 1999, 3, S. 26

Püttner, Günter (1996), Die Privatfinanzierung öffentlicher Vorhaben – Weg oder Irrweg?, in: Wendt, Friauf (1996), S. 729-740

Ratzenberger u.a. (1998), Vorrausschätzung des Straßengüterverkehrs bis 2015, ifo Institut für Wirtschaftsforschung, München, 1998

Refisch, Bruno (1994), Leistungsprofile der Bauunternehmen im Wandel, Sonderdienst Bauindustrieverband Nordrhein-Westfalen, Heft 1, S. 6-13, Düsseldorf: Betriebswirtschaftliches Institut der Bauindustrie, 1994

Reidt, Olaf (1996), Verfassungsrechtliche Aspekte der Mautfinanzierung von Fernstraßen, in: Neue Zeitschrift für Verwaltungsrecht, o. Jg. 1996, 12, S. 1156-1160

Reidt, Olaf / Stickler, Thomas (1997a), Das Fernstraßenbauprivatfinanzierungsgesetz und der Baukonzessionsvertrag – das „Pilotprojekt" der Warnow-Querung in Rostock Teil 1, in: Baurecht, 28, 1997, 2, S. 241–250

Reidt, Olaf / Stickler, Thomas (1997b), Das Fernstraßenbauprivatfinanzierungsgesetz und der Baukonzessionsvertrag – das „Pilotprojekt" der Warnow-Querung in Rostock Teil 2, in: Baurecht, 29, 1997, 3, S. 365–373

Reinhold, Tom (1996), Die Expreß-Fahrstreifen am Riverside-Freeway: Wie man Congestion-pricing erfolgreich einführen kann, in: Straßenverkehrstechnik, 40, 1996, 5, S. 209-218

Relles, Marion (1990), Finanzierung im Grenzbereich zwischen Projektfinanzierung und öffentlicher Finanzierung, in: Backhaus, Sandrock, Schill, Uekermann (Hrsg.), 1990, S. 101-112

Reschke , Dieter (1993), Neuer Bedarfsplan 1992, in: Straße und Autobahn, 44, 1993, 2, S. 77-89

Reschke, Dieter (1992), Die Straßenplanung des Bundes – Neuer Bedarfsplan 1992 – Grundlagen, Ausbauziel, Analyse der Ergebnisse, in: Deutsche Verkehrswissenschaftliche Gesellschaft e.V. (1992), S. 16-39

Ressel, Wolfram (1999), Einführung in die Verkehrs- und Straßenplanung, Vorlesungsumdruck WS 1999/2000 Institut für Straßen- und Verkehrswesen, Universität Stuttgart

Rieger, Harald (1990), Juristische Aspekte der Projektfinanzierung, in: Backhaus, Sandrock, Schill, Uekermann (1990), S. 63-76

Roeske, Hartmut (1992), Rahmenbedingungen für die private Finanzierung aus der Sicht einer Bank, in: Bayerischer Bauindustrieverband (1992), S. 15-22

Rohrbough, Linda (1993), 1st electronic toll road slated for L.A., in: Newsbyte News Network, o.Jg. 1995, o.S.

Rönnberg, Karl (1998), Den Herausforderungen des Weltmarktes begegnen, Gastkommentar in: Bauindustrie aktuell, o.Jg, 1998, 9-10, S. 3

Roth, Gabriel (1996), Road Financing in the U.S., in: Transportation Quarterly, 50, 1996, 4, S. 107-114

Roth, Gabriel (1997), How to solve our highway problems, in: Consumers Research Magazine, 80, 1997, 6, S. 10-16

Rothengatter, Werner (1991), Möglichkeiten privater Finanzierung im Verkehrswesen – Infrastruktur, in: Deutsche Verkehrswissenschaftliche Gesellschaft e.V. (1991), S. 18-38

Rothengatter, Werner (1994), Road Pricing, in: Straße und Autobahn, 45, 1994, 8, S. 425-429

Rotter, C. / Segeth, J. (1996), Straßenbaufinanzierung nach dem Mogendorfer Modell – Bau der Landesstraße L 308 als Umgehung von Höhr-Grenzhausen, in: Veröffentlichung der Teerbau GmbH, Heft 42, Essen, 1996, s. 35-38

Saam, Wolfgang (1997), Bauunternehmer betreiben Autobahn, Baugewerbe, 78, 1997, 9, S. 38-41

Sachverständigenrat zur Begutachtung der gesamtwirtschaftlichen Entwicklung (1998), Jahresgutachten, Stuttgart: Metzler-Poeschel Verlag, 1998, S. 93 ff.,

Samuel, Peter (1995), Bringing back the turnpikes, in: Forbes, o.Jg, 1995, 1, S. 57-59

Sandhäger, Heinz (1997), Das verkehrspolitische Planungskonzept der Bundesregierung unter Berücksichtigung des Einsatzes von privatem Kapital und den Harmonisierungsbestrebungen der Europäischen Kommission, in: Deutsche Verkehrswissenschaftliche Gesellschaft e.V. (1997), S. 34-49

Schade, Diethard / Steierwald, Marcus (1995), Road–Pricing: Erwartungen–Möglichkeiten–Alternativen, Stuttgart: Akademie für Technikfolgenabschätzung in Baden – Württemberg, 1995

Schemmink, Erwin (1998), Die Travequerung bei Lübeck: Finanzierungs-, Management- und Betriebskonzeption, in: Deutscher Verband der Projektsteuerer e.V. (1998)

Schill, Jörg (1990), Projektfinanzierung aus Sicht des Anlagenlieferanten, in: Backhaus, Sandrock, Schill, Uekermann (Hrsg.), 1990, S. 13 – 28

Schmidt, Frank (1992), Privatfinanzierung: Eine Alternative zur öffentlichen Finanzierung?, Dissertation an der Albert-Ludwigs-Universität, Europäische Hochschulschriften Band 1509, Freiburg im Breisgau, Frankfurt am Main, Berlin, Bern, u.a.: Peter Lang Verlag, 1994

Schmidt, Walter (1995), Die hinkende Beleihung – Fragen zum Gesetz über den Bau und die Finanzierung von Bundesfernstraßen durch Private (Fernstraßenbauprivatfinanzierungsgesetz FstrPrivFinG), in: NVwZ, o. Jg., 1995, 1, S. 38-39

Schnorrenberg, Uwe Gabriele, Goebels (1997), Risikomanagement in Projekten: Methoden und ihre praktische Anwendung, Braunschweig, Wiesbaden: Vieweg Verlag, 1997

Schriener, John/ Green, Paul (1993), 100 % private financing wraps up, in: ENR, 231, 1993, 1, S. 9-10

Schroeter, Hans-Wolfgang (1980), Straßenplanung und Umweltschutz, in: Bartelsperger, Blümel, Schroeter (1980), S. 429-446

Schubert, Eberhard (1971), Die Erfassbarkeit des Risikos der Bauunternehmung bei Angebot und Abwicklung einer Baumaßnahme, Düsseldorf: Werner Verlag, 1971

Schulte-Althoff, Monika (1992), Projektfinanzierung, Dissertation Universität Münster, Volkswirtschaftliche Schriftenreihe Nr. 16, Münster, 1992

Schulte, Karl-Werner (Hrsg., 1996), Handbuch Immobilien-Projektentwicklung, 1. Auflage, Köln: Rudolf Müller, 1996

Schütz, Ulrich (1993), Projektentwicklung von Verwaltungsgebäuden, Dissertation an der Universität Stuttgart, Ehningen: Expert-Verlag, 1993

Selmer, Peter / Brodersen, Carsten (1995), Juristische Kurzexpertise zur Privatisierung von Autobahnen, in: Ewers, Rodi, 1995, S. 123-140

Semmens, John (1987), Key features of privatization financing, in: Transprotation Research Board (1987), S. 85-86

Siebert, Walter K. (1995), Privat vorfinanzierter Straßenbau, in: Kommunalwirtschaft, 42, 1995, S. 32-34

Siebert, Walter K. (1998), Privatisierung öffentlicher Risiken am Beispiel Straßenbau, Mainz: Landesbank Rheinland-Pfalz, 1998

Siegwart, Hans (1994), Der Cash-Flow als finanz- und ertragswirtschaftliche Lenkungsgröße, 3. Auflage, St. Gallen: Schäffer-Poeschel Verlag, 1994

Siemens (1995), Betreibermodelle im internationalen Anlagengeschäft, Arbeitspapier, München Erlangen, 1995

Sigloch, Jochen (1992), Ökonomische Analyse privater Finanzierung öffentlicher Bauvorhaben, in: Bayerischer Bauindustrieverband (1992), S. 65-73

Statistisches Bundesamt (o.J.), Statistisches Jahrbuch, Jahrgänge 1995 bis 1999, Statistisches Bundesamt Wiesbaden, Stuttgart: Metzler-Poeschel Verlag, erscheint jährlich

Steierwald, Gerd / Künne, Hans-Dieter (Hrsg.; 1994), Straßenverkehrsplanung, Springer Verlag, Berlin, Heidelberg

Steimann, Rolf / Haardt, Günter (Hrsg.: 1996), Die Bauwirtschaft auf dem Weg zum Dienstleister, Baden-Baden, Nomos Verlag, 1996

Stewing, Clemens (1991), Wirtschaftliche und rechtliche Aspekte bei der Finanzierung öffentlicher Objekte durch Private, in: Baurecht, 22 ,1991, 6, S. 703-711

Stiftung Bauwesen (Hrsg., 1999), Bauen für eine mobile Gesellschaft, Stuttgart, 1999

Straube, Edeltraud / Beckedahl, Hartmut (1999), Straßenbau und Straßenerhaltung, 5. Auflage, Berlin: Erich Schmidt Verlag, 1999

Strom, Andreas (1996), Transeuropäische Projekte und Ansätze ihrer Realisierung, in: Nicklisch (1996), S. 129-139

Teichmann, Dieter/ Vesper, Dieter (1999), Öffentliche Haushalte 1999/2000: Keine Abkehr von der restriktiven Linie, in: Wochenbericht 34 des Deutschen Instituts für Wirtschaft, Berlin, 1999

Tidow, Alfred (1980), Die Verkehrssicherung öffentlicher Straßen, in: Bartelsperger, Blümel, Schroeter (1980), S. 491-506

Uekermann, Heinrich (1990), Technik der internationalen Projektfinanzierung, in: Backhaus, Sandrock, Schill, Uekermann (Hrsg.), 1990, S. 13 – 28

Ullmann, H. (1989), McHighways: the return of private toll roads, in: The New Republic, 201, 1989, 10, o.S.

Ullrich, Jürgen (1999), Umweltgerechte Straßenplanung, in: DER ELSNER (1999), S. 515-571

Umweltbundesamt (1999), Entwicklung eines Verfahrens zur Aufstellung umweltorientierter Fernverkehrskonzepte als Beitrag zur Bundesverkehrswegeplanung, Berlin: Erich Schmidt Verlag, 1999

Verband der Automobilindustrie e.V. (1998), VDA-Pressekonferenz am 29.01.1998 in Frankfurt/Main

v. d. Bellen, (1985), Mautautobahngesellschaften – eine internationale Übersicht, in: Zeitschrift für öffentliche und gemeinwirtschaftliche Unternehmen, 4, 1985, 8, S. 446-462

Vogt, Walter (1994), Grundlagen von Prognosen und Szenarien, in: Steierwald, Künne (1994), S. 192-220

Von Böventer (1989), Einführung in die Mikroökonomie, 6. Auflage, München, Wien: Oldenbourg Verlag, 1989

Von Kirchbach, Konrad (1998), Organisation und Rechtsfragen des Straßenbaus, Vorlesungsunterlagen zur Vorlesung am Institut für Straßen- und Verkehrswesen der Universität Stuttgart, Prof. Ressel

Vosdellen, Lothar (1993), Gesamtwirtschaftliche Bewertung von Straßenbauprojekten, in: Straße und Autobahn, 44, 1993, 2, S. 72-76

Wagner, Rolf (1998), Neue Dienstleistungen – Verkehrsinfrastruktur, Vortrag beim III. Baukongreß am 22.6.1998 in Wiesbaden, Veranstalter: Institute for International Research

Wagner, Udo N. (1995), BOT-Projekte-Chance oder Risiko?, in: Nicklisch (1996), S. 3-18

Wahl, Rainer (1993), Die Einschaltung privatrechtlicher organisierter Verwaltungseinrichtungen in den Straßenbau, in: Deutsches Verwaltungsblatt, 108, 1993, 10, S. 517-527

Walter, Norbert (1996), Die Bedeutung der Deregulierung für die wirtschaftliche Entwicklung in der Bundesrepublik Deutschland und der Beitrag einer Privatisierung der Bundesautobahnen, in: Deutsche Verkehrswissenschaftliche Gesellschaft e.V. (1996), S. 1-10

Wendt, Rudolf / Friauf, Karl Heinrich (Hrsg., 1996), Staat, Wirtschaft, Steuern, Festschrift für Karl Heinrich Friauf zum 65. Geburtstag, Heidelberg: Müller, 1996

Wermuth, Manfred (1994), Modellvorstellungen zur Prognose der Verkehrsnachfrage, in: Steierwald, Künne (Hrsg.), 1994,

Westphal, Michael (1991), Planung und Durchführung von BOT-Projekten, in: Betriebs-Berater, o. Jg., 1991, S. 16-18

Wetter, Christof (1999), Privatisierung – Chancen für die Bauwirtschaft, Vortrag vom 7.6.1999 auf dem 4. Deutschen Baukongreß in Frankfurt a.M. 1999, Veranstalter: Institute for International Research

Wilms, Manfred (1999), Investitionen des Staates seit über 20 Jahren rückläufig, in: Bauindustrie aktuell, 3-4, 1999, S. 6

Wilke, Dieter (1980), Die Auftragsverwaltung im Straßenrecht, in: Bartelsperger, Blümel, Schroeter (1980), S. 541-556

Wittmann, E. (1998), Erwartungen des Baulastträgers an einen Funktionsbauvertrag, in: Bauwirtschaft, 52, 1998, 12, S. 26-27

Wöhe, Günter (1996), Einführung in die allgemeine Betriebswirtschaftslehre, 19. Auflage, München: Vahlen Verlag, 1996

Wolff, Paul (1991), Betreibermodelle für BAB in den neuen Ländern – Der Bund als Leasingnehmer, in: Bauwirtschaft, 45, 1991, 2, S. 73-75

Zeitler, Herbert (1980), Die Bau- und Unterhaltungslast für die öffentlichen Straßen, in: Bartelsperger, Blümel, Schroeter (1980), S. 475-490

Zentralverband des Deutschen Baugewerbes (ZDB) (1997), Privatisierung und private Finanzierung öffentlicher Aufgaben, in: ZDB-Info, 1997, 2, S. 3-14

Zumkeller, Dirk, Schwarzmann, Rainer (1995), Road-Pricing – Simulation der Wirkungen, in: Schade, Steierwald, (1995), S. 4.1 – 4.10

Zur, Erich (1996), Betreiberschaft als unternehmerische Herausforderung, in: KreditPraxis, o. Jg., 1996, S. 25-29

Gesetze und Richtlinien

BGB (1997), Bürgerliches Gesetzbuch vom 18. August 1986, in der Fassung vom 18. Juni 1997

Planfeststellungsrichtlinien (1999), Bundesfernstraßen Planfeststellungsrichtlinien (BMV ARS 16/99), Bundesministerium für Verkehr, Bau- und Wohnungswesen, Bonn, 1999

EWS (1997) Empfehlungen für Wirtschaftlichkeitsuntersuchungen an Straßen, Ausgabe 1997, Forschungsgesellschaft für Straßen- und Verkehrswesen, Köln, 1997

FStrG (1997), Bundesfernstraßengesetz i. d. F. vom 19.04.1994, BGBl. I S. 854, geändert durch Gesetz vom 18.06.1997 BGBl. I S. 1452

FstrPrivFinG (1994), Gesetz über den Bau und die Finanzierung von Bundesfernstraßen durch Private (Fernstraßenbauprivatfinanzierungsgesetz) vom 30.August 1994, BGBl I, Seite 2243

GG (1998), Grundgesetz, 34. Auflage, München: Deutscher Taschenbuch Verlag, 1998

GVFG (1998), Gemeindeverkehrsfinanzierungsgesetz i. d. F. vom 28.01.1998, BGBl. I S. 100

HNL-S 99 — (1999), Hinweise zur Berücksichtigung des Naturschutzes und der Landschaftspflege beim Bundesfernstraßenbau – Ausgabe 1999

HOAI — (1999), Honorarordnung für Architekten und Ingenieure, 19. Auflage, München: Deutscher Taschenbuch Verlag, 1999

RAS-W — (1986), Richtlinie für die Anlage von Straßen, Teil: Wirtschaftlichkeitsuntersuchungen, Ausgabe 1986, Forschungsgesellschaft für Straßen- und Verkehrswesen

RN – BAB — (1997), Richtlinien für Bau und Betrieb von Nebenbetrieben an Bundesautobahnen sowie für die Erteilung einer Konzession, Ausgabe 1997 Verkehrsblatt, S. 808 – 831

BauROG — (1998), Bau- und Raumordnungsgesetz 1998 vom 17. August 1997, gültig seit 1.1.1998, BGBl. I 1997 S. 2081

RStO — Richtlinien für die Standardisierung des Oberbaues von Verkehrsflächen

Straßenbaufinanzierungs-Gesetz — (1973), Änderung des Straßenbaufinanzierungsgesetzes vom 28.05.1960 durch das Steueränderungsgesetz 1973

StrG — (1992), Straßengesetz für Baden-Württemberg i. d. F. vom 11.05.1992 (GBl. S. 330, ber. S. 683), geändert durch Gesetz vom 18.12.1995 (GBl. 1996 S. 29)

Verkehrsfinanzgesetz — (1955), Verkehrsfinanzgesetz, Abschnitt 1: Änderung des Kraftfahrzeugsteuergesetzes: BGBl. I Nr. 11 vom 07.04.1955

VOB — (1999), Verdingungsordnung für Bauleistungen, 19. Auflage, München, Deutscher Taschenbuch Verlag, 1999

ZTV BEA – StB 98 — (1998), Zusätzliche Technische Vertragsbedingungen und Richtlinien für die bauliche Erhaltung von Verkehrsflächen – Asphaltbauweisen

1 Einleitung

1.1 Investitionsstau und Finanzierungslücke beim Fernstraßenbau

Als Folge der Wiedervereinigung Deutschlands und der Öffnung der Grenzen zu Osteuropa ist Deutschland zum meistbefahrensten Transitland in Europa geworden. Durch den europaweiten Sparzwang zur Einhaltung der Konvergenzkriterien in den Jahren 1997 und 1998 sowie aufgrund der seit langem hohen Staatsverschuldung war und ist der finanzielle Handlungsspielraum im investiven Bereich von Bund, Ländern und Kommunen stark eingeschränkt. Notwendige Infrastrukturinvestitionen sind zurückgestellt und in absehbarer Zeit nicht zu realisieren. Die realen Bauinvestitionen des Staates in Westdeutschland haben in 1997/98 ihr niedrigstes Niveau(1) seit 1963 erreicht(2). In Gesamtdeutschland wird aufgrund der geplanten Haushaltskonsolidierung in den Jahren zwischen 1999 - 2002 mit einem weiteren Rückgang der öffentlichen Bauinvestitionen von 2 % pro Jahr gerechnet(3).

Betrachtet man den Verkehrssektor in der Gesamtheit aller Infrastrukturbereiche für sich, so ergibt sich, wie in Bild 1.1 gezeigt, allein im Bereich der

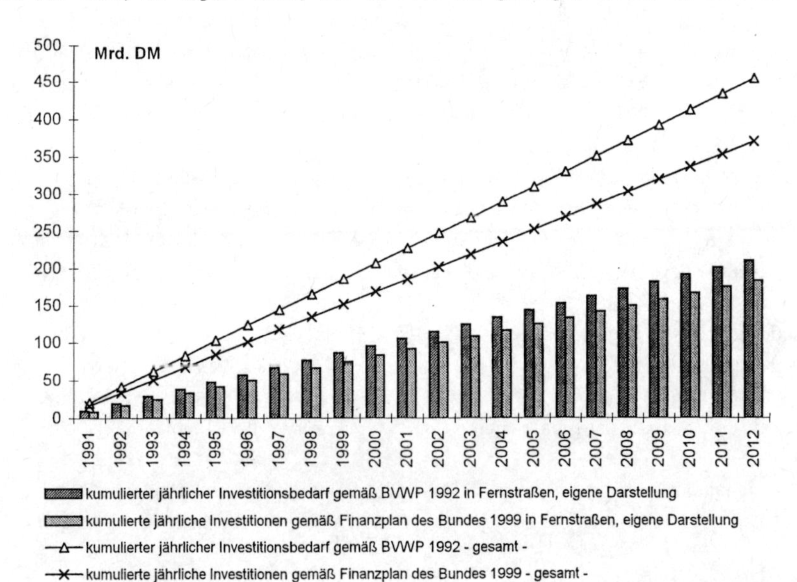

Bild 1.1 Prognostizierte Finanzierungslücke beim Bau von Fernstraßen bis 2012

(1) vgl. Grandjot (1997), S. 3: Preisbasis 1991; Wilms (1999), S. 3
(2) vgl. Sachverständigenrat (1998), S. 93 ff.
(3) vgl. Bartholmai (1999), S. 6; Teichmann, Vesper (1999), S. 1 ff.

Finanzierung bereits heute folgende Situation[1]: Der kumulierte Investitionsbedarf der öffentlichen Hand in die Verkehrsinfrastruktur übersteigt bei weitem den zur Verfügung stehenden Finanzierungsrahmen gemäß Finanzplan des Bundes. Dieser hohe Investitionsbedarf ist mit Haushaltsmitteln allein nicht finanzierbar. Die prognostizierte Finanzierungslücke im Jahr 2012 liegt schätzungsweise bei 90 Mrd. DM, wovon allein 27 Mrd. DM auf die Fernstraßen entfallen. Demnach sind 40 % der Neubauinvestitionen des Bundesverkehrswegeplans 1992 nicht finanziert, so dass fertige Pläne ihre Rechtsgültigkeit verlieren. Dieser nicht finanzierbare Investitionsbedarf führt langfristig zu Qualitätseinbußen des Standorts und schwächt die Wettbewerbsfähigkeit der Deutschen Wirtschaft in Europa. Der volkswirtschaftliche Schaden, der aufgrund unterlassener Fernstraßeninvestitionen zu 4,4 Mrd. Staustunden im Jahr führt, wird auf 180-200 Mrd. DM geschätzt[2]. Der jährliche, engpassbedingte Kraftstoffmehrverbrauch durch Stau summiert sich auf 14 Mrd. Liter. Bezogen auf den Gesamtverbrauch von rund 62 Mrd. Liter Kraftstoff in Deutschland entspricht dies einer Energieverschwendung von fast 23 %[3].

Darüber hinaus führen unterlassene Erhaltungsinvestitionen bei Fernstraßen zu einem Qualitätsverlust und einem seit Jahren sinkenden Modernitätsgrad. Der Modernitätsgrad ist dabei das Verhältnis von Netto- zu Bruttoanlagevermögen und liegt bei 100%, wenn die Neuinvestitionen den Abschreibungen entsprechen[4]. Bild 1.2 stellt den Verlauf der Modernitätsgrade in West-, Ost- und Gesamtdeutschland seit 1991 dar. Hierbei ist zwar eine Gleichstellung zwischen den neuen und alten Bundesländern zu erkennen, für Gesamtdeutschland ist dennoch ein Abwärtstrend ersichtlich. Insgesamt ging der Modernitätsgrad bei Fernstraßen seit 1991 um 10 % auf heute 66 % zurück.

Das derzeitige Anlagevermögen der Straßeninfrastruktur beträgt damit nur noch 800 Mrd. DM[5]. Bei einem aktuellen Modernitätsgrad von 66 % ergibt sich daraus ein Neuwert von 1,2 Billionen DM. Der damit aufgezeigte Substanz- und Wertverlust beim Straßenvermögen signalisiert somit Handlungsbedarf.

Die Konsequenzen nicht durchgeführter Erhaltungsmaßnahmen sind heute bereits erkennbar. Der Zustand vieler Strecken wird unter Sicherheitsgesichtspunkten

---

(1) vgl. Bundesministerium für Verkehr (1997b), S. 7; Hauptverband der Deutschen Bauindustrie (1997a), S. 6, (1997b), Grafik 21 und (1995), Grafik 7 sowie Bundesministerium der Finanzen (1997b), S. 37 ff.
(2) vgl. Müller (1999), S. 24; Petersen (1998), S. 11; Fleischer (1999), S.4
(3) vgl. Verband der Automobilindustrie e.V. (1998), o.S.
(4) vgl. Link (1996), S. 1 und Ostrowski (1993), S. 49
(5) vgl. Bundesvereinigung der Straßenbau- und Verkehrsingenieure e.V. (1998), S. 12

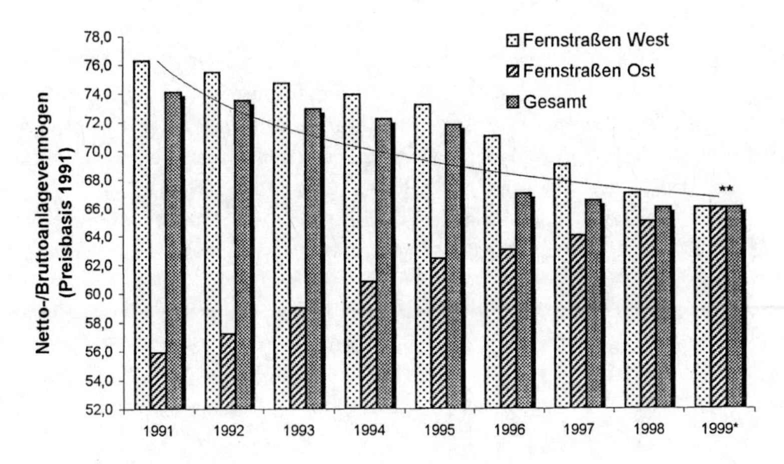

Bild 1.2 Entwicklung des Modernitätsgrades von Fernstraßen seit 1991 in Ost-, West- und Gesamtdeutschland

als bedenklich eingestuft[(1)]. Eine weitere Verschleppung notwendiger Erhaltungsmaßnahmen führt zu progressiven Schadens- und Kostenverläufen.

Eine aus dieser dargestellten Situation abzuleitende Forderung besteht in einer dringend notwendigen Reform des Finanzierungssystems von Fernstraßen, zumal auch in Zukunft von einer weiteren Verkehrszunahme und einem weiterhin sinkenden Bauvolumen auszugehen ist. Allein der Güterverkehr, von dem 70 % auf der Straße abgewickelt werden, ist seit den 70er Jahren um mindestens 30 % stärker gestiegen als das Bruttosozialprodukt im gleichen Zeitraum[(2)]. Die dem Bundesverkehrswegeplan (BVWP) 1992 zugrunde gelegten Verkehrsprognosen gehen für den Zeitraum von 1992 bis 2010 auch weiterhin davon aus, dass die Fahrleistungen des Personenverkehrs um 30 % und die des Straßengüterverkehrs um 95 % steigen werden[(3)]. Das Deutsche Institut für Wirtschaftsforschung sowie das ifo-Institut gehen von Steigerungsraten in ähnlicher Größenordnung aus[(4)]. Trotzdem wurden im Investitionsprogramm 1999-2002 des BVWP[(5)] weitere Kürzungen des Investitionsetats für Neu- und Ausbaustrecken beschlossen. Nach Abzug der Investitionsmittel für bereits begonnene oder vergebene Fernstraßenprojekte sind lediglich 0,8 Mrd. DM in vier Jahren für neue Bauvorhaben vorgesehen. Die Umsetzung des im BVWP ausgewiesenen vordringlichen Bedarfs ist

---

(1) vgl. Aberle (1999), S. 5
(2) vgl. Aberle (1999), S. 5
(3) vgl. Bundesministerium für Verkehr (1995b), S. 2 und (1997a), S. 7
(4) vgl. Ratzenberger u.a. (1998), o.S.; Hahn (1996), S.18
(5) vgl. Bundesministerium für Verkehr, Bau- und Wohnungswesen (1999b), S.1

somit frühestens mit 10-jähriger Verspätung realisierbar[1]. Eine Überarbeitung des übergeordneten BVWP ist deswegen bereits angekündigt[2]. Bild 1.3 beschreibt die bisherige und erwartete Entwicklung beim geplanten Bauvolumen, bestehend aus Neubau- und Erhaltungsinvestitionen, sowie der prognostizierten Gesamtfahrleistung, die bei vorsichtiger Schätzung jährlich um 1-1,5 % zunimmt[3]. Auch hier ist zu erkennen, dass für die Bewältigung des Verkehrs weitaus höhere Neubau- und Instandhaltungsinvestitionen notwendig wären.

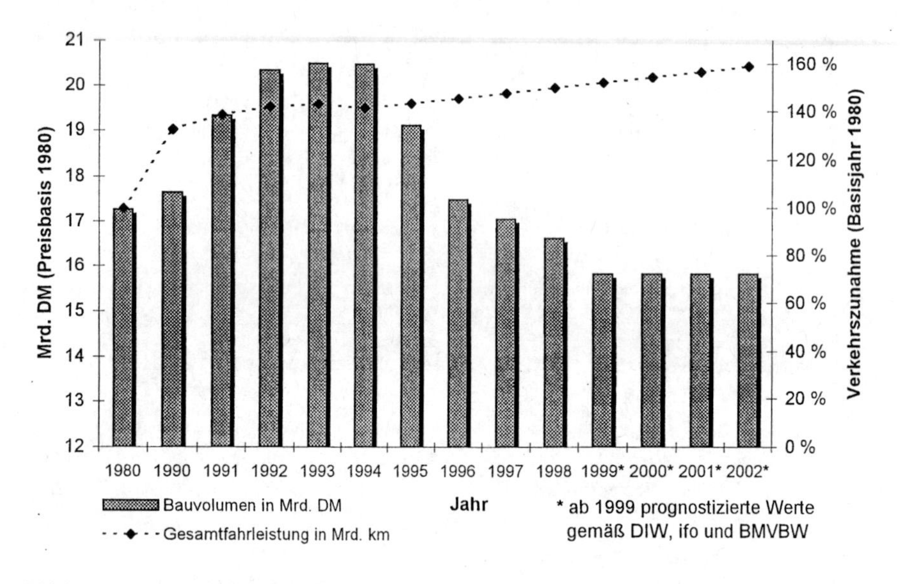

Bild 1.3 Gesamtfahrleistung und Bauvolumen bei Straßen

Die Notwendigkeit, nach neuen Finanzierungswegen zu suchen und das bestehende Finanzierungssystem zu reformieren, ist unstrittig. Die ab dem Jahr 2002 angekündigte streckenabhängige Straßenbenutzungsgebühr für Lkw ist Ausdruck dieser Erkenntnis[4]. Mit der Einführung von Straßenbenutzungsgebühren verbunden sind langfristig auch Fragen, die über die Finanzierungsproblematik hinausgehen und die gesamte Planung sowie den Bau und Betrieb von Fernstraßen betreffen. Für die Bau- und Immobilienwirtschaft, die auf den Verkehrswegebau als wichtige Nachfragequelle angewiesen ist, entstehen dadurch neue Aufgabengebiete mit unterschiedlichen Chancen und Risiken, zu deren Handhabung geeignete Instrumente erforderlich sind.

---

(1) vgl. Habermann (1999a), S. 33
(2) vgl. Bundesministerium für Verkehr, Bau- und Wohnungswesen (1999a), S.12
(3) vgl. Hahn (1996), S. 3
(4) vgl. Bundesministerium für Verkehr, Bau- und Wohnungswesen (1999c), S.1

1.2 Handlungsbedarf und Zielsetzung

In der einschlägigen Diskussion wird häufig die Meinung vertreten, die genannten Verkehrs- und Finanzierungsprobleme seien durch eine Privatisierung und innovative Finanzierungsmodelle bei Fernstraßen leicht zu beseitigen. Privates Kapital zur Bereitstellung öffentlicher Infrastruktur als Alternative zur herkömmlichen Haushaltsfinanzierung wird oft als Allheilmittel gesehen, um Erhaltungs-, Erweiterungs- und Neubauinvestitionen schneller vorzunehmen. Diese auf den ersten Blick sehr einfache Lösung führt in der Praxis jedoch zu weit reichenden Konsequenzen, die die gesamte Organisation der Aufgabenverteilung zwischen privaten Unternehmen und öffentlicher Hand betreffen. Aufgrund des staatlichen Angebotsmonopols bei der Bereitstellung von Fernstraßen sind jedoch Strukturen bei der Planung und Finanzierung, beim Bau, Betrieb und der Erhaltung entstanden, die für private Anbieter und Investoren von Fernstraßen vielfach ungeeignet sind, wirtschaftliche Ergebnisse zu erzielen. Gleichzeitig betreten diese Anbieter bei der Bereitstellung und langfristigen Vorhaltung von Fernstraßen völliges Neuland.

Für sie ist es deswegen notwendig, Straßenbauinvestitionen einer neuen Betrachtungsweise zu unterziehen, die die Wirtschaftlichkeit der gesamten Investition in den Vordergrund stellt und den Besonderheiten der Verkehrsimmobilie Rechnung trägt. Diese Wirtschaftlichkeit ist im Rahmen einer ganzheitlichen Betrachtung, d.h. in allen Phasen der Investition, die bei der Machbarkeitsstudie beginnt und mit dem Betrieb und Rückbau endet, zu erzielen. Ein Modellansatz muss deswegen stets das Gesamtsystem Planung, Finanzierung, Bau, Betrieb, Erhaltung und Rückbau optimieren. Die Grundidee der Projektentwicklung im Sinne einer übergeordneten Grundlagenermittlung, wie sie im Hochbau seit Jahren betrieben wird, kann helfen, die Zielsetzung einer umfassenden Wirtschaftlichkeitsanalyse zu erreichen.

Mit dieser Arbeit wird deshalb gezeigt, wie die systematische Projektentwicklung von Fernstraßen, insbesondere von Ingenieurbauwerken, vorzunehmen ist, an deren Ende fundierte Planungsvorgaben stehen, die die Wirtschaftlichkeit des Projekts sicherstellen und die Ziele privater Investoren erfüllen.

1.3 Abgrenzung der Arbeit und Vorgehensweise

Die vorliegende Arbeit ist, wie Bild 1.4 zeigt, in 9 Kapitel eingeteilt. Ausgehend von einem kurzen Überblick über den Stand der Forschung und der Wiedergabe erster praktischer Erfahrungen bei der Projektentwicklung von Fernstraßen durch Private in *Kapitel 2*, wird in *Kapitel 3* die heutige, bundesstaatliche Aufgabe der Bereitstellung von Fernstraßen unter den gegebenen Rahmenbedingungen, die noch bis auf weiteres als Prämissen aufzufassen sind, beschrieben. Gegenstand der Betrachtung ist dabei die bisherige Aufgaben- und Risikoverteilung zwischen Staat und Privatwirtschaft sowie die Einbindung Privater in den Projektablauf bei der Planung und Finanzierung sowie beim Bau, Betrieb und Unterhalt der Fernstraßen.

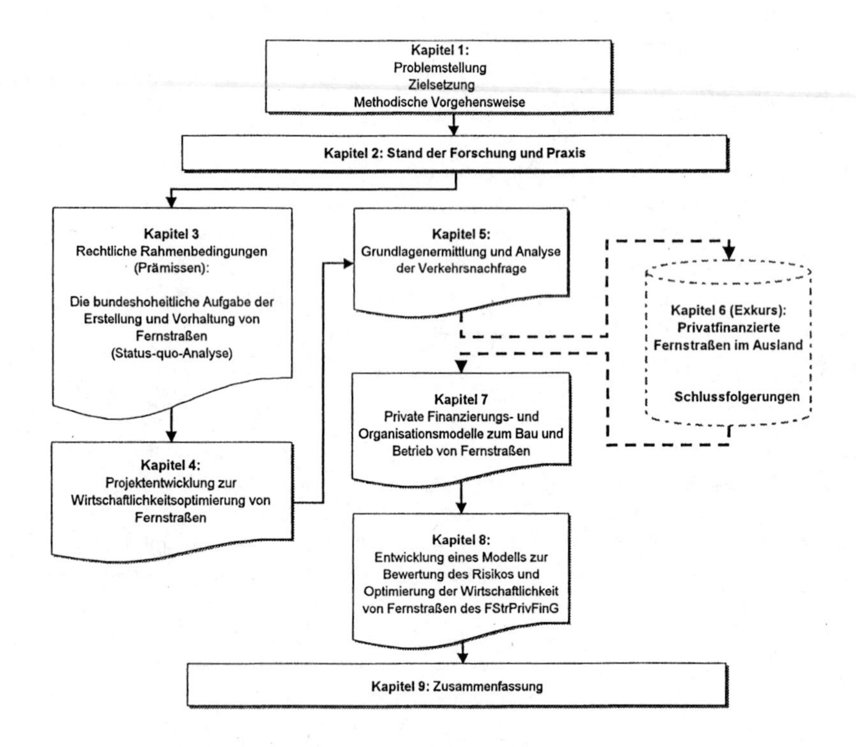

Bild 1.4 Aufbau und Struktur der Arbeit

Mögliche Lösungsansätze zur Optimierung der Fernstraßenfinanzierung werden am Ende von *Kapitel 3* dargestellt und die Konsequenzen für die private Bau- und Immobilienwirtschaft herausgearbeitet. Der dann in der weiteren Arbeit zugrunde gelegte Lösungsansatz besteht in der Ableitung und genauen Formulierung der Projektentwicklungsaufgabe von Fernstraßen durch Private in *Kapitel 4*, indem insbesondere auf die Besonderheiten der Projektentwicklung von Fernstraßen in Abgrenzung zur bisher bekannten Projektentwicklung im Hochbau eingegangen wird. *Kapitel 5* entwickelt ein Stufenmodell der Projektentwicklung, das als generelle Vorgehensweise bei der Grundlagenermittlung und Analyse der Verkehrsnachfrage eingesetzt werden kann.

Als Exkurs werden in *Kapitel 6* Erfahrungen im Ausland beim privatfinanzierten Fernstraßenbau analysiert und dabei auf Gemeinsamkeiten und Unterschiede zu Deutschland hingewiesen, um dann in *Kapitel 7* für das Inland geeignete Finanzierungs- und Organisationsmodelle zu bewerten und auszuwählen. In *Kapitel 8* wird ein Modell zur Risikobewertung von Investitionen in privatfinanzierte Ingenieurbauwerke von Fernstraßen entwickelt und Optimierungsmöglichkeiten der Wirtschaftlichkeit beim Bau und Betrieb dieser Bauwerke aufgezeigt, bevor abschließend in *Kapitel 9* eine Zusammenfassung der wichtigsten Aussagen und Erkenntnisse folgt.

2 Stand der Forschung und Praxis bei der Privatisierung von Fernstraßen

Die seit Jahrzehnten in unregelmäßigen Zeitabständen geführte Diskussion um eine mögliche Privatisierung von Fernstraßen wird von unterschiedlichen Interessengruppen immer wieder neu aufgegriffen und oft ideologiebehaftet in die politische Auseinandersetzung eingebracht. Auslöser dafür sind stets die in Kapitel 1 beschriebenen sehr begrenzten, finanziellen Handlungsspielräume der öffentlichen Aufgabenträger bei der Erfüllung ihrer per Gesetz übertragenen Pflichten. Zur Problemlösung haben sich deswegen eine Vielzahl von grundsätzlichen Lösungsansätzen mit unterschiedlichen Varianten entwickelt, die an späterer Stelle dargestellt und in ihrer Konsequenz ausgewertet werden. Im Folgenden wird eine Auswahl der wichtigsten Meilensteine der letzten 10 Jahre aufgezeigt und damit der Stand der Forschung und Praxis bei der Privatisierung von Bundesfernstraßen beschrieben.

Da sich bei der Privatisierung im Laufe der Zeit verschiedene Ausprägungen ergeben haben, wird zunächst eine genaue Begriffsbestimmung und -abgrenzung vorgenommen, die den weiteren Betrachtungen zu Grunde liegen soll.

2.1 Begriffsbestimmung

Der Begriff der Privatisierung wird in Theorie und Praxis unterschiedlich eingesetzt und oft pauschal und undifferenziert verwendet. Eine allgemeingültige und deckungsgleiche Definition findet sich in der Literatur nicht. Einigkeit besteht aber darüber, dass unter Privatisierung prinzipiell eine "Tendenz zum Privaten weg vom Staat" und damit eine Entstaatlichung zu verstehen ist[(1)]. Dies hat in der Vergangenheit zu verschiedenen Formen der Privatisierung geführt, wobei das wesentliche Unterscheidungsmerkmal darin

---

(1) vgl. Brede (1988), S. 11 ff.

besteht, wie stark der Staat seine Einflussnahme auf Private beibehält. Bild 2.1 gibt die wesentlichen Ausprägungsformen der Privatisierung wieder[1]. Das Ausmaß der möglichen und rechtlich zulässigen Privatisierung hängt dabei immer vom konkreten Privatisierungsfall, wie z.B. bei Fernstraßen, ab.

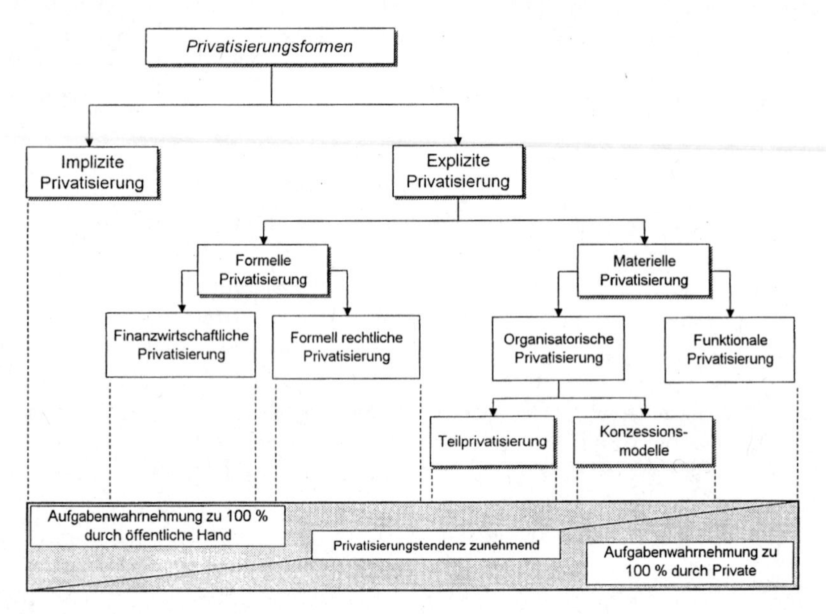

Bild 2.1 Privatisierungsformen

Die Ziele, die mit einer Privatisierung verfolgt werden, stellen sich aus Sicht der Beteiligten unterschiedlich dar. Bild 2.2 enthält eine Auswahl möglicher Gründe sowohl der öffentlichen Hand als auch der Privatwirtschaft, die für eine Privatisierung sprechen. Gleichzeitig sind die von Privatisierungsbefürwortern und -gegnern vorgebrachten Argumente in Abhängigkeit ihrer Standpunkte angegeben. Wie zu erwarten, gibt es übereinstimmende Interessen, aber auch Zielkonflikte.

Sofern im Folgenden der Begriff "Privatisierung" Verwendung findet, muss jeweils eine Einordnung des zugrunde gelegten Begriffsverständnisses in das Gesamtspektrum der Privatisierungsformen gemäß Bild 2.1 vorgenommen werden. Eine Bewertung, welche Form der Privatisierung bei Fernstraßen zulässig ist, wird in 2.4.1 vorgenommen.

---

(1) vgl. Gabler Wirtschaftslexikon (1997), S. 3072 ff.

	Öffentliche Interessen	*Private Interessen*
Pro Privatisierung	- Haushaltsentlastung - Erfüllung öffentlicher Pflichten - Moderne Ausstattung - schnelle Realisierung - Effizienzerhöhung - Erhöhte Flexibität - Preis- und Kostenvorteile durch mehr Wettbewerb	- neue Märkte - Gewinnerzielung - schlanker Staat - sinkende Steuern und Abgaben - stabile Nachfrage - Rückgang der Staatsquote - Kapazitätsauslastung - Konjunkturverstetigung
Contra Privatisierung	- Verzicht auf Einflussnahme - Verlust öffentlicher Kontrolle - Besitzstandswahrung - Preis- und Kostennachteile - Monopolisierung bei Aufgaben der Daseinsvorsorge	- erhöhte Risiken - Gefahr staatlicher Konkurrenzinvestitionen - geringe Gewinnmargen - fehlender Wettbewerb - staatliche Preisvorgaben

Bild 2.2 Standpunktabhängige Privatisierungsaspekte

2.2 Ergebnis der Arbeitsgruppe "Private Finanzierung öffentlicher Infrastruktur" des Bundesministers der Finanzen (1991)[1]

Die im Jahre 1991 abgeschlossene Studie "Private Finanzierung öffentlicher Infrastruktur", die vom Bundesminister der Finanzen in Auftrag gegeben wurde, kann als Impulsgeber für die gesamte Privatisierungsdiskussion in Deutschland aufgefasst werden. Der Schwerpunkt der Untersuchung lag dabei auf der Evaluierung von Privatisierungsmöglichkeiten der Verkehrsinfrastruktur. Im Ergebnis wird festgestellt, dass gerade im Verkehrsbereich die Einbindung der Privatwirtschaft in Investitionsmaßnahmen grundsätzlich möglich ist. Zum einen wird dabei, insbesondere zur Lösung kurzfristiger Finanzierungsprobleme, beim beschleunigten Ausbau des Schienen- und Straßennetzes Anfang der 90er Jahre auf eine finanzwirtschaftliche Privatisierung gesetzt. Zum anderen wird in diesem Gutachten das langfristige Ziel formuliert, Voraussetzungen zu schaffen, um "privatwirtschaftliche Projektfinanzierungen von Fernstraßen mit Gebührenerhebung beim Nutzer" technisch möglich zu machen.

Somit wird faktisch eine materielle Privatisierung erreicht. Ausgehend von diesen grundsätzlichen Zielen sind in der Folge weiterführende Untersuchungen beauftragt worden, um machbare Privatisierungskonzepte bei Fernstraßen zu erarbeiten.

---

(1) vgl. Bundesministerium der Finanzen (1991), S. 3 ff.

2.3 Gutachten privater Institutionen zur Privatisierung von Fernstraßen

2.3.1 Hauptverband der Deutschen Bauindustrie (1991)[1]

Sehr früh in die Diskussion mit eingebunden war die Interessenvertretung der Deutschen Bauindustrie, die 1991 zusammen mit einer Leasinggesellschaft einen detaillierten Vorschlag zur privatwirtschaftlichen Finanzierung von Bundesautobahnen auf Leasingbasis erarbeitet hat. Die Ergebnisse sind in dem "LEASING-MODELL zur privatwirtschaftlichen Finanzierung und Betreibung von Bundesautobahnen" zusammengefasst.

Im Mittelpunkt des Modells steht eine Objektgesellschaft in der Rechtsform einer Kommanditgesellschaft (KG), die vom Bund eine abgeschlossene Planung mit voller Rechtskraft erhält und auf Erbbaubasis eine Fernstraße finanziert, baut und betreibt. Eigentümer der Grundstücke ist der Bund. Die eigentliche Fernstraße, bestehend aus Straßenkörper und Ingenieurbauwerken, ist Eigentum der Objekt-KG und wird vom Bund bei einer zugrunde gelegten 30-jährigen wirtschaftlichen Lebensdauer für 27 Jahre gemietet. Dies entspricht 90 % der betriebsgewöhnlichen Nutzungsdauer, so dass nach den Leasingerlassen des Bundesministers der Finanzen das wirtschaftliche Eigentum dem Leasinggeber, der Objekt-KG, zugerechnet werden kann. Dadurch ist eine lineare Abschreibung bis auf 10 % der Investitionskosten möglich, wodurch für den Kommanditisten eine steuerlich günstige Verlustzuweisung möglich ist.

In einer Annuitätenrechnung werden für 300 km Autobahn die Finanzierungskosten einer konventionellen Haushaltsfinanzierung den Finanzierungskosten des Leasing-Modells gegenübergestellt. Als Ergebnis ergibt sich beim Leasing-Modell gegenüber einer konventionellen Haushaltsfinanzierung ein Finanzierungskostenvorteil für den Bund in Höhe von 7 %. Zu beachten ist, dass zu Beginn der neunziger Jahre eine Hochzinsphase auf dem Kapitalmarkt von 9-10 % das Leasing-Modell begünstigte. Bereits ab 7 % Finanzierungszinsen oder darunter ergibt sich kein Kostenvorteil mehr für den Bund.

2.3.2 Deutsche Bank Research (1994)[2]

Aus Sicht einer Großbank folgte 1994 ein Sonderbericht der Deutschen Bank Research, in dem die Chancen einer Privatisierung von Bundesautobahnen insbesondere aus verkehrs-, finanz- und ordnungspolitischer Sicht analysiert wurden. Im Ergebnis wird dabei eine materielle Privatisierung gefordert, bei der es zu einer tatsächlichen Verlagerung von öffentlichen Aufgaben auf den

---

(1) vgl. Hauptverband der Deutschen Bauindustrie (1991), S. 2; Andreae, Barz, Deyhle (1994), S. 770; Wolff (1991), S. 73; Merkel (1996), S. 73; Rothengatter (1991), S. 23

(2) vgl. Deutsche Bank Research (1994), S. 39 ff.

privaten Sektor kommt, damit ein "Ausweg aus dem verkehrspolitischen Handlungsbedarf und begrenzten fiskalischen Aktionsmöglichkeiten" gefunden werden kann. Untersucht werden dazu vier Modelle der Privatisierung, die sich durch den Umfang der in die Privatisierung einbezogenen Strecken unterscheiden. Bild 2.3 zeigt die Merkmale der Modellvarianten A - D.

Modell	Privatisierungs-umfang	Aufgabenträger/ Rechtsform	Wertschöpfungsstufen			
			Betrieb	Instandhaltung	Finanzierung	Planung
A	Gesamtes Autobahnnetz	Autobahn-AG	x	x	x	-
B	Regionale Teilnetze	Netzgesell-schaften mbH	x	x	x	-
C	Einzelstrecken	Betreiberkonsor-tien mbH	x	x	x	x
D	Gesamtes Autobahnnetz	Autobahn-Mana-gement-AG	x	x	-	-

Modell	Privatisierungs-umfang	Eigentums-übertragung	Nutzungs-entgelt	Wettbe-werb	Umsetzungs-reife	Eignung
A	Gesamtes Autobahnnetz	ja	ja	nein	gering	Bestand
B	Regionale Teilnetze	ja	ja	ja	gering	Bestand
C	Einzelstrecken	ja	ja	ja	hoch	Neubau
D	Gesamtes Autobahnnetz	nein	nein	nein	mittel	Bestand

Bild 2.3 Privatisierungsmodelle Deutsche Bank Research 1994

Im Mittelpunkt der Empfehlung steht die Gründung einer privaten Autobahngesellschaft in der Rechtsform einer AG. Ihre Aufgaben liegen anfangs in der Bewirtschaftung und Instandhaltung des gesamten Autobahnnetzes durch eine "Autobahn-Management-AG". Eine Privatisierung von Teilnetzen oder einzelner Strecken wird dagegen als weniger vorteilhaft angesehen[1]. In einer weiteren Privatisierungsstufe ist dann die Eigentumsübertragung des gesamten Autobahnnetzes und die Erhebung von "Autobahnnutzungsentgelten" vorgesehen, damit sich der Autobahngesellschaft wirtschaftliche Erfolge zurechnen lassen.

2.3.3 Roland Berger Studie (1995)[2]

Das Bundesministerium für Verkehr beauftragte 1993 die Roland Berger Unternehmensberatung, alle umsetzbaren und plausiblen Privatisierungsalternativen für Bundesautobahnen zu untersuchen. Der 1995 vorgelegte Abschlussbericht

(1) vgl. Walter (1996), S. 9
(2) vgl. Berger (1995), S.7 ff.; Gratza, Hahn, Steenken (1996), S. 13 f.

differenziert insgesamt fünf Basismodelle, für die jeweils zwei bis vier Varianten denkbar sind. Die Varianten unterscheiden sich hinsichtlich der Finanzierung, Gebührenstruktur sowie ihrer organisatorischen und rechtlichen Ausgestaltung. Sie spiegeln auch die Bandbreite international praktizierter Privatisierungsmodelle wider. Bild 2.4 fasst sämtliche Kombinationsmöglichkeiten zusammen. Beim *Modell A* finanziert eine bundeseigene *Finanzierungsgesellschaft* aus Gebühreneinnahmen kostenintensive Autobahn-Sonderprojekte. Dagegen übernimmt eine *Autobahngesellschaft des Bundes* in *Modell B* alle Verwaltungsfunktionen und erwirbt das Eigentum an den Straßen. Alle autobahnbezogenen Aufgaben werden durch die Erhebung streckenbezogener Gebühren finanziert.

	Privatiserungsmodell	Varianten			
		1	2	3	4
A	**Finanzierungsgesellschaft** - Finanzierung von BAB-Projekten - Zweckgebundene Gebühren aus Lkw-Vignette - Zusätzliche Kreditaufnahme	zusätzlich zweckgebundene Gebühren aus Pkw-Vignette	zweckgebundener Mineralölsteuerzuschlag	Ausgestaltung als Sondervermögen oder Fonds	- zusätzlich Planung - streckenbezogene Gebühren - Ballungsräume bemautet oder nicht - mit/ohne zeitliche Gebührenstaffelung
B	**Autobahngesellschaft des Bundes** - Planung, Bau, Finanzierung, Betrieb von BAB - Streckenbezogene Gebühren - Ballungsraum bemautet - Mit zeitlicher Gebührenstaffelung	wie Basismodell, jedoch ohne zeitliche Gebührenstaffelung	- Ballungsräume gebührenfrei - ohne zeitliche Gebührenstaffelung	zweckgebundene Gebühren aus Pkw- und Lkw-Vignette	wie Basismodell, jedoch mit Regionalbetriebsgesellschaften
C	**Einzelstreckenfinanzierung** - Planung, Bau, Finanzierung, Betrieb von Neu-/Ausbaustrecken - Maut nur auf Neu-/Ausbaustrecken	zweckgebundene Gebühren aus Pkw- und Lkw-Vignette	Finanzierung über Schattengebühren		
D	**Regionale Netzgesellschaften** - Planung, Bau, Finanzierung von BAB-Teilnetzen (z.B. Bundesländer) - Private Anteilseigner - Streckenbezogene Gebühren - Ballungsräume bemautet - Ohne zeitliche Gebührenstaffelung	wie Basismodell, jedoch mit zeitlicher Gebührenstaffelung	- Ballungsräume gebührenfrei - ohne zeitliche Gebührenstaffelung	zweckgebundene Gebühren aus Pkw- und Lkw-Vignette	
E	**Autobahn AG** - Planung, Bau, Finanzierung, Betrieb - Mehrheitlich private Aktionäre - Streckenbezogene Gebühren - Ballungsräume bemautet - mit zeitlicher Gebührenstaffelung - Gebührenhöhe berücksichtigt Kapitalverzinsung	wie Basismodell, jedoch ohne zeitliche Gebührenstaffelung	- Ballungsräume gebührenfrei - ohne zeitliche Gebührenstaffelung	- Gebühren aus Pkw und Lkw-Vignette - Gebührenhöhe berücksichtigt Kapitalverzinsung	- Teilung in mehrere private Autobahngesellschaften - streckenbezogene Gebühren - Ballungsräume bemautet - ohne zeitliche Gebührenstaffelung

Bild 2.4 Basismodelle nach Roland Berger Studie 1995

Modell C vergibt für einzelne Neu- und Ausbaustrecken privaten Investoren eine Konzession zu Planung, Bau, Finanzierung und Betrieb eines Streckenabschnittes, verbunden mit dem Recht, zur Refinanzierung Straßenbenutzungsgebühren zu erheben. Wie in Modell C werden im *Modell D* ebenfalls Konzessionsverträge mit privaten Unternehmen über Planung, Bau, Finanzierung und Betrieb abgeschlossen. Im Unterschied zu Modell C wird das gesamte Autobahnnetz vollständig in regionale Netze aufgeteilt und an *regionale Netzgesellschaften* vergeben, die sich wie in Modell C aus streckenabhängigen Autobahngebühren finanzieren. Die umfassendsten Privatisierungsmaßnahmen sind im *Modell E* mit der Gründung einer *privaten Autobahn AG* vorgesehen, die wie beim Modell B alle heutigen Verwaltungsaufgaben im Zusammenhang mit der Verwaltung von Bundesautobahnen übernehmen soll. Darüber hinaus sieht dieses Modell die vollständige Veräußerung des Vermögens, z.B. über die Börse, an private Aktionäre vor. Dividenden werden aus dem Gewinn der Autobahn AG bezahlt, der über streckenbezogene Gebühren erwirtschaftet wird.

Diese so definierten Privatisierungsmodelle sind in einem zweiten Schritt mit möglichen Finanzierungs- bzw. Einnahmemodellen in Verbindung gebracht worden. Die sich dabei ergebenden Kombinationsmöglichkeiten wurden vor allem unter dem Gesichtspunkt rasch umsetzbarer Kombinationsmöglichkeiten bewertet. Dabei ergab sich, dass nur bei den Modellen vom Typ A (Finanzierungsgesellschaft) und C (Einzelstreckenprivatisierung) keine Änderung des Grundgesetzes notwendig ist. Bei allen anderen Varianten ist Art. 90 GG. Abs. 1 "Eigentum an BAB" und Abs. 2 "Auftragsverwaltung von BAB durch die Länder" berührt. Von einer tiefergehenden Untersuchung dieser Varianten wurde deswegen abgesehen.

Unter Heranziehung verkehrspolitischer, betriebswirtschaftlicher und volkswirtschaftlicher Kriterien sieht die abschließende Empfehlung im Kern die schrittweise Öffnung des Autobahnnetzes für private Konzessionsgesellschaften unter grundsätzlicher Beibehaltung der Auftragsverwaltung durch die Länder vor. Die Haushaltsfinanzierung der Fernstraßen ist durch eine direkte, netzweit strecken- und zweckbezogene Gebührenfinanzierung zu ersetzen. Einzelne Streckenkonzessionen für Planung, Bau, Betrieb und Finanzierung sind zu vergeben und in einer letzten Stufe bundeseigene Autobahngesellschaften zu gründen, die die netzweite Gebührenerhebung organisieren, die Autobahnfinanzierung übernehmen und Konzessionen an private Unternehmen vergeben.

2.3.4 Bundesvereinigung der Straßen- und Verkehrsingenieure BSVI (1998)[1]

Die Bundesvereinigung der Straßen- und Verkehrsingenieure verfolgt das Ziel, an der Lösung technischer, fachlicher und verkehrspolitischer Fragen des Straßen- und Verkehrswesens durch Fachveranstaltungen und wissenschaftliche Publikationen mitzuwirken. Beim Thema privatfinanzierter Fernstraßenbau bezog die

---

(1) Bundesvereinigung der Straßenbau- und Verkehrsingenieure e.V. (1998), S.8 ff.

Vereinigung 1998 öffentlich Stellung, in dem sechs privatwirtschaftliche Finanzierungs- und Organisationsmodelle im Fernstraßenbau anhand eines sehr detaillierten, insgesamt 59 Punkte umfassenden Kriterienkatalogs bewertet wurden. Bei der Durchführung der Untersuchung wurde von den Autoren selbst auf eine unvermeidbare Subjektivität hingewiesen, da viele Kriterien nicht eindeutig zu bewerten sind. Bild 2.5 ist die verkürzte Zusammenfassung der Ergebnisse des BSVI.

Gezeigt sind die vorgesehenen Finanzierungs- und Organisationsmodelle und deren wichtigste Bewertungskriterien. Im Ergebnis wird festgestellt, dass alle Modelle mit Steuerfinanzierung in der Vergangenheit nicht zweckentsprechend und wenig brauchbar waren. Vorgeschlagen wird deswegen ein Kraftstoffgebührenmodell[1], bei dem eine flächendeckende und bundeseinheitliche Erhebung von Gebühren als Zuschlag auf den Kraftstoffpreis einfach zusammen mit der Mineralsteuererhebung im Inkassoverfahren möglich ist. Die Gebühr fließt in einen Bund-Länder-Straßenbaufonds. Der Fonds verteilt seine Mittel an die von ihm zu versorgenden Baulastträger. Vorrangiges Ziel des Fonds ist die Finanzierung, eine weitergehende Privatisierung ist schrittweise möglich. Zusätzliche finanzielle Belastungen der Bürger sollen durch Absenkung der Mineralöl- und Kraftfahrzeugsteuer um das heutige Investitionsvolumen vermieden werden, so dass die Akzeptanz bei einer sichtbar zweckgebundenen Verwendung der Gebühr am größten ist. Das bewährte System der Baulastträger und deren Organisation sowie die Staatsverantwortung bleiben erhalten, so dass eine sofortige Umsetzung dieses Modells möglich ist.

Gleichzeitig spricht sich der BSVI jedoch auch für eine langfristig zu planende Erhebung von streckenabhängigen Benutzungsgebühren aus, wobei einzelne Streckenabschnitte kurzfristig als Pilotprojekte zum Sammeln von Erfahrungen eingesetzt werden können.

2.4 Gutachten öffentlicher Institutionen über die Privatisierung von Fernstraßen

2.4.1 Rechtliche Voraussetzungen einer Privatisierung

Die rechtlichen Rahmenbedingungen für privatfinanzierte und -betriebene Fernstraßen sind zunächst durch die Vorgabe von europarechtlichen sowie nationalen verfassungsrechtlichen Grundsätzen gekennzeichnet.

---

(1) im Sinne eines energieverbrauchsabhängigen Entgeltes

Bewertungskriterien (verkürzt wiedergegeben)	Vorfinanzierungsmodell	Fernstraßen - Privatfinanzierungs-modell	Streckengebühren nur Autobahnen Roland - Berger - Modell
	1	2	3
Funktionsweise (System)			
- Einnahmen	Private Finanzierung während Bauphase, Refinanzierung aus Verkehrshaushalt nach Abnahme	Finanzierung durch streckenabhängiges Entgelt und Anschubsfinanzierung	Finanzierung durch streckenabhängiges Entgelt
- Zweckbindung	Über Verpflichtung für zukünftige Verkehrshaushalte.	Durch Privatfinanzierung erreicht.	Durch eigene Inkassorechte erreicht.
- Erhebung	Unauffällige Heranziehung zu den Kosten	Erhebung durch Maut, Option auf elektronischen Einzug, zunächst Lkw, später alle Kfz möglich	Erhebung offen, Option auf elektronischen Einzug, zunächst Lkw, später alle Kfz
Durchführung der Maßnahmen	Öffentliche Verwaltung	Betreiber	Bundeseigene Autobahngesellschaft / Betreibergesellschaft(en)
- Planung, Ausschreibung	Bauverwaltung, Ingenieurbüros	Bauverwaltung, Betreiber, Ingenieurbüros	Betreibergesellschaften
- Ausführung	Bauwirtschaft	Betreiber, Bauwirtschaft	Betreibergesellschaften Bauwirtschaft
Wirkungsbereich			
- BAB, Bundesstraßen	BAB, Bundesstraßen	Sonderstrecken (Tunnel, Brücken, Pässe)	BAB-Netzteile
- Landes- und Kreisstraßen	Teilweise (BY, RP)	nicht vorgesehen	nicht vorgesehen
Finanzierungsbeitrag	marginal	gering, nur für Einzelstrecken der Bundesfernstraßen	höchstens 25%, nur für Einzelstrecken des Teilproblems BAB
Auswirkung auf öffentliche Haushalte	Vorübergehende Ausweitung, langfristige Belastung	unbedeutende Entlastung	Teilentlastung
Politische Akzeptanz (Bund, Länder, Kommunen, politische Parteien)	keine einheitliche Meinung	eher positiv	eher positiv
Gesellschaftliche Akzeptanz	positiv	uneinheitlich	uneinheitlich
Umsetzbarkeit	bereits umgesetzt	kurzfristig möglich	abhängig vom elektronischen Einzugssystem

Bewertungskriterien (verkürzt wiedergegeben)	Zeitgebühren mit Finanzfonds Vignette	Energieverbrauchsabhängiges Entgelt (Modell LVI - BW)	Brunnhuber Modell
	4	5	6
Funktionsweise (System)			
- Einnahmen	Bestehende Lkw-Vignette auf Pkw ausgedehnt	Vom Treibstoffverbrauch abhängige Gebühr an der Tankstelle, mit vom Treibstoffpreis getrennter Quittung erhoben.	Mineralölsteuererhöhung und Pkw - Vignette bei Wegfall der Kfz-Steuer
- Zweckbindung	Durch Inkasso- und Verwaltungsrecht der Gebühren außerhalb der Haushalte gewährleistet.	Durch Finanzfonds (zentral oder länderbezogen) erreicht.	Zweckbindung der Einnahmen von ca. 2 Mrd. DM
- Erhebung	einfach, durch Verkauf von Vignetten	einfach und billig, Gebühreninkasso durch Ölgesellschaften	einfach durch Steuer und Verkauf von Vignetten
Durchführung der Maßnahmen	Durch die öffentliche Verwaltung	Öffentliche Verwaltungen bis zur Planfeststellung, dann Privatwirtschaft	Öffentliche Verwaltung
- Planung, Ausschreibung	Bauverwaltung, Ingenieurbüros	Betreiber, Bauwirtschaft, Ingenieurbüros	Bauverwaltung, Ingenieurbüros
- Ausführung	Bauwirtschaft ggf. Betreiber	Betreiber, Bauwirtschaft	Bauwirtschaft
Wirkungsbereich			
- BAB, Bundesstraßen	alle Straßen	alle Straßen	BAB, Bundesstraßen
- Landes- und Kreisstraßen			unberücksichtigt
Finanzierungsbeitrag	100 %	100 %	ca. 10% Entlastung Verkehrshaushalt
Auswirkung auf öffentliche Haushalte	Volle Entlastung	Volle Entlastung	Geringfüge Ausweitung
Politische Akzeptanz (Bund, Länder, Kommunen, politische Parteien)	eher ablehnend	keine einheitliche Meinung	negativ
Gesellschaftliche Akzeptanz	abwartend	abwartend	nicht bekannt
Umsetzbarkeit	kurzfristig möglich	kurzfristig möglich	kurzfristig möglich

Bild 2.5 Finanzierungs- und Organisationsmodelle des BSVI 1998

2.4.1.1 Europäische Vorgaben[1]

Grundlage zur Erhebung von Maut- und Nutzungsgebühren für bestimmte Verkehrswege durch die Mitgliedstaaten ist die Richtlinie 93/89/EWG vom 25.10.1993, die den europarechtlichen Rahmen für sämtliche nationalen Handlungen vorgibt. Begrifflich wird differenziert zwischen *Mautgebühren* als streckenbezogene und *Benutzungsgebühren* als zeitabhängige Gebühren. Sowohl Maut- als auch Benutzungsgebühren dürfen nur für die Benutzung von Autobahnen, anderer mehrspuriger Straßen, Brücken, Tunnel und Gebirgspässe erhoben werden. Maut- und Benutzungsgebühren dürfen nicht gleichzeitig erhoben werden. Im Grundsatz müssen sich die Gebühren an den Kosten für Bau und Betrieb orientieren, wobei mehrere Mitgliedstaaten ein gemeinsames Gebührensystem errichten dürfen.

2.4.1.2 Nationale Vorgaben

Unter Berücksichtigung der o.g europäischen Vorgaben bestehen in Deutschland derzeit mit dem *Autobahnbenutzungsgebührengesetz (ABBG)* und dem *Fernstraßenbauprivatfinanzierungsgesetz (FStrPrivFinG)* zwei Gesetze, die eine Erhebung von zeitabhängigen Benutzungsgebühren (ABBG) bzw. streckenabhängigen Mautgebühren (FStrPrivFinG) in bestimmten Fällen unter engen Voraussetzungen erlauben. Das Autobahnbenutzungsgebührengesetz vom 30.8.1994 regelt die Erhebung zeitabhängige Gebühren für die Benutzung von Autobahnen für Lkw mit einem zulässigen Gesamtgewicht über 12 t sowie die Teilnahme an einem Gebührenverbund mit insgesamt sechs weiteren EU-Mitgliedstaaten. Die seit 1.1.2000 gültigen Gebührensätze sind in Bild 2.6 dargestellt[2].

Autobahngebührenverbund Schweden, Dänemark, Benelux, Deutschland

	Schwerlastverkehr*	
Lkw-Straßenbenutzungskosten	**zulässiges Gesamtgewicht > 12 t**	
(Stand 1.1.2000, Währung DM)	**bis 3 Achsen**	**mit 4 und mehr Achsen**
Jahresgebühr	1.466,87	2.444,79
Monatsgebühr	146,69	244,48
Wochengebühr	39,12	64,54
Tagesgebühr für alle Lkw	11,73	11,76

*) in Benelux, D, Dänemark und Schweden

Bild 2.6 Gebührensätze für die Autobahnbenutzung von Lkw über 12 t zulässigem Gesamtgewicht, Stand 1.1.2000

(1) vgl. Limberger (1998), S. 2 ff.
(2) vgl. Bundesministerium für Verkehr, Bau- und Wohnungswesen (1999d), S.5

Das Gebührenaufkommen steht dem Bund zu, das Bundesamt für Güterverkehr ist für die Einziehung und Verwaltung der Gebühr zuständig. Art. 17 ABBG benennt jedoch als ausdrückliches Ziel, "langfristig ein entfernungsabhängiges, elektronisches Gebührenerfassungs- und Einzugssystem zu entwickeln, um eine gerechtere Anlastung der Wegekosten im Bereich des Schwerlastverkehrs zu erzielen". Ebenfalls seit 30.8.1994 ist das "Gesetz über den Bau und die Finanzierung von Bundesfernstraßen durch Private", auch als Fernstraßenbauprivatfinanzierungsgesetz FStrPrivFinG bekannt, rechtswirksam. Damit hat der Gesetzgeber den rechtlichen Rahmen geschaffen, der es privaten Investoren ermöglicht, sich an der Entwicklung von Straßenverkehrsinfrastruktur innerhalb von *Betreiber- und Konzessionsmodellen*, die auch als *Mautmodelle* bezeichnet werden, zu beteiligen. Eine Begriffsabgrenzung zwischen Betreiber- und Konzessionsmodellen wird in Kapitel 7.3 vorgenommen.

2.4.1.3 Grundzüge des FStrPrivFinG

Ziel des FStrPrivFinG ist es, Straßenbaumaßnahmen, die mit Haushaltsmitteln erst später zu realisieren wären, durch den Einsatz privaten Kapitals vorzuziehen, um die in 2.4.2 dargestellten volkswirtschaftlichen Effekte bereits im Zeitpunkt der Investition zu erzielen[(1)]. Private Investoren erhalten zur Refinanzierung ihres Kapitals in Form einer Konzession das Recht, Mautgebühren zu erheben. Verwaltungsrechtlich wird der Private zum "Beliehenen" und besitzt Gebührenhoheit[(2)]. Die Höhe der Mautgebühr wird durch Rechtsverordnung des Bundesministeriums für Verkehr, Bau- und Wohnungswesen und den obersten Landesstraßenbaubehörden, ohne Zustimmung des Bundesrates, bestimmt. Die Höhe der Maut muss unter Berücksichtigung der Realisierungskosten für das Vorhaben sowie der Wegstrecke, Fahrzeugart und des zulässigen Gesamtgewichts in angemessenem Verhältnis zu dem durchschnittlichen Vorteil der Benutzung stehen. Eine Mauterhebung ist dabei nur auf neu errichteten Brücken, Tunnel und Gebirgspässen im Zuge von Bundesautobahnen und autobahnähnlich ausgebauten Bundesstraßen möglich[(3)]. Zwischen dem privaten Investor und der Straßenbauverwaltung ist ein Konzessionsvertrag abzuschließen, der die Einzelheiten regelt, die in Zusammenhang mit der Realisierung des Bauvorhabens einschließlich der wechselseitigen Risikoverteilung bedeutsam sind[(4)].

Ein Musterkonzessionsvertrag ist derzeit in Entstehung und wird ab Mitte 2000 vorliegen. Ziel ist die standardisierte Abwicklung von Konzessionsverträgen.

---

(1) vgl. Bundesministerium für Verkehr (1995a), S. 1
(2) vgl. Schmidt (1995), S. 38
(3) vgl. § 2 und § 3 Abs. 1 und 2 des FStrPrivFinG
(4) vgl. Reidt (1996), S. 1156; Reidt, Stickler (1997b), S. 365

Mit dem FStrPrivFinG gehen zwar nach § 1 Abs. 4 keine hoheitlichen Befugnisse auf den Privaten über, dennoch war das Gesetz Gegenstand einer verfassungsrechtlichen Diskussion.

2.4.1.4 Stand der verfassungsrechtlichen Diskussion

Die Frage, ob eine Privatisierung von Fernstraßen nach dem FStrPrivFinG verfassungsrechtlich zulässig ist, wurde in der Rechtswissenschaft Anfang der 90er Jahre diskutiert und im Ergebnis weitgehend bejaht. Bau und Erhaltung öffentlicher Verkehrswege sind demnach "eine aus Gründen der Daseinsvorsorge öffentliche Aufgabe"[(1)]. Zur Erfüllung der im Interesse des Gemeinwohls liegenden Aufgaben können Private eingesetzt werden. Im Gegensatz dazu dürfen bei originären Staatsaufgaben keine privaten Erfüllungsgehilfen eingeschaltet werden. Kernstück der Auseinandersetzung war somit die Frage, welche Aufgaben im Fernstraßenwesen originäre Staatsaufgaben sind und nicht an Private übertragen werden dürfen. Einigkeit besteht, dass die Erschließung eines Gebietes mit Verkehrswegen gerade in einer modernen industrialisierten Gesellschaft eine Staatsaufgabe darstellt, so dass der Staat im Grundsatz eine Aufgabenverantwortung für eine zeitgemäße Straßeninfrastruktur zu tragen hat[(2)]. Somit verbleiben dem Staat bei jeder Form der Privatisierung von Fernstraßen sogenannte Staatsaufgaben, auf die er in den Grenzen der Verfassung zurückgreifen kann. Die Durchführung der Planfeststellung oder von Enteignungsverfahren ist demnach staatliche Aufgabe, dagegen sind Planungs-, Finanzierungs-, Betriebs- oder Erhaltungsaufgaben von Fernstraßen delegierbare öffentliche Aufgaben, die nicht nur staatlichen Stellen vorbehalten bleiben. Der Staat hat nur die Erfüllung der Aufgabe gemäß Art. 87 e und f GG zu garantieren. "Der Fernstraßenbau und dessen Erhaltung ist als notwendige, nicht aber als ausschließliche Staatsaufgabe einzustufen"[(3)]. Es besteht kein verfassungsrechtlicher Grund gegen eine Privatisierung, wenn der Staat seine übergeordneten Prinzipien wie z.B. das Sozialstaatsprinzip oder den Grundsatz der sparsamen Verwendung von Mitteln nach der BHO beachtet[(4)].
Mit dem FStrPrivFinG findet kein Übergang von Hoheitsrechten auf Private mit Ausnahme des Rechts auf Gebührenerhebung statt[(5)]. Der Private wird nicht selbst Straßenbaulastträger, wie dies in Kapitel 3.2.1 dargestellt ist, sondern ist Verwaltungshelfer. Bei den von ihm errichteten und unterhaltenen

---

(1) vgl. Selmer, Brodersen (1995), S. 129 ff.; Pabst (1997), S. 64
(2) vgl. Stewing (1991), S. 708
(3) vgl. Püttner (1996), S. 730 f.; Friauf (1980), S. 209 ff.
(4) vgl. Grupp (1993), S. 141; Ekardt (1997), S. 282
(5) vgl. Reidt (1996), S. 1157, weshalb das FStrPrivFinG ebenfalls verfassungskonform ist, was Schmidt (1995), S. 39 eher verneint

Straßen handelt es sich nicht um Privatstraßen, sondern weiterhin um öffentliche Straßen innerhalb eines zusammenhängenden Verkehrsnetzes, welches auch bei einer bestehenden Gebührenpflicht für den Gemeingebrauch bestimmt ist[1]. Alle verfassungsrechtlichen und straßenspezifischen Vorgaben bestehender Gesetze bleiben somit auch für private Investoren bei einer Projektentwicklung von Fernstraßen gültig und sind deswegen in Kapitel 3.2 zusammengefasst.

2.4.2 Analyse volkswirtschaftlicher Auswirkungen

Die volkswirtschaftlichen Wirkungen von Investitionen in die Verkehrsinfrastruktur sind bereits mehrfach untersucht worden. Stellvertretend dafür werden hier zwei Ergebnisse wiedergegeben und im Hinblick auf die Auswahl einer geeigneten privaten Finanzierungsform für Fernstraßen interpretiert.
Bild 2.7 fasst die Ergebnisse eines Gutachtens im Auftrag des Verbandes der Bauindustrie Niedersachsen zusammen, das die Wirkung öffentlicher Bauinvestitionen exemplarisch für einen Autotunnel darstellt[2].

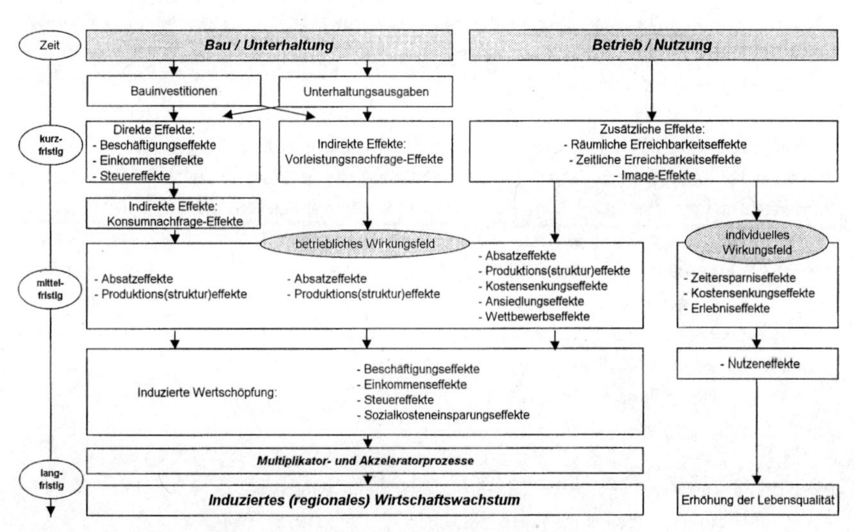

Bild 2.7 Volkswirtschaftliche Effekte eines Autotunnels (aus Mahnke, Middendorf (1997), S. 53)

Es zeigt sich, dass sowohl während der Bau- und Erhaltungsphase wie auch in der Betriebs- und Nutzungsphase positive kurz-, mittel- und langfristige

(1) vgl. Reidt, Stickler (1997a), S. 243; Selmer, Brodersen (1995), S. 124
(2) vgl. Mahnke, Middendorf (1997), S. 53; Sigloch (1992), S. 65 f.

Effekte zu erwarten sind. Auftretende Multiplikator- und Akzeleratorprozesse vervielfachen die wertschöpfende Wirkung der Ausgaben für Bauinvestitionen und sorgen dadurch für weiteres Wirtschaftswachstum, so dass ein Zurückstellen von Bauinvestitionen gesamtwirtschaftlich nicht sinnvoll ist. Dies führte in der Folge zum sogenannten "Einkaufen von Zeit" durch die private Vorfinanzierung, die in Kapitel 2.5.1 dargestellt ist.

Eine weitere aus volkswirtschaftlicher Sicht wichtige Studie wurde 1995 von Ewers und Rodi vorgelegt(1). Ziel war die Bewertung verschiedener Privatisierungsmodelle von Autobahnen anhand makroökonomischer Kriterien(2). Folgende Kriterien wurden herangezogen und bewertet, um festzustellen, welche gesamtwirtschaftlichen Wirkungen bei den verschiedenen Privatisierungslösungen zu erwarten sind:

- Effizienzsteigerung der Wirtschaft, z.B. durch Senkung der Produktionskosten von Fernstraßen oder durch Verfahrens- und Produktinnovationen,
- verursachungsgerechtere Kostenzuordnungen,
- vertretbare Transaktionskosten, z.B. für Gebührenerhebungssysteme,
- ausgewogenere Verteilung der Marktrisiken zwischen Staat und Privaten und
- Umsetzbarkeit aus Politiker-, Nachfrager- (Nutzer) und Betreibersicht.

Ergebnis war, dass nur eine materielle Privatisierung mit vorheriger Eigentumsübertragung auf einen privaten Aufgabenträger zum Ertragswert den höchsten Zielerreichungsgrad aufweist. Als Handlungsempfehlung ergibt sich folgender Dreistufenplan: In einer ersten Stufe wird empfohlen, den Neubau und die Finanzierung einzelner Strecken vorübergehend privat vorzufinanzieren. Außerdem wird angeregt, den Betrieb einiger Strecken auszuschreiben und privat zu vergeben, um dadurch neue Organisationsstrukturen mit veränderten Rollen für den Staat und neuen Aufgaben für die Privatwirtschaft entstehen zu lassen. In einer zweiten Stufe folgt eine staatliche Autobahngesellschaft im Sinne eines "Sondervermögen Bundesfernstraßen", die in einer dritten Stufe in eine private Rechtsform überführt wird.

Da dieses Dreistufenmodell in der Umsetzung Probleme hervorruft, können in einer vorübergehenden Phase bis zur endgültigen materiellen Privatisierung für einzelne Strecken direkte Benutzergebühren im Rahmen von Betreibermodellen erhoben werden. Aus volkswirtschaftlicher Sicht und aus Wettbewerbsgründen wird dies aber nur als Notlösung aufgefasst, weil sich der Staat für Jahrzehnte an einen Betreiber vertraglich bindet.

---

(1) vgl. Ewers, Rodi (1995), S. 57 ff.
(2) vgl. ebenda, S. 107 ff.

2.4.3 Technologische Machbarkeit einer vollautomatischen Erfassung und Abrechnung von Straßenbenutzungsgebühren

Bei der Erfassung und Abrechnung streckenbezogener Straßenbenutzungsgebühren wird in Deutschland technologisches, verwaltungstechnisches und organisatorisches Neuland betreten. In einem Feldversuch von 1994 bis 1995 wurden deswegen Möglichkeiten für die Gebührenerfassung mit unterschiedlichen Systemen untersucht. Da das deutsche Autobahnnetz für eine konventionelle Erhebung von Straßenbenutzungsgebühren mit flächenaufwendigen Erhebungsstellen nicht geeignet ist, kommen nur vollautomatische Erfassungs-, Abrechnungs- und Kontrollsysteme in Frage, die darüber hinaus im Idealfall mit anderen europäischen Systemen kompatibel sein sollten. Als Versuchsfeld wurde die A 555 mit einem durchschnittlichen Verkehr von 60.000 Fahrzeugen/Tag und einem Lkw-anteil von 10 % ausgewählt. Getestet wurden insgesamt 10 Systeme in 33.000 Versuchsfahrten mit insgesamt 60 Testfahrzeugen, die mit speziellen Fahrzeugeinrichtungen für die Gebührenerfassung ausgerüstet waren[1].

Das Ergebnis zeigt, dass es Systeme gibt, die eine Kommunikation zwischen Fahrzeug und Gebührenerfassungs- und -abrechnungsinfrastruktur unter nahezu allen Rahmenbedingungen mit hoher Funktionssicherheit erzielen. Verkehrliche Einflüsse, wie sie bei dichtem Parallel- oder Kolonnenfahren, Stillstand oder Rückwärtsfahren auftreten, sind dem Grunde nach unter allen Rahmenbedingungen bei entsprechender Ausstattung der Fahrzeuge beherrschbar. Somit ist die für ein Betreibermodell wichtige Grundvoraussetzung der sicheren Gebührenerfassung und -abrechnung gegeben. Auch die Anforderungen des Datenschutzes aus Sicht des Bundesbeauftragten für den Datenschutz können nach Erkenntnis dieses Versuchs erfüllt werden, wenn in einer spezifischen datenschutzrechtlichen Regelung, die noch zu erarbeiten ist, bestimmte Standards wie z.B. anonymisierte Zahlungsverfahren festgelegt werden. Mit Vorliegen der Praxisreife mehrerer Systeme erfolgte am 22.12.1999 die europaweite Ausschreibung über die Errichtung und den Betrieb eines elektronischen Systems für die vollautomatische Gebührenerfassung und -abrechnung für Lkw über 12 t. Geplanter Betriebsbeginn des Systems ist 2003[2].

Da die zeitbezogene Gebühr gemäß ABBG dann eingestellt wird, ist dies mit den europäischen Vorgaben vereinbar. Geplant ist, Fahrzeugbewegungen des Transitverkehrs aus dem Ausland elektronisch zu erfassen und an den Grenzen manuell abzurechnen.

---

(1) vgl. Behrendt, Hahn, Huber (1996), S. 5 ff.; Gratza, Hahn, Steenken (1996), S. 13 ff.; Krause (1993), S. 3; Huber (1995), S. 28 f.

(2) vgl. Bundesministerium für Verkehr, Bau- und Wohnungswesen (1999c), S.1

2.5 Privatfinanzierte und -betriebene Fernstraßen in der Praxis

Bei der Auflistung der bisher mit privatem Kapital in Deutschland erstellten Fernstraßen ist zwischen der privaten Vorfinanzierung, welche oft fälschlicherweise als "Konzessionsmodell" bezeichnet wird, und dem Betreibermodell, bei dem ein privater Investor tatsächlich die Konzession in materieller Hinsicht als Recht zum Bau und Betrieb einer Fernstraße erhält, zu unterscheiden.

2.5.1 Private Vorfinanzierung nach dem "Konzessionsmodell"

Bei den in Deutschland privat vorfinanzierten Straßenbauprojekten, die später aus dem Haushalt refinanziert werden, ist bisher mit insgesamt 27 Projekten ein Bauvolumen von 5,15 Mrd. DM geplant, wovon bereits erste Projekte abgeschlossen bzw. derzeit in der Bauphase sind[1]. Gemessen am gesamten Investitionsvolumen des Bundesverkehrswegeplans deckt die Vorfinanzierung nur einen Marginalbereich ab. Die Funktionsweise sowie die Modellausprägungen der privaten Vorfinanzierung werden in Kapitel 3.6.2.2 näher beschrieben und bewertet.

2.5.2 Konzessionsmodelle nach dem Fernstraßenbauprivatfinanzierungsgesetz

Obwohl seit 1994 mit der Verabschiedung des Fernstraßenbauprivatfinanzierungsgesetzes zahlreiche Machbarkeitsstudien für Betreibermodelle im Fernstraßenbau in Arbeit sind und teilweise auch abgeschlossen wurden, befinden sich derzeit nur zwei Fernstraßenprojekte, die von privaten Betreiberkonsortien geplant, finanziert, gebaut und danach 30 Jahre lang unter eigener Regie betrieben werden, in der Bauphase. Diese ersten privatfinanzierten und -betriebenen Bauwerke sind jeweils Tunnel in den Städten Lübeck und Rostock, die den Verkehr einer innerorts verlaufenden Bundesstraße unter der Trave bzw. Warnow aufnehmen werden[2]. Das Gesamtvolumen ohne Finanzierungskosten beider Projekte beläuft sich derzeit auf 735 Mio. DM. Für beide Bauvorhaben können derzeit noch keine Aussagen über Betriebsergebnisse oder Abweichungen von prognostizierten Erwartungen getroffen werden.

---

(1) vgl. Bundesministerium für Verkehr (1997b), S.5 Tab. 1 mit 12 Projekten und Bundesministerium für Verkehr (1998), S. 2 mit 15 Projekten

(2) vgl. zur Warnow-Querung: Hansestadt Rostock (1995/1997), Presseinformation vom 21.9.1995 und 3.6.1997; Bauermeister (1997), o.S.; ebenso Bauermeister, Becherer und Wolff (1996), S. 473 sowie Bouygues (1996), S.1, und zum Herrentunnel Lübeck: Schemmink (1998), o.S.; o.V. (1999a), o.S.; o.V. (1999b), o.S.; HOCHTIEF (1999), o.S.

Die Mautgebühren sollen in Rostock zwischen 3,00 bis 3,50 DM für eine Durchfahrt betragen, in Lübeck werden 1,20 DM pro Durchfahrt verlangt. Für Vielfahrer und Pendler gibt es Ermäßigungen. Die Maut für Lkw soll in Abhängigkeit vom Gewicht bis zu 12 DM betragen. In beiden Projekten ist eine öffentliche Anschubfinanzierung zwischen 20 und 45 % notwendig, damit ein für den privaten Investor positives Ergebnis erwartet werden kann.

Für weitere 14 Fernstraßenprojekte, die nach dem FStrPrivFinG finanziert und organisiert werden können, sind derzeit Wirtschaftlichkeitsuntersuchungen beauftragt. Das geschätzte Bauvolumen beläuft sich dabei auf 6,5 Mrd. DM(1).

2.6 Schlussfolgerungen für die Bau- und Immobilienwirtschaft

2.6.1 Langfristig

Bisher waren Bauunternehmen vorwiegend auf die Realisierungsphase von Bauwerken konzentriert, die streng nach Vorgaben des Bauherren hergestellt wurden. Bei der Marktbearbeitung und Auftragsbeschaffung stand häufig die Auslastung der vorgehaltenen Kapazitäten im Vordergrund. Durch den zunehmenden Rückzug des Staates aus seiner originären Rolle als Bereitsteller von Infrastruktur ergeben sich wie dargelegt andere Handlungs- und Anpassungszwänge der Bauunternehmen an diese veränderten Rahmenbedingungen. Dem privaten Sektor werden dadurch neue Aufgaben und Risiken übertragen, auf die er zunächst nicht eingerichtet ist. Dadurch ist für die Zukunft zu erwarten, dass die ausführenden Unternehmen länger und intensiver in alle Stufen des Wertschöpfungsprozesses eingebunden sind und nach Fertigstellung auch Aufgaben des Betriebs und der Funktionserhaltung zu übernehmen haben(2). Damit wird es notwendig, bereits im Vorfeld einer Investition den Nachweis über die erwartete Wirtschaftlichkeit zu erbringen. Chancen und Risiken sind über den gesamten Lebenszyklus und alle Phasen eines Projektes genau abzuwägen. Die reine Kalkulation von Baupreisen bleibt zwar eines von vielen Kerngeschäften in den Bauunternehmen, jedoch erweitert sich dieses Aufgabenspektrum erheblich, da im Mittelpunkt nun die Gesamtrentabilität einer Investition steht. Da gerade bei Infrastrukturinvestitionen die tatsächlichen Kosten oft nicht bekannt sind, weil in der Regel keine Marktpreise vorliegen oder im Bereich der Straßen erhoben werden, liegt die Schwierigkeit für private Unternehmen darin, die Kosten- und Erlösseite transparent aufzubereiten, um das eigentliche Wagnis für die Investoren aufzuzeigen.

---

(1) vgl. Bundesministerium für Verkehr (1997b), S. 8, aktualisiert nach Siebert (1998), S. 13; Ewers, Tegner (1999), S. 45

(2) vgl. Hinrichs (1996), o.S.; Rönnberg (1998), S. 3, Leichnitz (1999), S. 12

Mit Hilfe einer systematischen Projektentwicklung, wie sie im privaten Hochbau zur Sicherstellung einer angemessenen Wirtschaftlichkeit eingesetzt wird, kann eine Gesamtstrukturierung der Prozesskette auch im Lebenszyklus einer Straßenbauinvestition, von der Idee bis zum Ende der Betriebszeit, in technischer, wirtschaftlicher, rechtlicher, finanzieller und organisatorischer Hinsicht erfolgen. Die Projektentwicklung bildet somit die Basis für den wirtschaftlichen Erfolg des Gesamtprojektes "Fernstraße", bei dem alle Komponenten eine marktübliche Rendite erwirtschaften müssen. Sie zielt auf den privatwirtschaftlich organisierten, ergebnisorientierten Aufbau eines langfristigen Geschäftsfeldes rund um die Bereitstellung von Infrastruktur, wie sie beispielsweise beim Bau und Betrieb von Flughafenanlagen oder Bahnhöfen bereits üblich ist.

2.6.2 Kurzfristig

Bei realistischer Betrachtung kommen aufgrund des aufgezeigten rechtlichen und praktischen Sachstandes für eine kurzfristige Umsetzung nach dem FStrPriFinG nur einzelne, besonders kostenintensive und nach bestimmten Kriterien der Wirtschaftlichkeit ausgewählte Fernstraßenprojekte in Frage. Für die Identifikation und Auswahl geeigneter Projekte ist eine Systematik zu erarbeiten und die Kriterien und Randbedingungen zu bestimmen, die die Wirtschaftlichkeit nachhaltig beeinflussen. Ein innovativer Ansatz, der auf die erweiterte Aufgabenwahrnehmung und Funktionserfüllung durch die bauausführenden Unternehmen zeitlich über die Abnahme der Straßenbauleistung hinaus abzielt, ist der Funktionsbauvertrag. Unter 7.4 werden die Inhalte wiedergegeben. Vorwegzunehmen ist an dieser Stelle, dass der Funktionsbauvertrag der Vorbereitung von Straßenbauunternehmen zur späteren Teilnahme an Konzessionsmodellen dienen kann. Er ist somit als Vorstufe und Grundlage für spätere Betreiber-/Konzessionsmodelle einzustufen.

3 Die bundeshoheitliche Aufgabe der Erstellung und Vorhaltung von Fernstraßen

Die Erstellung und Vorhaltung von Fernstraßen in Deutschland ist derzeit eine rein öffentliche Infrastrukturaufgabe, die sowohl für die quantitative als auch qualitative Fortentwicklung der Wirtschaft von großer Bedeutung ist.
Die im Folgenden dargestellten Zusammenhänge dienen als Grundlage jeder Betrachtung im Zusammenhang mit der Erstellung und Vorhaltung von Fernstraßen, zunächst unabhängig von der Frage, inwiefern privatwirtschaftliche Lösungen zum Einsatz kommen. Für die privatbeteiligte Projektentwicklung sind sie der äußere Handlungsrahmen, der zwingend berücksichtigt werden muss. Zudem wird das rechtliche und wirtschaftliche Spannungsfeld aufgezeigt, in dem sich in Zukunft der öffentliche und private Bau von Fernstraßen bewegen wird.

3.1 Privates Aufgabenfeld Bundesfernstraßen und Bundesautobahnen

Fernstraßen sind im Bereich der materiellen Infrastruktur den Verkehrswegen zuzuordnen. Die Verkehrswege umfassen die Straßen, Schienen, Wasserstraßen, Luftverkehrswege und Pipelines. Die Straßenverkehrsinfrastruktur ist in Bundesautobahnen, Bundes-, Land(es)-, Kreis- und Gemeindestraßen unterteilt. Eigentümer und Baulastträger der Fernstraßen ist der Bund.
Das klassifizierte Straßennetz, bestehend aus Bundesautobahnen, Bundesstraßen, Land(es)- und Kreisstraßen, dient der Aufnahme des überörtlichen Verkehrs und umfasst insgesamt 230.665 km, darunter 53.650 km Ortsdurchfahrten und weitere 415.000 km Gemeindestraßen[1]. Die Zusammensetzung des Straßennetzes ist in Bild 3.1 wiedergegeben.

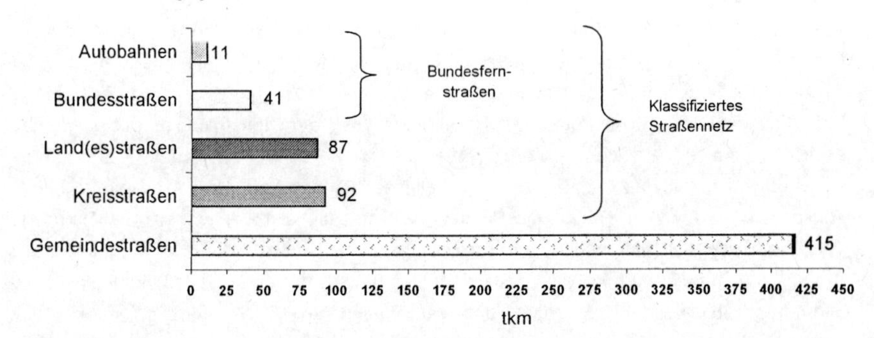

Bild 3.1 Zusammensetzung des Straßennetzes

(1) vgl. Baustatistisches Jahrbuch (1999), Tab. F3, S. 94

Auf den Straßen Deutschlands werden im Personenverkehr rd. 90 % und im Güterverkehr rd. 70 % aller Verkehrsleistungen abgewickelt. Dabei tragen die Bundesfernstraßen mehr als die Hälfte der Verkehrsleistungen. Das Verhältnis von Bundesautobahnen und Bundesstraßen beträgt 1:4, wobei die Bundesautobahnen mit einer Länge von 11.427 km und einem Anteil von 4,8 % an den Straßen des überörtlichen Verkehrs ein Viertel der Fahrleistungen bewältigen(1).

Damit zeigt sich die große Bedeutung von Fernstraßen für den Verkehr. Die hohe Frequentierung spricht gleichzeitig auch aus einzelunternehmerischer Sicht für eine private Finanzierung, da Chancen auf eine angemessene Verzinsung des investierten Kapitals unter bestimmten Voraussetzungen, die in Kapitel 8 hergeleitet werden, durchaus gegeben sind.

3.2 Rechtliche Grundlagen bei der Projektentwicklung von Fernstraßen

3.2.1 Rechtsvorschriften(2)

Die für die Projektentwicklung von Fernstraßen relevanten Rechtsvorschriften sind in unterschiedlichen Rechtsbereichen zu finden. Bild 3.2 stellt die wesentlichen gesetzlichen Rahmenbedingungen, die im Straßenrecht-, Raumordnungs-, Planungs- und Umweltschutzrecht sowie im Haushalts- und Straßenfinanzierungsrecht verankert sind, im Überblick dar. Übergeordnet regelt auch bei Fernstraßen das Grundgesetz alle hoheitlichen Belange, die dem Verfassungsschutz unterliegen. Zur Berücksichtigung öffentlicher Interessen sind vor allem umweltrelevante Gesetze wie das Bundesnaturschutzgesetz (BNatSchG) und das Bundesimmissionsschutzgesetz (BImSchG) für den Entwurf, die Planung und Linienführung von Fernstraßen maßgeblich. Für die Finanzierung ist das Verkehrsfinanzgesetz und Straßenbaufinanzierungsgesetz von Bedeutung. Des Weiteren wirken sich Vereinbarungen und Verordnungen der Europäischen Union (EU) auf die Planung und Finanzierung von Fernstraßen aus. Näheres wird in Kapitel 3.5.2 ausgeführt. Eine Konkretisierung der Vorgaben des Grundgesetzes findet sich in den jeweiligen Länderstraßengesetzen. Weitere, nicht gesetzliche "Regelungen grundsätzlicher Art" für Fernstraßen sind in den Allgemeinen Rundschreiben Straßenbau (ARS) und Rundschreiben (RS) des Bundesministeriums für Verkehr, Bau- und Wohnungswesen zusammengefasst. Diese sind in 21 Sachgebiete wie z.B. Planung und Entwurf, Baustoffe, Nebenbetriebe, Straßenunterhaltung und -betrieb, Bauvertragsrecht und Verdingungswesen, Straßenverkehrstechnik und -ausstattung oder Vermessungswesen eingeteilt(3).

---

(1) vgl. Bundesministerium für Verkehr (1995a), S. 9 und 10
(2) vgl. Knoll (1999), S. 213 C
(3) vgl. Knoll (1999), S. 218/C

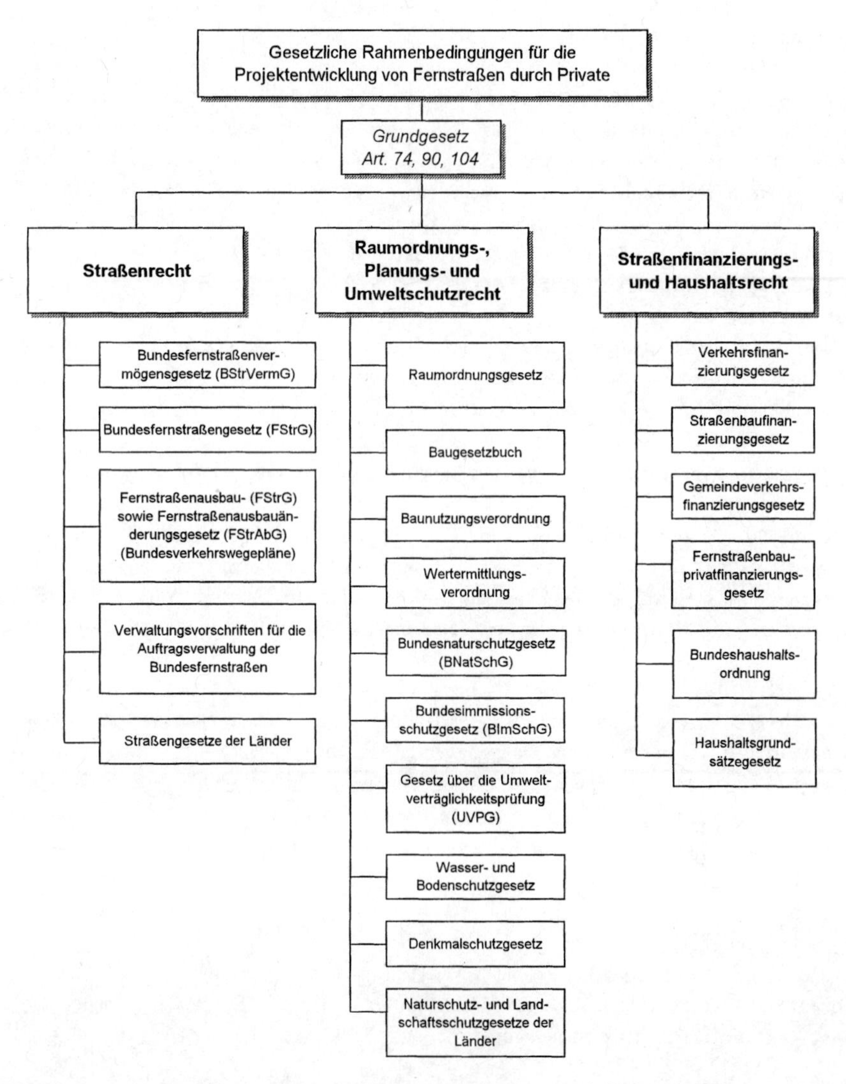

Bild 3.2 Gesetzliche Rahmenbedingungen bei der Projektentwicklung von Fernstraßen

Die für die Projektentwicklung von Fernstraßen wichtigsten gesetzlichen Vorgaben, die für eine praktische Umsetzung von Projekten nach dem FStrPrivFinG maßgeblich sind, werden im *Grundgesetz*, *Fernstraßengesetz und Raumordnungsgesetz* formuliert. Für private Entwickler von Fernstraßen sind insbesondere Aussagen über Eigentums-, Zuständigkeits- sowie Haftungsfragen von Interesse.

Grundgesetz

Nach Artikel 74 Nr. 22 GG ist der Bund verantwortlich für "den Straßenverkehr, das Kraftfahrtwesen, den Bau und die Unterhaltung von Landstraßen für den Fernverkehr sowie die Erhebung und Verteilung von Gebühren für die Benutzung öffentlicher Straßen mit Fahrzeugen". Für die Refinanzierung von Straßen mit Gebühren ist deswegen stets eine Gebührenverordnung notwendig, bei der die Gefahr besteht, dass nicht alle betriebswirtschaftlichen Erfordernisse berücksichtigt werden. Aus Sicht privater Investoren ergeben sich aus dem Grundgesetz deswegen folgende Unsicherheiten:
- Kommt eine Mautverordnung, die für das FStrPrivFinG gültig ist?
- Wann kommt diese Mautverordnung, und welche Wirkung hat sie auf Konzessionsmodelle, die davor ihre Maut kalkuliert haben?
- Berücksichtigt die Mautverordnung betriebswirtschaftliche Erfordernisse?

Erfahrungen mit Mautverordnungen im Ausland sind in Kapitel 6 dargestellt.

Artikel 90 GG regelt Eigentums- und Verwaltungsfragen. Dort wird den Ländern die Aufgabe, "... die Bundesautobahnen und sonstigen Bundesstraßen des Fernverkehrs im Auftrag des Bundes zu verwalten", übertragen. Vorschläge für Betreibermodelle sind deswegen von den Ländern dem Bund zu unterbreiten.

Nach Art. 104a GG können für "besonders bedeutsame Investitionen" vom Bund Finanzhilfen gewährt werden. Das Gemeindeverkehrsfinanzierungsgesetz (GVFG) sieht im § 2 aufgrund dieser Vorgabe vor, dass bis zu 90 % der Investitionskosten für besonders "förderungsfähige Vorhaben", also auch Fernstraßen des vordringlichen Bedarfs, bezuschusst werden können. Dies ist dann der Fall, wenn die Straßenbaulast aufgrund bestimmter Einwohnergrenzen bei einer Gebietskörperschaft liegt.

Fernstraßengesetz

Grundlage für die Erstellung und Vorhaltung von Fernstraßen ist das Bundesfernstraßengesetz (FStrG), welches ausführlich auch die Frage der Straßenbaulast und der Zuständigkeiten regelt[1].

Nach herrschender Meinung wird unter der Straßenbaulast stets die Gesamtheit von "Bau und Unterhaltung, Verbesserung und Erweiterung" der Straßen verstanden. Der Straßenbaulastträger hat dafür zu sorgen, dass der Zustand der Straßen den regelmäßigen Verkehrsbedürfnissen genügt[2]. Die Straßenbaulast umfasst somit die der Sicherheit dienende verkehrsmäßige Reinigung, Räum- und

(1) vgl. FstrG in der Fassung vom 18.6.1997 (BGBLI, S. 1452)
(2) vgl. FStrG (1994), § 3

Streupflicht, jedoch nicht die polizeiliche Reinigung nach Gesichtspunkten der öffentlichen Sicherheit und Ordnung. Mit Ausnahme des Polizeidienstes beinhaltet die Straßenbaulast alle finanziellen Verpflichtungen, die aus der Planung, dem Bau, der Erhaltung und dem Betrieb hervorgehen.

Die Straßenbaulast ist eine Aufgabe im Bereich der Hoheitsverwaltung und wird vom Baulastträger ausschließlich gegenüber der Allgemeinheit, also allein im öffentlichen Interesse, wahrgenommen. Private Dritte haben deshalb keinen Anspruch auf Erfüllung der dem Straßenbaulastträger zugeordneten Aufgaben. Der einzelne Verkehrsteilnehmer kann auch aus der Vernachlässigung der Straßenbaulast keine Entschädigungs- oder Ersatzansprüche ableiten, d.h. ein Rechtsanspruch auf Herstellung einer Straße besteht nicht. Etwas anderes gilt nur dann, wenn die Vernachlässigung der Straßenbaulast eine Gefahr für Leben, Gesundheit oder Eigentum darstellt[1].

Die Baulast erstreckt sich dabei auf alle Bestandteile von Fernstraßen, denen nach § 2 FStrG "... der Straßenkörper, der Luftraum über dem Straßenkörper, Zubehör, Nebenanlagen und die Nebenbetriebe ..." zuzurechnen sind. Bild 3.3 zeigt Bestandteile einer Straße, auf die sich die Straßenbaulast erstreckt.

I Straßenkörper:
- Straßenuntergrund, -unterbau, -oberbau - Brücken, Tunnel, Durchlässe, Dämme - Trenn-, Seiten-, Sicherheitsstreifen - Gräben, Böschungen, Lärmschutz

II Luftraum über Straßenkörper

III Zubehör:
- Verkehrszeichen und -anlagen - Sicherheitseinrichtungen - Bepflanzung

IV Nebenanlagen:
- Straßenmeistereien - Gerätehöfe - Lagerplätze

V Nebenbetriebe:
- Tankstellen - Raststätten - Parkplätze

Bild 3.3 Umfang der Baulast von Fernstraßen

Raumordnungsgesetz

Neben GG und FStrG ist das Bau- und Raumordnungsgesetz (BauROG) die dritte wichtige gesetzliche Grundlage, die insbesondere für die Planung von Fern-

---

(1) vgl. Nagel (1997), S. 105

straßen von Bedeutung ist. Das ROG verpflichtet die staatlichen Instanzen, in allen Räumen der Bundesrepublik eine angemessene Verkehrserschließung zu schaffen, damit annähernd gleiche Erreichbarkeitsverhältnisse entstehen[(1)].
Die Frage, ob mit dieser Aufgabenverantwortung zwingend eine Pflicht zur Selbstwahrnehmung des Staates verbunden ist, wurde wie bereits erwähnt, nach herrschender Auffassung i.d.R. verneint[(2)]. Hinsichtlich der langen Planungsprozesse bei der Raumordnung und Infrastrukturentwicklung, die in Zukunft verstärkt unter europäischen Gesichtspunkten erfolgen wird, entstehen für private Fernstraßenentwickler sehr große Risiken, so dass eine Aufgabenübernahme durch nichtstaatliche Unternehmen eher auszuschließen ist und die Ausnahme bleibt. Für die Umsetzung des FStrPrivFinG empfiehlt sich deswegen, nur planfestgestellte und damit genehmigte Projekte auszuwählen, bei denen über den Baubeginn Klarheit besteht.

3.2.2 Europäische Rahmenbedingungen

Über die nationalen gesetzlichen Erfordernisse hinaus erhält die Verkehrsinfrastrukturplanung von Fernstraßen eine zunehmend europäische Dimension[(3)].
Der Auf- und Ausbau transeuropäischer Verkehrsnetze (TEN) ist seit dem Vertrag von Maastricht 1993 erklärtes Ziel der EU. Viele Fernstraßen im Inland sind und werden Bestandteil dieser "transeuropäischen" Verkehrsnetze. Durch die zentrale Lage der Bundesrepublik Deutschland in Europa und die Öffnung der Grenzen nach Osteuropa ist Deutschland als Haupttransitland in Europa aufgrund der Prognosen einer weiterhin steigenden Verkehrsentwicklung besonders betroffen. Eine übergeordnete europäische Verkehrsinfrastrukturplanung ist somit von großer Bedeutung. Nach den Vorstellungen der EU-Kommission umfasst das vollständige TEN unter Berücksichtigung aller Mitglieder sowie der neu in die Planung einbezogenen Hauptverkehrsachsen nach Osteuropa rund 58.000 km Straßen und Autobahnen, wovon 20.000 km erst in Planung sind[(4)].
Das derzeit größte Problem besteht in der ungenügenden Finanzausstattung zur Realisierung der TEN. Eine Vollendung des TEN bis 2010 wird ausgeschlossen[(5)]. Aus diesem Grund nennt die EU-Kommission die Heranziehung privaten Kapitals als Lösungsmöglichkeit. Eine Refinanzierung aus Benutzungsgebühren und staatlicher Anschubfinanzierung ist aus Sicht der EU problemlos möglich[(6)].

---

(1) vgl. Bau- und Raumordnungsgesetz (BauROG) 1998, Abschnitt 1, § 2 Nr. 12
(2) vgl. Püttner (1996), S. 728; Schmidt (1992), S.6
(3) vgl. Ewers, Tegner (1997), S. 6; Franke (1996), S. 530 ff.;
(4) vgl. Habermann (1999b), S. 24 sowie Strom (1996), S. 126 ff.
(5) vgl. Berger (1995), S. 5
(6) vgl. Franke (1996), S. 533; Schmidt (1992), S. 88;

Gegen eine private Projektentwicklung von Fernstraßen auf europäischer Ebene spricht zwar die Schwerfälligkeit und lange Dauer europaweiter Planungs- und Genehmigungsverfahren, allerdings hat der Europäische Rat 1994 erklärt, für einzelwirtschaftlich unrentable Projekte privaten Investoren eine finanzielle Unterstützung zu gewähren, wenn die Investition gesamtwirtschaftlich sinnvoll ist[1]. Das unternehmerische Risiko für Fernstraßen als Teil des TEN ist somit geringer einzustufen als außerhalb des TEN. Beim Projekt Rostocker Warnowquerung (vgl. 2.5.2) war dadurch z.B. eine Anschubfinanzierung von 60 Mio. DM möglich, die von der EU getragen wird.

3.3 Derzeitige Finanzierung von Fernstraßen

Die verkehrsspezifischen Einnahmen betragen derzeit rund 90 Mrd. DM und setzen sich aus dem Kfz- und Mineralölsteueraufkommen sowie der Lkw-Gebühr zusammen[2]. Da für die Verwendung dieser Einnahmen i.d.R. keine Zweckbindung vorgesehen ist, werden sie dem Gesamthaushalt zugeführt. Ihre Höhe entspricht nahezu 10 % des Gesamtsteueraufkommens. Eine Abgabe, die explizit dem Bau und Betrieb von Autobahnen als Verwendungszweck dient, wird nicht erhoben. Lediglich der kommunale Straßenbau erhält zum einen die den Ländern zustehenden Kfz-Steuereinnahmen, die im Rahmen der Verpflichtungen des kommunalen Finanzausgleich durch die Länder zu leisten sind, sowie das aus verschiedenen Mineralölsteuer*erhöhungen* resultierende Steuer*mehr*aufkommen.

Bei der Frage, ob sich der Verkehr aus eigenen Mitteln finanziert, existieren zahlreiche Untersuchungen. Der reine Einnahmen-Ausgaben-Vergleich zeigt in Bild 3.4 einen zunehmenden Überschuss der Einnahmen[3]. Der Anteil der Einnahmen, der für Verkehrsausgaben aufgewandt wird, sinkt seit 1975 permanent.

Problematisch ist die Frage, ob eine einfache Einnahmen- und Ausgaben-Rechnung den volkswirtschaftlichen Gesamtzusammenhang von tatsächlichem Nutzen und den dafür entstandenen Kosten erfasst und ob nicht externe sowie soziale Effekte, wie beispielsweise Lärmbelastungen, Luftverschmutzungen oder Unfallkosten, in die Verkehrskostenrechnung miteinbezogen werden müssen[4]. Eine exakte Erfassung und Bewertung ist jedoch immer subjektiv und viele Versuche einer Quantifizierung sind stark interessengeleitet. Folglich stellen wissenschaftliche Arbeiten hier nur eine Objektivitätsverbesserung dar. Die jahrzehntelange Debatte um die genaue Ermittlung und Anlastung der von den verschiedenen

---

(1) vgl. Ewers, Tegner (1996), S. 8
(2) vgl. Statistisches Bundesamt (1999), S. 508
(3) vgl. Enderlein, Link (1992), S. 21
(4) vgl. Habermann (1998b), S. 30 f.

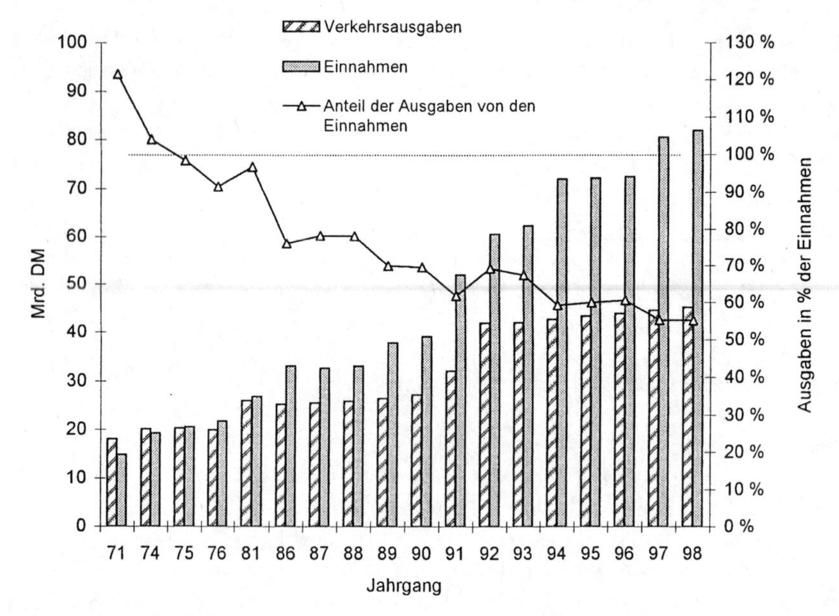

Bild 3.4 Einnahmen-Ausgaben-Rechnung des Verkehrs

Verkehrsträgern verursachten gesamten volkswirtschaftlichen Kosten hat nicht zu eindeutigen Ergebnissen geführt[1]. Festzuhalten ist, dass die gegenwärtige Finanzierung der Fernstraßen durch eine mangelnde Internalisierung sowohl positiver als auch negativer externer Kosten, fehlender Lenkungspreise zur Steuerung des Verkehrsaufkommens, nicht vorhandene und verursachungsgerechte Wegekostenanlastung und die Nichtnutzung privaten Kapitals gekennzeichnet ist.

3.4 Haftungsfragen beim Bau und Betrieb von Fernstraßen

Die Haftung beim Bau und Betrieb von Fernstraßen ist zum einen durch die Straßenbaulast gemäß § 9 StrG, zum anderen durch die Verkehrssicherungspflicht gemäß § 823 BGB geregelt. Beide beruhen selbstständig nebeneinander[2] und sind nicht identisch, wenngleich sich die Verkehrssicherungspflicht mit den sich aus der Straßenerhaltung ergebenden Aufgaben überschneidet. Straßenbaulast und Verkehrssicherungspflicht können von unterschiedlichen Personen wahrgenommen werden, oft besteht aber Personengleichheit[3].

---

(1) vgl. Büschgen, Ergenzinger (1993), S. 53
(2) vgl. Tidow (1980), S. 491 f.
(3) vgl. Nagel (1997), S. 110; Zeitler (1980), S. 475 ff.

3.4.1 Ansprüche bei Vernachlässigung der Straßenbaulast

Die Straßenbaulast ist eine öffentlich rechtliche Aufgabe der Daseinsvorsorge. Ihre Aufgaben besitzen hoheitlichen Charakter und werden von den Baulastträgern gegenüber der Allgemeinheit allein in öffentlichem Interesse erfüllt. "Private Dritte haben deswegen keinen Anspruch auf Erfüllung der dem Träger der Baulast obliegenden Aufgaben. Der Einzelne kann auch aufgrund der Vernachlässigung der Straßenbaulast keine Entschädigungs- oder Ersatzansprüche ableiten. Die aus der Straßenbaulast resultierenden Pflichten sind keine Amtspflichten"[1]. Die Straßenbaulast umfasst zwar alle mit dem Bau und der Unterhaltung der Straßen zusammenhängenden Aufgaben, jedoch ausdrücklich nicht den Winterdienst und die Verkehrssicherungspflicht[2].

3.4.2 Ansprüche bei Verletzung der Verkehrssicherungspflicht

Der Betrieb von Fernstraßen ist eng mit der Verkehrssicherungspflicht verbunden. Diese leitet sich aus dem allgemeinen Gefahrengrundsatz ab, wonach gilt: Wer einen Weg dem öffentlichen Verkehr übergibt und dadurch eine Gefahrenquelle schafft, haftet für Schäden aus einem nicht ordnungsgemäßen Zustand. Im Falle einer Verletzung dieser Pflicht besteht ein Schadensersatzanspruch, für den der ordentliche Rechtsweg gegeben ist. Diese so genannte "Amtshaftung" ergibt sich dabei aus der Formulierung im Gesetz, dass "die mit dem Bau und der Unterhaltung sowie der Überwachung der Verkehrssicherheit der ... Bundesfernstraßen zusammenhängenden Pflichten den Organen und Bediensteten der damit befassten Körperschaften und Behörden als Amtspflichten in Ausübung hoheitlicher Tätigkeit obliegen[3]".

Die Verkehrssicherungspflicht vermittelt jedoch keinen Rechtsanspruch auf Herbeiführung eines ordnungsgemäßen Straßenzustandes. Nach herrschender Rechtsprechung zum Grundsatz der Staatshaftung führt aber im Schadensfall eine Verletzung der Straßenverkehrssicherungspflicht zu Schadensersatzansprüchen nach Amtshaftungsgrundsätzen[4], d.h. verletzt jemand in Ausübung eines ihm öffentlich anvertrauten Amtes die ihm obliegende Amtspflicht, trifft die Verantwortlichkeit grundsätzlich den Staat oder die Körperschaft, in deren Dienst er steht[5]. Im Einzelfall besteht die Amtspflicht darin, die Straßenbenutzer vor den aus der Benutzung der Straße entstehenden Gefahren für Leben, Gesundheit und Eigentum, nicht aber vor jedem Vermögensschaden, zu schützen.

---

(1) Nagel (1997), S. 103
(2) vgl. Nagel (1997), S. 106
(3) § 59 StrG (Baden-Württemberg)
(4) vgl. § 839 BGB und Art. 34 GG
(5) vgl. Nagel (1997), S. 111 und S. 386

Kein Amtshaftungsanspruch besteht z.B. dann, wenn einem Verkehrsteilnehmer durch einen Stau, der aus der Verletzung der Verkehrssicherungspflicht entsteht, ein gewinnbringendes Geschäft entgeht[1].

Die Verkehrssicherungspflicht umfasst alle notwendigen Maßnahmen zur Herbeiführung und Erhaltung eines Straßenzustandes, der eine gefahrlose Benutzung der Straße ermöglicht. Es sind diejenigen Gefahren, z.B. auch durch entsprechende Warn- und Hinweisschilder, auszuräumen, die für den sorgfältigen Benutzer nicht oder nicht rechtzeitig erkennbar sind. Welche Maßnahmen ergriffen werden müssen, hängt vom Einzelfall ab und liegt im Ermessen des Verkehrssicherungspflichtigen. In jedem Fall ist jedoch eine Organisation zu schaffen, die eine hinreichende Aufsicht ermöglicht. Im Schadensfall ist Schadensersatz durch den Verkehrssicherungspflichtigen zu leisten.
Aufgrund der Tatsache, dass die Straßenverkehrssicherungspflicht als hoheitliche Aufgabe einzustufen ist, kann sich die öffentliche Körperschaft zwar durchaus der Selbstwahrnehmung der Aufgabe dadurch entziehen, dass sie mit ihrer Wahrnehmung eine außerhalb des öffentlichen Dienstes stehende Person (z.B. private Betreiber oder Bauunternehmen) beauftragt, nicht aber ihrer Verantwortung für die Sicherheit[2]. Entsteht also einem Benutzer einer Straße ein Schaden, der auf Versäumnisse bei der Verkehrssicherung zurückzuführen ist, ist die öffentliche Hand schadensersatzpflichtig, unabhängig davon, ob die Straße privat oder öffentlich betrieben wird. Ein privater Betreiber muss deswegen Vorsorge für eventuelle Regressforderungen treffen.

3.5 Der bisherige Ablauf der Erstellung und Vorhaltung von Fernstraßen

Aus Gründen der systematischen Darstellung und einer durchgängig angewandten Begriffsabgrenzung wird für die weiteren Ausführungen festgelegt: Die Erstellung und Vorhaltung von Fernstraßen vollzieht sich in den Stufen *Treffen der Bereitstellungsentscheidung, Finanzierung, Planung, Bau und Betrieb unter gleichzeitiger Erhaltung*. Die Erhaltung umfasst dabei die Unterhaltung, Instandsetzung und Erneuerung[3].

Bild 3.5 zeigt die notwendigen Entstehungsstufen, anstehende Entscheidungsprobleme sowie erforderliche Maßnahmen und Instrumente bei der Erstellung und Vorhaltung von Fernstraßen.

---

(1) vgl. Nagel (1997), S. 386
(2) vgl. Nagel (1997), S. 387
(3) vgl. Bundesministerium für Verkehr (1995a), S. 7. sowie ZTV BEA - StB

		Entstehungsstufe	Entscheidung/Aufgabe	Maßnahmen/Instrumente
Erstellung	I	Bereitstellung	Art Menge Qualität	Bedarfsanalyse Prognose Verkehr Zustand
	II	Finanzierung	Steuerfinanzierung Kreditfinanzierung Private Vorfinanzierung	Steuerschätzung Haushalts- und Finanzplanung Verpflichtungsermächtigung
	III	Planung	Projektauswahl Genehmigungsverfahren - Linienbestimmung (Trasse) - Raumordnungsverfahren Planfeststellung Umweltverträglichkeitsprüfung	Bundesverkehrswegeplan (BVWP) Bürgerbeteiligung/Anhörung Gutachten
	IV	Bau	Ausführungsplanung Ausschreibung und Vergabe Bauausführung Qualitätskontrolle Abnahme/Verkehrsfreigabe	
Vorhaltung	V	Betriebliche Erhaltung	sicherer Verkehrsfluss Winterdienst Katastrophenregelung und - beherrschung	Kontrolle Wartung
	VI	Bauliche Erhaltung	Bauliche Instandhaltung Instandsetzung Erneuerung	

Bild 3.5 Stufen bei der Erstellung und Vorhaltung von Fernstraßen

3.5.1 Bereitstellung

Unter Bereitstellung versteht man die Entscheidung über Art, Menge, Qualität und Preis eines Angebots, verbunden mit der entsprechenden finanziellen Verantwortung[1]. Bei rein privaten Gütern werden diese Entscheidungen in Abhängigkeit vom Angebot der Konkurrenz und der Nachfrage auf dem Absatzmarkt getroffen. Da bislang in der Wirtschaft unterstellt wird, dass bei der Infrastruktur und somit auch bei Autobahnen der Marktmechanismus aufgrund der technischen und ökonomischen Besonderheiten nicht funktioniert, besitzt die öffentliche Hand die alleinige Entscheidung darüber, wieviel Kilometer Fernstraßen zu welcher Qualität zur Verfügung stehen. Eine Preisentscheidung findet zum einen aufgrund der Monopolstellung des Anbieters und zum anderen

---

(1) vgl. Ewers, Rodi (1996), S. 10

aufgrund einer bislang kostenlosen Straßenbenutzung nicht statt. Grundlage der Bereitstellungsentscheidung für oder gegen eine Fernstraße sind die im Haushaltsrecht vorgeschriebenen rein volkswirtschaftlichen Vorteilhaftigkeitsuntersuchungen(1), wie sie im "Allgemeinen Rundschreiben Straßenbau Nr.13/86" als "Richtlinie für die Anlage von Straßen, Teil Wirtschaftlichkeitsuntersuchungen" (RAS-W) in Ergänzung mit den "Empfehlungen für Wirtschaftlichkeitsuntersuchungen an Straßen" (EWS 1997) als allgemeine Verfahrensanweisung zur Nutzen-Kosten-Ermittlung bekannt gegeben wurden. Die RAS-W bzw. EWS sind einheitliche Grundsätze zur objektiven und nachvollziehbaren Entscheidungsfindung bei Straßeninvestitionen. Sie sind Grundlage bei der Erstellung der Bundesverkehrswegepläne. Kern der Richtlinien ist die Bewertung des volkswirtschaftlichen Nutzens z.B. im Hinblick auf eine Veränderung der *Betriebskosten, Fahrzeiten, Unfallzahl und -schwere, Lärm-, Schadstoff- und Klimabelastung.* Zur Ermittlung der Nutzenkomponenten werden Schätzverfahren angegeben, die die direkte Wirkung der Straßenbauinvestition selbst und ihre Auswirkungen auf andere Straßen erfassen sollen(2). Darüber hinaus gibt es jedoch zur Zeit keine allgemein gültigen und vollständigen Verfahren zur Ermittlung und Bewertung weitergehender Auswirkungen von Straßenbaumaßnahmen auf Raumordnung, Ökologie, Natur und Landschaft, regionale Entwicklung usw., so dass eine exakte Nutzenbewertung immer nur näherungsweise möglich ist. Die RAS-W/EWS erfassen deswegen nur den Nutzen, der hinreichend genau quantifizierbar ist und monetär bewertet werden kann. Als Kosten werden die zusätzlichen Kosten der Baulast infolge einer Straßenbauinvestition definiert. Diese werden getrennt nach Investitionskosten und laufenden Kosten ermittelt. Die Ziele der RAS-W/EWS sind der Variantenvergleich und die Dringlichkeitsreihung von Straßenbaumaßnahmen. Aufgrund der BHO § 7 und dem HGrG § 6 ist bei Maßnahmen von großer finanzieller Bedeutung und langfristiger Wirkung eine derartige Nutzen-Kosten Untersuchung notwendig. Die RAS-W/EWS erfassen deswegen für einen Bewertungszeitraum von 20 Jahren alle anfallenden Nutzen-Kosten-Komponenten und zinst diese nach der Barwertmethode unter Zugrundelegung eines Diskontierungszinssatzes von 3 % auf den Betrachtungszeitraum ab. Durch Gegenüberstellung von Nutzen- und Kostenbarwert kann die Vorteilhaftigkeit einer Straßenbauinvestition unter rein makroökonomischen Kriterien ermittelt werden. Ergibt sich bei Durchführung dieses Vergleichs ein Nutzen-Kosten-Verhältnis (NKV) von 3, wird das Vorhaben aufgrund der günstigen gesamtwirtschaftlichen Bewertung in den vordringlichen Bedarf aufgenommen(3). Zusätzlich werden ökologische, städtebauliche, raumordnerische oder auch beschäftigungspolitische Einschätzungen vorgenommen, die die Auswahl vordringlicher Projekte

---

(1) vgl. Bundesministerium der Finanzen (1997a), S. 63
(2) vgl. Heusch (1993), S. 66 f.; Dörries (1993), S. 57
(3) vgl. Bundesministerium für Verkehr (1992), S. 33

kommentieren und qualitativ untermauern[1]. Aus einzelwirtschaftlicher Sicht ist diese Nutzen-Kosten-Ermittlung aussagelos, da eine unternehmerische Bereitstellungsentscheidung von anderen Kriterien, insbesondere der Renditeerwartung, abhängt.

3.5.2 Finanzierungsverfahren

Bild 3.6 zeigt übergeordnet drei mögliche Finanzierungsverfahren auf, die sich vor allem aufgrund ihrer Abläufe und der Finanzierungsquellen unterscheiden.

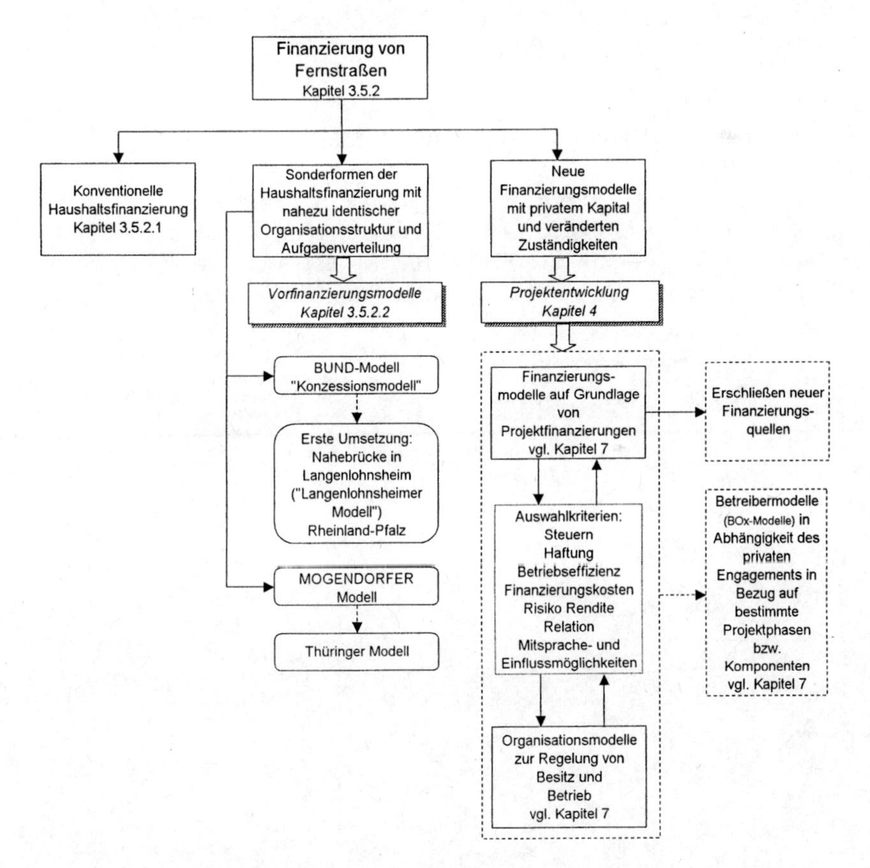

Bild 3.6 Finanzierungsverfahren von Fernstraßen

---

(1) vgl. Vosdellen (1993), S.72 f.; Reschke (1993), S.16 f. sowie S.77 f.

Neben der konventionellen Haushaltsfinanzierung sind die im Grundsatz artverwandten Sonderformen der Haushaltsfinanzierung bekannt, die auch als Vorfinanzierung oder fälschlicherweise als "private Finanzierung" bezeichnet werden. Auf die Funktionsweise dieser Modelle wird in Kapitel 3.5.2.2 eingegangen. Darüber hinaus zeigt Bild 3.6, dass neben der Haushaltsfinanzierung mit öffentlichen Geldern auch der Einsatz von privatem Kapital in einem Organisationsumfeld mit veränderten Zuständigkeiten in unterschiedlichen Betreibermodellen möglich ist. Es zeigt sich, dass nicht nur allein die Finanzierung, sondern auch weitere Teilfunktionen, wie z.B. der Betrieb oder die Erhaltung, neuartig zu handhaben sind. Die Herleitung geeigneter Finanzierungs- und Organisationsmodelle im Zuge der Projektentwicklung wird ab Kapitel 4 gezeigt. In Kapitel 7 werden Betreibermodelle behandelt.

3.5.2.1 Konventionelle Haushaltsfinanzierung

Bei der konventionellen Finanzierung, deren Ablauf in Bild 3.7 dargestellt ist, schreibt die öffentliche Hand (Bund, Land) entsprechend der VOB/A ihre Bauleistungen aus, sofern die Mittel für den Bau bzw. die Vorhaltung der öffentlichen Straßen den Baulastträgern bereitstehen.

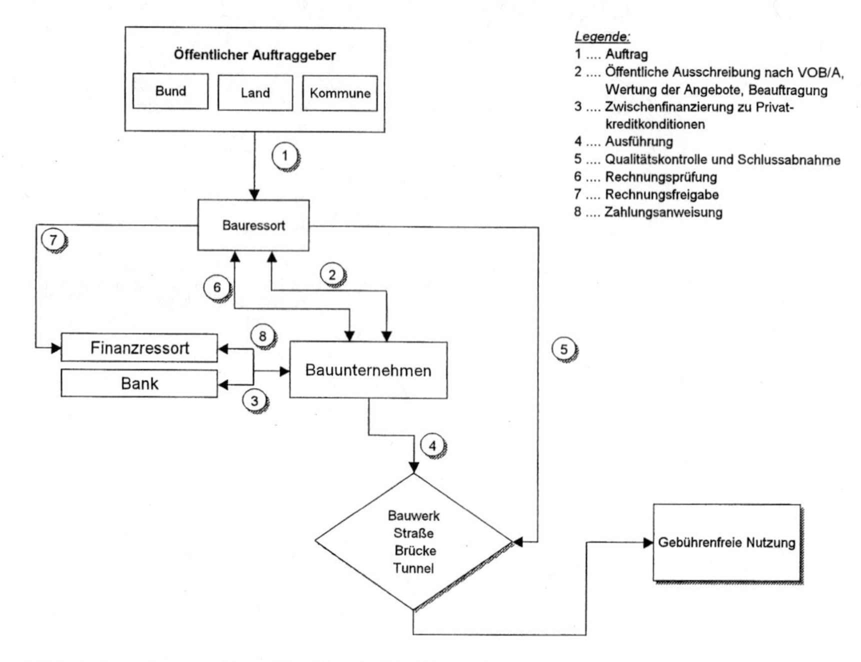

Bild 3.7 Konventionelle Haushaltsfinanzierung

Die traditionelle Finanzierung erfolgt aus öffentlichen Einnahmen wie Steuern und Abgaben. Die Mittelverwendung für Investitionen in Straßen wird in ihrer Höhe durch die jeweiligen Haushaltspläne von Bund und Ländern festgesetzt. Nach Auftragserteilung des annehmbarsten Angebots werden entsprechend des Baufortschritts Abschlagszahlungen und nach erfolgter Abnahme die Schlusszahlung direkt an das Bauunternehmen geleistet. Während der Leistungserstellung muss das Bauunternehmen seine eigene Vorfinanzierung für verbaute Materialien aus Eigen- oder Fremdkapital aufbringen. Die dabei entstehenden Finanzierungskosten sind im Angebotspreis zu berücksichtigen und werden somit von den öffentlichen Auftraggebern beglichen.

Da bereits Anfang der 90er Jahre abzusehen war, dass die Realisierung geplanter Fernstraßen aus dem Bundeshaushalt nicht realisierbar ist, haben sich Sonderformen bei der Haushaltsfinanzierung entwickelt, die auf privates Kapital zurückgreifen.

3.5.2.2 Private Vorfinanzierung als Sonderform der Haushaltsfinanzierung

Das Modell der privaten Vorfinanzierung, das sogenannte Konzessionsmodell, ist bereits mehrfach in der Praxis angewandt worden. In den Jahren 1993-96 und 1998 wurde für den Straßenbau in zwei Paketen ein Bauvolumen von insgesamt 5,15 Mrd. DM, verteilt auf 27 Projekte, finanziert[1]. Grundlage der privaten Vorfinanzierung ist dabei das BUND-Modell, welches erstmals Anfang der neunziger Jahre entwickelt wurde. Aufgrund der Erfahrungen bei der Umsetzung dieses Modells entwickelten sich zahlreiche Varianten, deren Grundlagen und Funktionsweisen im Folgenden wiedergegeben werden.

3.5.2.3 BUND-Modell

Bei der Vorfinanzierung nach dem Konzessionsmodell, als BUND-Modell bezeichnet, wird ein Straßenbauprojekt durch ein Konsortium, i.d.R. bestehend aus Bauunternehmen und Banken, finanziert und gebaut[2]. Das Bauwerk wird auf Grundstücken des Bundes oder des Landes in eigenem Namen errichtet. Einen Großteil der finanziellen Mittel beschafft sich das Konsortium wiederum auf dem Kapitalmarkt. Als Gegenleistung bekommt das Konsortium die Konzession, das Bauwerk für einen gewissen Zeitraum wirtschaftlich zu nutzen. Nach Fertigstellung erhält der Staat gegen Entgeltzahlungen in Form von 15 Jahresraten

---

(1) vgl. Bundesministerium für Verkehr (1997b), S. 8 und (1998), S. 2
(2) vgl. Merkel (1996), S. 75, Hofmann (1996), S. 437

ein Nutzungsrecht an der Straße eingeräumt. Die Ratenzahlung erfolgt dabei direkt vom Staat aus den Haushaltsmitteln an die Bank, die sich im Voraus die Forderungen des Konsortiums gegen die öffentliche Hand einredefrei abtreten lässt. Mit Ablauf des Konzessionsvertrags fällt das Eigentum an dem Verkehrsweg unentgeltlich der öffentlichen Hand zu[(1)]. Steuerlich liegt damit ein Ratenkauf vor, da die Einrichtung letztlich in das Eigentum des Staates übergeht[(2)]. Bild 3.8 zeigt die typische Konstellation beim Konzessionsmodell, wie es der Bund ausgestaltet[(3)].

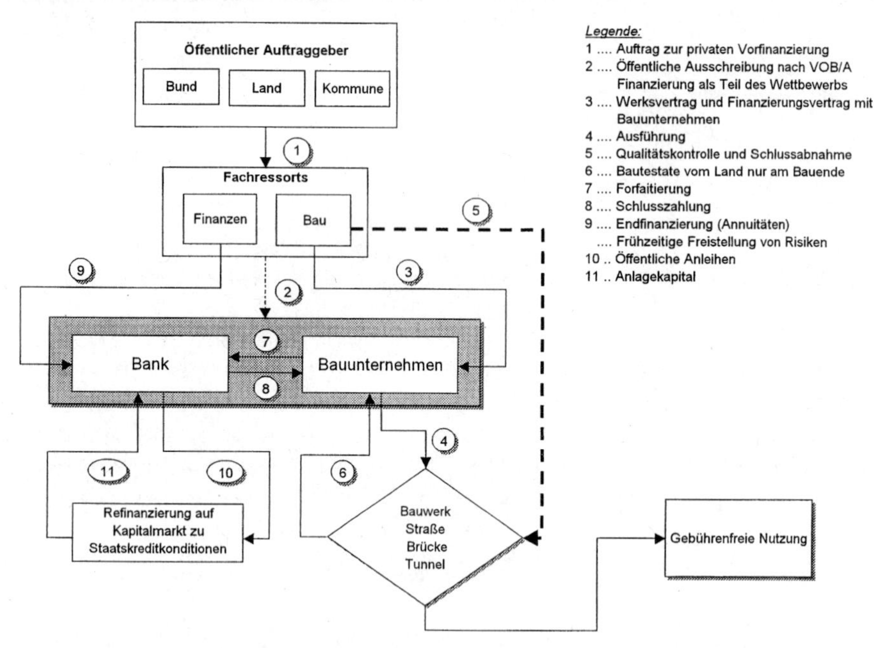

Bild 3.8 Vorfinanzierung beim BUND-Modell

Als erstes Projekt dieser Vorfinanzierungsvariante wurde eine Brücke über die Nahe in Langenlohnsheim im Jahr 1994 fertiggestellt[(4)]. Eine spätere Analyse des Modells ergab jedoch, dass die lange Vorfinanzierungszeit von fast zwei Jahren insbesondere für mittelständische Bauunternehmen zu lang ist, um künftig in privaten Vorfinanzierungsmodellen einen Markt zu finden. Die Weiterentwicklung des Langenlohnsheimer Modells führte schließlich zum Mogendorfer Modell.

---

(1) vgl. Ekardt (1997), S. 282
(2) vgl. Mahnke, Middendorf (1997), S. 38
(3) vgl. Ministerium für Wirtschaft Rheinland-Pfalz (1993), S. 4
(4) vgl. Brüderle (1994), S. 744 f.

3.5.2.4 Mogendorfer Modell

Ein im Vergleich zum Konzessionsmodell auf Bundesebene sehr ähnlich konstruiertes Vorfinanzierungsmodell ist das Mogendorfer Modell, welches in Rheinland-Pfalz entwickelt und nach dem ersten Bauvorhaben, der Ortsumgehung von Mogendorf, benannt wurde[1]. Bild 3.9 zeigt den Ablauf beim Mogendorfer Modell.

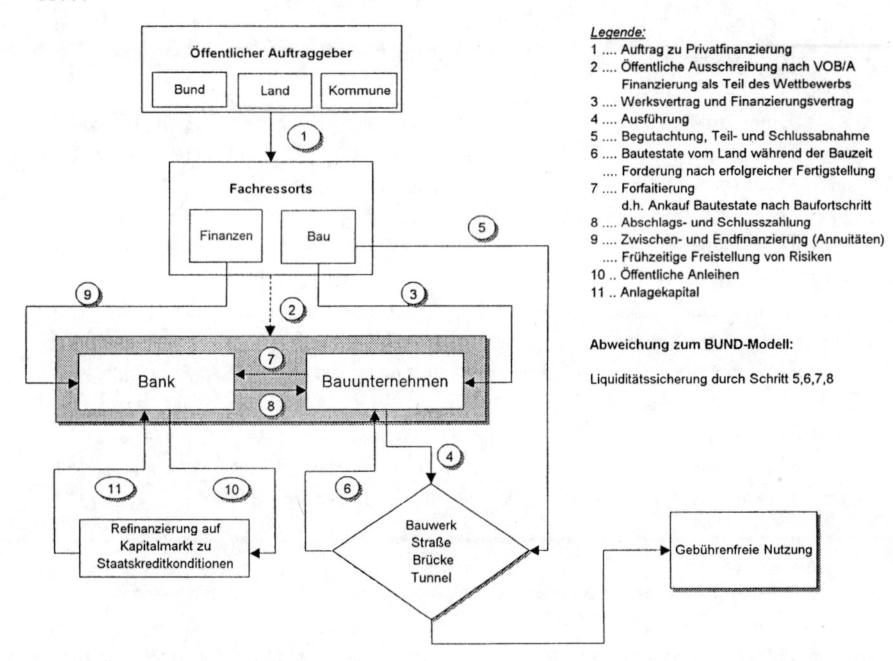

Bild 3.9 Vorfinanzierung beim Mogendorfer Modell

Während beim BUND-Modell erst nach Fertigstellung des Bauwerks die Forfaitierung und somit der Forderungsverkauf an die Bank erfolgt, beginnt sie beim Mogendorfer Modell bereits während des Bauens. Mit Hilfe von Bautestaten, die von der öffentlichen Bauaufsicht erteilt werden, können auch kleinere Bauleistungen dem Grunde und der Höhe nach mit Abschlagszahlungen[2] vergütet werden, indem das bauausführende Unternehmen diese Bautestate an die Bank verkauft und somit die Vorfinanzierung durch eine bessere Liquidität erleichtert wird. Dies ist vor allem für mittelständische Unternehmen von Vorteil und

(1) vgl. Rotter, Segeth (1996), S. 35; Ministerium für Wirtschaft Rheinland-Pfalz (1993), S. 4; Saam (1997), S. 40
(2) vgl. § 16 VOB/B

verhilft zur Chancengleichheit mit Großunternehmen[1]. Die Bank kann dann den Forderungsbetrag am Kapitalmarkt refinanzieren und dadurch die gewünschten Staats- bzw. Kommunalkreditkonditionen weitergeben. Damit erhält das Bauunternehmen "genauso günstige Zinsen wie der Staat"[2]. Die Testate werden bis zur Fertigstellung erteilt. Mit der Fertigstellung der Baumaßmahme wird die Gesamtforderung auf Zahlung der Mietrate vom Land anerkannt.

3.5.2.5 Thüringer Modell

Als weitere Entwicklungsstufe der Vorfinanzierung ist das Thüringer Modell entstanden, das im Unterschied zum Mogendorfer Modell nicht mehr die Bauleistung inklusive Finanzierung aus einer Hand vom Bieter abverlangt, sondern im Rahmen von ABC-Ausschreibungen drei getrennte Angebotsalternativen ausschreibt[3]. Während in Teil A nur die Bauleistung mit schlüsselfertiger Abwicklung und GU-Vergabe ausgeschrieben wird, enthält Teil B nur die Finanzierungs- bzw. Kapitalbeschaffungsseite, wobei es dem Bieter überlassen ist, ob er eine Kreditfinanzierung, Leasing oder Fondsleasing oder sonstige Finanzierungsvarianten anbieten möchte. Teil C schreibt die Bau- und Finanzierungsleistung wie im Mogendorfer Modell aus einer Hand aus. In dieser, auch als Investorenlösung bezeichneten Variante, können sich Bietergruppen aus Bauunternehmen und einer Bank oder Leasinggesellschaft formieren. Die Abfolge der Finanzierungsvorgänge entspricht denen des Mogendorfer Modells.

3.5.2.6 Rechtliche und ökonomische Bewertung der privaten Vorfinanzierung

Die Vorfinanzierung von Bauinvestitionen mit privatem Kapital ist eine Praxis der Geldbeschaffung, die verfassungsrechtlich und ökonomisch umstritten ist. In der Öffentlichkeit, Politik und Presse wird sie fälschlicherweise auch als "Konzessionsmodell" bezeichnet, ohne dass eine Konzession tatsächlich erteilt wird. Dies würde aber einer materiellen Privatisierung entsprechen, wie sie nur im Betreibermodell möglich ist. Nach Meinung des Bundesrechnungshofes ist die "Schuldenpolitik auf Rechnung künftiger Generationen" grundgesetzwidrig, weil es gegen die Grundsätze der Haushaltswahrheit und -klarheit sowie das Wirtschaftlichkeitsgebot verstoße[4]. Auf Länderebene haben sich diesem Urteil u.a. die Landesrechnungshöfe von Bayern und Rheinland-Pfalz angeschlos-

---

(1) vgl. Bungarten (1996), S. 668 und BWI (Hrsg., 1997), o.S.
(2) vgl. Merkel (1993), S. 2
(3) vgl. Güthert (1999), S. 16 f.
(4) BRH, Bemerkungen des Bundesrechnungshofes 1995 zur Haushalts- und Wirtschaftsführung vom 9.10.1995, BT-Drs. 13/2600, S. 58 ff.

sen. Ein Normenkontrollverfahren in Rheinland-Pfalz nach Art. 130 I LV hat jedoch ergeben, dass der BRH im Grundsatz zwar Zutreffendes festgestellt hat, die Erfordernisse der Praxis und die Verpflichtung der öffentlichen Hand zur Daseinsvorsorge aber einen "weiten Anpassungs- und Gestaltungsspielraum für die Anwendung der Vorfinanzierung rechtfertigen"[(1)].

Festzuhalten ist, dass die private Vorfinanzierung nach dem Konzessionsmodell lediglich eine Privatisierung der Finanzierung darstellt. Privates Kapital wird mit öffentlichen Geldern aus dem Haushalt über einen langen Zeitraum von 15-20 Jahren, meistens in Form von Annuitäten, zurückbezahlt. Die Bezeichnung der Vorfinanzierung als Privatfinanzierung oder gar Privatisierung des Fernstraßenbaus ist deswegen unzutreffend. Ein Transfer von Marktrisiken auf die Privatwirtschaft findet nicht statt. Da die Vorfinanzierung zukünftige Straßenbauhaushalte belastet, verstärkt sich bei einer Fortsetzung dieses Modells das Problem der Unterfinanzierung. Fernstraßeninvestitionen des vordringlichen Bedarfs müssen noch weiter in die Zukunft verschoben werden. Da dies inzwischen sowohl von politischen und öffentlichen Entscheidungsträgern als auch von Verbänden erkannt wurde, wird eine weitere Anwendung und Verbesserung dieses Modells nicht weiterverfolgt[(2)].

3.5.3 Planung von Fernstraßen

Die Planung von Fernstraßen ist aufgrund der Demokratisierung der Entscheidungsprozesse in den letzten Jahren sowie aufgrund der Komplexität ihrer Auswirkungen zu einer langfristigen Aufgabe geworden[(3)]. Die Planung erfolgt dabei in einzelnen Stufen, ausgehend von einer übergeordneten Gesamtverkehrswegekonzeption, die im Bundesverkehrswegeplan zusammengefasst ist. Der BVWP ist das verkehrsträgerübergreifende und am Verkehrsbedarf ausgerichtete Konzept für ein leistungsfähiges Verkehrsinfrastruktursystem, das für Wasser-, Schienen- und Fernstraßen das zukünftige Investitionsvolumen festlegt. Den Ablauf bei der Entstehung des Bundesverkehrswegeplans zeigt Bild 3.10[(4)].

Ausgangspunkt des BVWP sind Prognosen über die erwarteten Verkehrsmengen. Mit ihrer Hilfe werden neben den unmittelbaren verkehrlichen Wirkungen auch explizit sonstige Wirkungen einbezogen, die von der Verkehrssicherheit über

---

(1) vgl. Ekardt (1997), S. 282
(2) vgl. Zentralverband des Deutschen Baugewerbes (1997), S. 5; Hauptverband der Deutschen Bauindustrie (1997c), S. 4 sowie Müntefering (1999), S. 4
(3) vgl. Blümel, (1980), S. 309-342, Brohm (1980), S. 343-384 und Fickert (1980), S. 385 - 402.
(4) in Anlehnung an Bundesministerium für Verkehr (1997a), S. 4

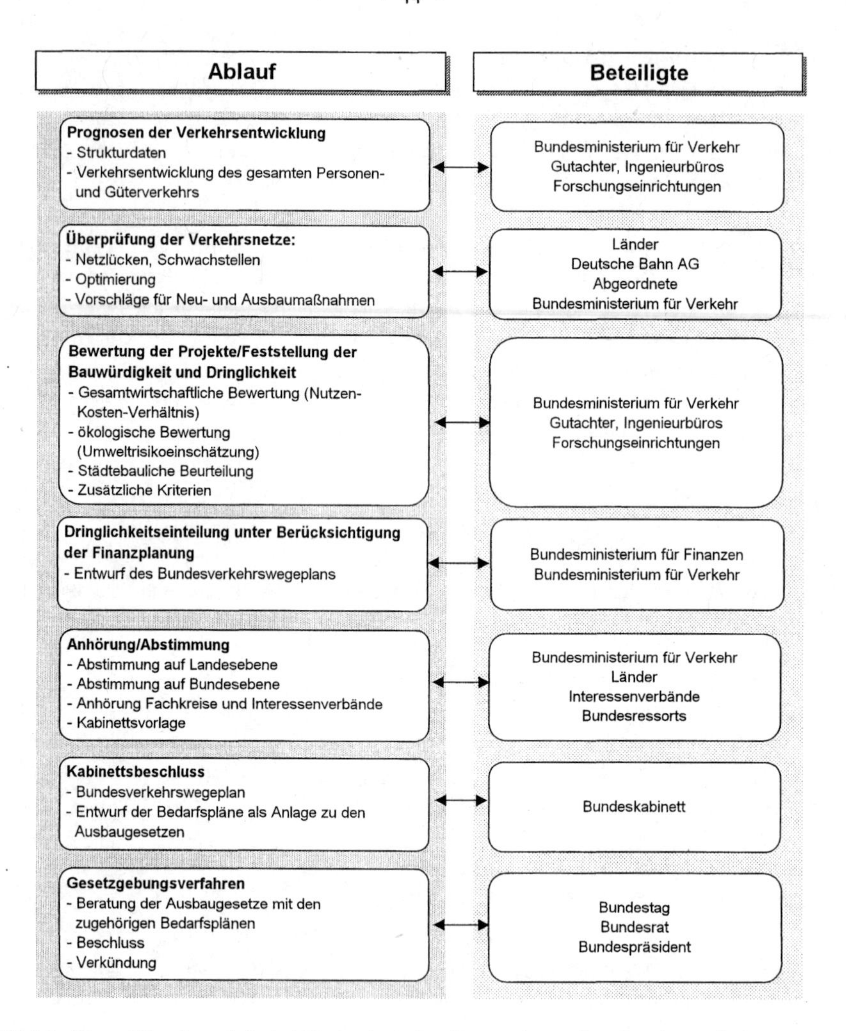

Bild 3.10 Ablauf und Beteiligte bei der Entstehung des Bundesverkehrswegeplans

raumordnungs- und regionalwirtschaftliche bis hin zu umwelt- und zwischenstaatlichen Effekten reichen. Nutzen-Kosten-Quotienten dienen im Sinne einer Prioritätenfestsetzung der Ermittlung des vordringlichen Bedarfs. Näheres findet sich in Kapitel 3.5.1. Eine Abstimmung mit dem mittelfristigen Finanzplan erfolgt zwar, ist aber kein Garant für die Realisierung der Investitionen, weil Sparmaßnahmen im Finanzhaushalt zu Kürzungen führen können[1].

(1) vgl. Bundesverwaltungsgericht (1999), AZ 4 A 12.98

Geplant werden Fernstraßen in einzelnen Bauabschnitten, die in Lose eingeteilt sind und nach den traditionellen Ausschreibungs- und Vergabemethoden nach VOB vergeben werden, nachdem vorher von den Behörden die notwendigen Voraussetzungen dafür geschaffen worden sind. Hierzu zählt eine sorgfältige Planung, eine entsprechende Sicherstellung der Finanzierung und die Planfeststellung, die die Linienführung festlegt. Nach der Planfeststellung erfolgt der Grunderwerb, der oftmals einem sehr langwierigen Verhandlungsprozess unterliegt. Noch zeitaufwendiger sind Enteignungsverfahren, wenn auf dem Verhandlungswege keine Einigung erzielt wird oder Flurbereinigungsverfahren, wenn zusammenhängende Nutzflächen durch die Trasse durchschnitten werden. Von großer Bedeutung für die Planung von Fernstraßen sind Umweltschutzbelange, die für die Planer oft zum Problembegleiter während des gesamten Planungsprozesses werden. Die vom Gesetz vorgesehenen umfangreichen Umweltverträglichkeitsprüfungen werden in Bild 3.11[1] aufgezeigt und mit dem vierstufigen Straßenplanungsprozess in Verbindung gebracht[2].

Für die Projektentwicklung von Fernstraßen durch Private stellen diese Maßnahmen zur Berücksichtigung der Belange der Umwelt sehr hohe Risiken in Bezug auf die grundsätzliche Realisierbarkeit eines Projekts dar. Die große Sensibilisierung der vom Straßenbau Betroffener sowie gesellschaftliche Widerstände können Vorhaben verzögern oder zur Undurchführbarkeit führen. Für private Initiatoren ist deswegen diese Stufe der Projektentwicklung kaum zu überschauen und damit nicht durchführbar. Zu den konkreten Vorschlägen, wie das BMVBW sich die Einbindung der privaten Industrie in den gesamten Projektentwicklungsprozess vorstellt, wird in Kapitel 4, speziell Bild 4.5, eingegangen.
Festgestellt wird somit, dass die Herbeiführung einer Genehmigungsreife für Fernstraßen für Private als zu komplexe Aufgabe erachtet werden muss und eine materielle Privatisierung der Planung folglich ausscheidet. Gleichwohl aber hat sich die Schaffung und Nutzung privatrechtlich organisierter Verwaltungseinheiten im Verkehrsplanungsprozess, wie sie aufgrund der Deutschen Einheit mit der Gründung der "Deutsche Einheit Fernstraßenplanungs- und Baugesellschaft mbH" (DEGES) zur Beschleunigung des Verkehrswegebaus durchgeführt wurde, bewährt. Bedingt durch den enorm großen Nachholbedarf beim Bau und der Erhaltung der Fernstraßen in den neuen Bundesländern wurden der DEGES Aufgaben der Auftragsverwaltung übertragen. Ziel der DEGES ist u.a. die "Planung und Baudurchführung (Bauvorbereitung und -überwachung) der Bundesfernstraßenprojekte Deutsche Einheit" mit insgesamt 1.100 km Fernstraßen. Die DEGES ist zu 100 % Eigentum der öffentlichen Hand, so dass es sich nicht um die Einbindung Privater in den Straßenbau handelt, sondern um die Ausgliederung von privat-

---

(1) vgl. Ullrich (1999), S. 518
(2) vgl. von Kirchbach (1998); S. 113 ff. und Schroeter (1980), S. 429 ff.

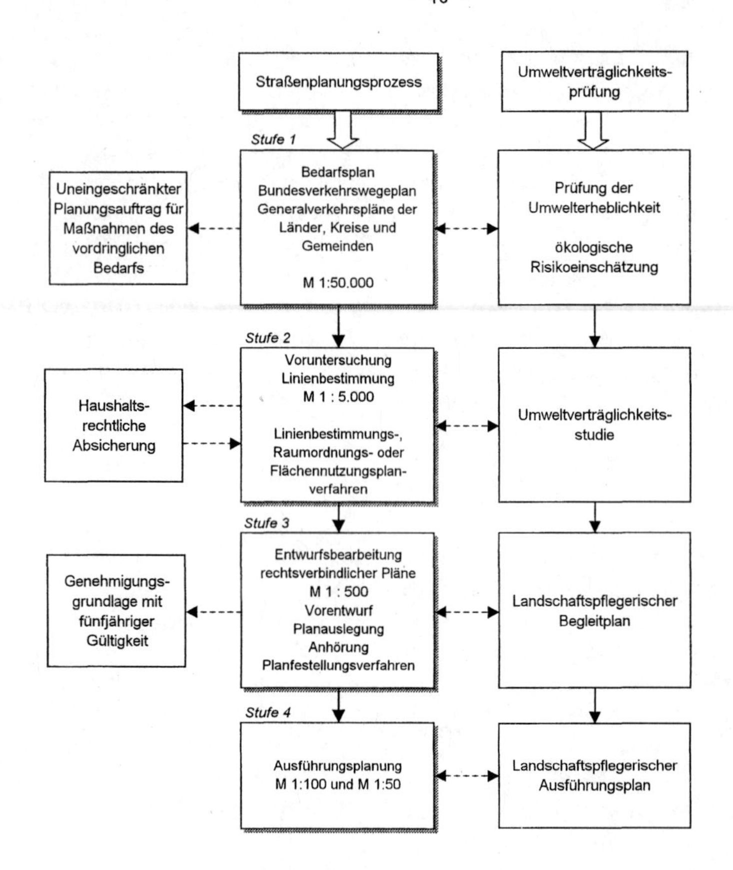

Bild 3.11 Straßenplanung und Umweltverträglichkeitsprüfung (in Anlehnung an Ullrich (1999), S. 517)

rechtlich organisierten Verwaltungseinheiten, die öffentliche Aufgaben wahrnehmen. Damit liegt ein Fall der Organisationsprivatisierung vor, der dazu führt, dass verbleibende staatliche Hoheitsaufgaben den Planungsbehörden vorbehalten bleiben. Somit verbleiben der DEGES als Helfer der Planfeststellungsbehörde die Aufgaben "Ausschreibungsvorbereitung, Ausführung, Betreuung, Hilfestellung, Prüfung", während die staatlichen Behörden aufgrund dieser Vorleistung "genehmigen, abstimmen und entscheiden[1]. Für die Zukunft ist anzunehmen, dass die Aufgaben der DEGES durch weitere Privatisierungen zunehmen und somit Private noch stärker in die Planungsphase eingebunden werden.

(1) vgl. Wahl (1993), S. 520 f.

3.5.4 Bauausführung

Der Neu- und Ausbau von Fernstraßen als Teil der Straßenbaulast wird regelmäßig privaten Unternehmen übertragen. Die mittelständische Struktur der deutschen Bauwirtschaft führt dazu, dass große Straßeninvestitionen in kleinen Teilaufträgen (Losen) an Bauunternehmen vergeben werden, die auf bestimmte Arbeiten wie z.B. den Erdbau, Brückenbau oder Oberbau spezialisiert sind. Die zuständige Straßenbauverwaltung übernimmt dabei mit eigenem Bauleitungspersonal die Aufgabe der Koordination der einzelnen Arbeiten sowie die bauaufsichtliche Überwachung der ausführenden Unternehmen bezüglich ihrer sach-, fach- und fristgerechten Erfüllung aller vertraglich geschuldeten Leistungen. Des Weiteren kontrolliert die Bauleitung während der Bauarbeiten die Einhaltung der den Bauunternehmen übertragenen Verkehrssicherungspflichten. Am Ende der Leistungserstellung übernimmt die Straßenbauverwaltung das Bauwerk mit der Abnahme(1). Die Phase Bauausführung wird dem Kerngeschäft der Bauwirtschaft zugerechnet und bedarf deswegen keiner näheren Erläuterung.

3.5.5 Betrieb und Erhaltung von Fernstraßen

Die der Bauausführung nachgelagerten Wertschöpfungsstufen, die für die Projektentwicklung von Bedeutung sind, sind die betriebliche und bauliche Erhaltung. Betrieb und Erhaltung dienen der Vorhaltung von Fernstraßen und sind Gegenstand der Straßenbaulast, die in 3.2.1 erläutert wurde. Die Wahrnehmung dieser Aufgaben erfolgt durch die Auftragsverwaltung der Bundesländer, die dafür eine landesinterne Behördenhierarchie eingerichtet haben(2).

Zum *Erhalt* von Straßen zählen alle Maßnahmen zur Fernhaltung und Beseitigung von Abnutzungserscheinungen, der regelmäßigen Beaufsichtigung der Straßen und die Sicherung gegen Gefahren wie z.B. gegen Steinschlaggefahren(3). Ziel der Erhaltung ist die Substanzerhaltung sowie Sicherung des Gebrauchswertes.

Die Erhaltung kann differenziert werden in
- Instandhaltung (= bauliche Unterhaltung),
- Instandsetzung (= Wiederherstellung) und die
- Erneuerung(4).

---

(1) vgl. Büschgen, Ergenzinger (1993), S. 59
(2) vgl. Wilke (1980), S. 545 und Zeitler (1980), S. 480
(3) vgl. Straube, Beckedahl (1999), S. 196; Zeitler (1980), S. 475, 479 f.
(4) ZTV BEA - StB 98, Ausgabe 98

Die Instandhaltung der Straße beinhaltet z.B. die Beseitigung von Straßenschäden, unabhängig von der Ursache, Erneuerung der Fahrbahnmarkierung, Räumen von Straßengräben oder die Grünpflege. Zur Instandsetzung oder Wiederherstellung zählt die Neuerrichtung einer zerstörten Anlage in veränderter oder unveränderter Form, während man unter Erneuerung den Ersatz einer abgenutzten Anlage durch eine neue und gleichwertige versteht. Dient die Erneuerung jedoch der Erhöhung der Verkehrssicherheit oder Tauglichkeit der Straße für den Verkehr, ist nicht von einer Unterhaltungsmaßnahme, sondern von einer Erweiterungs- oder Verbesserungsmaßnahme auszugehen(1). Die Straßenerhaltung ist derzeit fast ausschließlich öffentlich-rechtlich organisiert. Als erste Ausnahme davon wurde zum 1.1.1997 die "Thüringer Straßenwartungs- und Instandsetzungsgesellschaft mbH" zur Erhaltung der Straßen des Landes Thüringen mit Ausnahme der Bundesautobahnen gegründet. Die bisher vorliegenden Erfahrungen sprechen für die dort durchgeführte Organistionsprivatisierung(2), für die in einer weiteren Stufe auch eine materielle Privatisierung möglich ist.

Der *Betrieb* von Fernstraßen umfasst die Straßen- und Winterreinigung, Grünpflege und -unterhaltung, Wartung von Zubehör sowie den Betrieb von Signalanlagen. Die Arbeiten des Betriebs werden durch verwaltungseigene Kolonnen in den Straßen- und Autobahnmeistereien wahrgenommen(3). Zum Ausgleich von Kapazitätsspitzen werden auch private Unternehmen eingesetzt, deren Leistung nach einem Ausschreibungs- und Wettbewerbsverfahren meist in Form von Jahresverträgen vergeben und beauftragt wird. Dennoch bleibt der überwiegende Teil in den Händen der Verwaltung.

3.5.6 Zwischenergebnis: Stand der Einbindung Privater in die Erstellung und Vorhaltung von Fernstraßen

Die gegenwärtige Organisation bei der Erstellung und Vorhaltung von Fernstraßen liegt ausschließlich im Kompetenzbereich des Staates. Lediglich beim Bau und in einzelnen Stufen der Planung, wie z.B. bei der Herbeiführung der Genehmigungsreife oder der Objektplanung, sind Private durch staatlichen Auftrag involviert(4). Die Aufgaben der Finanzierung, Erhaltung und des Betriebs werden fast ausschließlich von staatlichen Behörden wahrgenommen.

---

(1) vgl. Nagel (1997), S. 105
(2) vgl. Knackstedt (1999), o.S.
(3) vgl. Straube, Beckedahl (1999), S. 257; Büschgen,Ergenzinger (1993), S. 59 f.
(4) vgl. Ewers, Rodi (1995), S. 12

3.6 Lösungsansätze zur Optimierung der Erstellung und Vorhaltung von Fernstraßen

Die beim Fernstraßenbau von der Bauwirtschaft und den Verantwortlichen in den Straßenbauverwaltungen gemachten Erfahrungen, z.B. mit zu langen Planungszeiten oder nicht verfügbaren Finanzmitteln, sind Anlass, die derzeitige Situation auf Verbesserungen hin zu analysieren. Je nach Ausmaß der gemachten negativen Erfahrungen oder Probleme gehen die Überlegungen von der Verbesserung einzelner Projektabläufe bis hin zur grundsätzlichen Veränderung der übergeordneten Organisation der Straßenbauverwaltung. Für die Optimierung stehen im Grundsatz zwei Wege zur Verfügung, die in Bild 3.12 aufgezeigt sind.

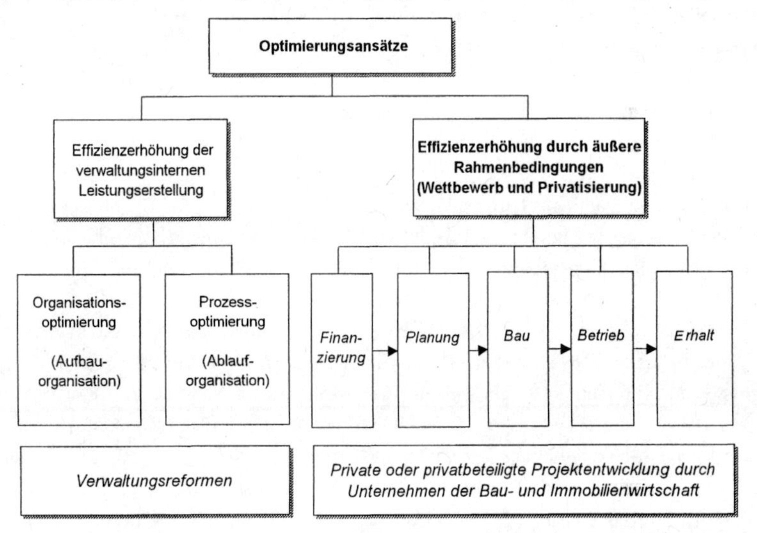

Bild 3.12 Lösungsansätze zur Optimierung der Erstellung und Vorhaltung von Fernstraßen

Ein Lösungsweg ist die Verbesserung der internen Projektabläufe durch eine Prozessoptimierung in den Straßenbauverwaltungen. Veränderte Zuständigkeiten und effizientere Strukturen der Auf- und Ablauforganisation sowie die Implementierung moderner Managementmethoden sind dabei Inhalt der Optimierungsaufgaben. Da sich dies dem Zugriff und Einfluss der privaten Bau- und Immobilienwirtschaft entzieht und Verbesserungen mit Reformen nur durch die Verwaltung selbst zu erzielen sind, wird der zweite Optimierungsansatz des Wettbewerbs und der Privatisierung, wie er durch das FStrPrivFinG ermöglicht wird, betrachtet. Ziel ist es, durch Wettbewerb Innovationen zum Abbau von Ineffizienz zu erzeugen und die Entwicklung neuer Methoden zu forcieren. Im Idealfall ergibt sich dadurch eine Optimierung der Bauleistung Fernstraße über alle Wertschöpfungsstufen hinweg. Hierauf wird im folgenden Kapitel eingegangen.

4 Projektentwicklung zur Wirtschaftlichkeitsoptimierung von Fernstraßen nach dem FStrPrivFinG

Gegenstand der Projektentwicklung waren in der Vergangenheit Immobilien im Hochbau, die von privaten oder institutionellen Investoren zum Zweck der Eigennutzung oder als Möglichkeit einer rentablen und wertbeständigen Anlageform entstanden sind. Die von den unterschiedlich Beteiligten der Bauwirtschaft eigens dafür durchgeführten Projektentwicklungen beinhalten (Dienst-) Leistungen, die der klassischen Phase der Bauwerksplanung vorausgehen. Ziel ist es, die Grundlagen für die ganzheitliche Investitionsentscheidung des Projekts zu erarbeiten(1). Die im Projektgeschäft tätigen Bauunternehmen

- führen detaillierte Standort- und Bedarfsanalysen durch,
- kümmern sich um die Beschaffung der Grundstücke,
- erstellen Bebauungs- und Nutzungskonzeptionen einschließlich der Wirtschaftlichkeitsstudien,
- erarbeiten Finanzierungskonzepte,
- bringen Investoren und Mieter zusammen,
- besorgen die baurechtlichen Voraussetzungen,
- klären die Möglichkeiten und Kosten für die Verkehrserschließung und
- verwalten und betreiben die fertigen Immobilien(2).

Durch die Übernahme dieser Dienstleistungen für den Bauherrn entstehen zunehmend neue Geschäftsfelder(3). Dies führt zur Integration vor- und nachgelagerter Wertschöpfungsstufen und zum ganzheitlichen Angebot von Bauleistungen. Ziel ist, die Ertragsbasis zu verbreitern und langfristig kontinuierliche, d.h. von der Baukonjunktur unabhängige Einnahmeströme, zu generieren. Gleichzeitig ist aber zu beobachten, dass viele Projektentwickler bzw. Bauunternehmen gerade wegen ihrer Projektentwicklungsaktivitäten insolvent geworden sind(4). Falsche Risikoeinschätzung und fehlende Kenntnis der tatsächlichen Markt- und Bedarfslage werden als Ursache genannt.

Der Bau und die Projektentwicklung von Immobilien im Infrastrukturbereich zählt bislang, wie in Kapitel 3 erläutert, zu den Aufgaben der Daseinsvorsorge der öffentlichen Hand. Eine systematische, im Sinne einer am marktgerechten Bedarf ausgelegte, nachhaltig von Privaten betriebene Projektentwicklung von Infrastrukturimmobilien ist gegenwärtig die Ausnahme. Lediglich beim kommunalen Immobilienleasing sowie beim Kläranlagenbau wird durch wenige speziali-

---

(1) vgl. Meisert (1993), S. 31 - 48
(2) vgl. Schütz (1993), S. 15; Refisch (1994), S. 8;
(3) vgl. Berner (1999a), S. 12
(4) vgl. Berner, Benz (1999), S. 84

sierte Unternehmen der Anlagentechnik und Leasinggesellschaften eine konsequente Projektentwicklung auch bei Infrastruktureinrichtungen verwirklicht. Hieraus haben sich verschiedene Finanzierungs- und Organisationsmodelle entwickelt, die sowohl in der Theorie als auch in der Praxis für den Bau und Betrieb der kommunalen Abwasserbeseitigung erfolgreich umgesetzt worden sind(1). Bis Ende 1999 wurden 180 Kläranlagen mit einem Investitionsvolumen von rund 20 Mrd. DM mit privaten Betreibermodellen realisiert(2).
Aus den in Kapitel 1 genannten Schwierigkeiten der öffentlichen Hand bei der Finanzierung von Immobilien im Infrastrukturbereich entstehen für die Bau- und Immobilienwirtschaft zunehmend neue Handlungs- und Aufgabenfelder in der Projektentwicklung(3). Die beim Hochbau für private Bauherrn gesammelten Erfahrungen und Kenntnisse der Projektentwicklung lassen sich nutzen und auf die veränderten Problemstellungen bei der Infrastrukturprojektentwicklung übertragen und anpassen.

Hinsichtlich des Begriffs und der Funktion der Projektentwicklung bestehen in der Bau- und Immobilienwirtschaft unterschiedliche Vorstellungen. Zeitlich und inhaltlich gehört die Projektentwicklung innerhalb der HOAI zur Phase der Grundlagenermittlung(4). Für die vorliegende Arbeit ist es jedoch zweckmäßig, eine breitere, ganzheitlich systematisierende Definition heranzuziehen, die die Vielschichtigkeit des Themas der Projektentwicklung von Fernstraßen besser erfasst. Dazu wird in einem ersten Schritt auf die Darstellung der Projektentwicklungsaufgabe, wie sie sich im Hochbau stellt, zurückgegriffen.
Anschließend wird aufgrund der besonderen Anforderungen der Projektentwicklung von Fernstraßen eine Definition festgelegt und eine durchgängiges Begriffsverständnis formuliert. Ziel ist es, eine mehrstufige Vorgehensweise zu entwickeln, die speziell für die Projektentwicklung von Fernstraßen geeignet ist.

4.1 Projektentwicklung im Hochbau

Die in der Literatur und Praxis übereinstimmende Meinung sieht die originäre Aufgabe der Projektentwicklung darin, die Faktoren Projektidee, Standort und Kapital so miteinander zu kombinieren, dass einzelwirtschaftlich wettbewerbsfähige sowie gesamtwirtschaftlich rentable Immobilienobjekte geschaffen und dauerhaft genutzt werden können(5). Mit diesem Begriffsverständnis werden sowohl die gesamtwirtschaftliche als auch die einzelwirtschaftliche Wirkungs-

(1) vgl. Gräser (1995), S. 72 ff.
(2) vgl. Wetter (1999), o.S.; Knipper (1998), S. 1
(3) vgl. Alfen (1999c) und (1999b), S. 16; S. S. 24; Hinrichs (1996), S. 6; Leichnitz (1999), S. 12; Preuß (1998), S. 26
(4) vgl. HOAI (1999), § 15 Abs. 2 Nr. 1
(5) vgl. Berner (1999b), S. 5; Diederichs (1996), S. 29 ff.

ebene der Projektentwicklung angesprochen. Gesamtwirtschaftlich wird gefordert, dass die entwickelten Immobilienobjekte, im vorliegenden Fall Fernstraßen, als Ergebnis der Projektentwicklung öffentlichen Belangen entgegenkommen und sozial- und umweltverträglich zu erstellen und vorzuhalten sind. Die Aufgabe der Daseinsvorsorge wird somit erfüllt.
Aus einzelwirtschaftlicher Perspektive und damit aus Sicht des anlagesuchenden oder bereits investierten Kapitals steht die Wirtschaftlichkeit und Wettbewerbsfähigkeit der Immobilie, die sich nur bei einem nachhaltig rentablen Betrieb einstellt, im Vordergrund. Durch diese Begriffsfestlegung ist es Aufgabe der Projektentwicklung, langfristig eine Wirtschaftlichkeit, die gegenüber anderen Anlageformen konkurrenzfähig ist, zu erreichen. Stellgrößen dafür liegen sowohl auf der Kostenseite als auch auf der Erlösseite und sind von der Projektentwicklung zu erkennen und zu beeinflussen[1]. In Kapitel 8 wird ausführlich auf die Möglichkeiten einer Investitionsoptimierung eingegangen.
Gängiges Differenzierungsmerkmal der Projektentwicklungsaufgabe ist die Abgrenzung zwischen Projektentwicklung im engeren und im weiteren Sinn, deren unterschiedlicher Umfang in Bild 4.1 dargestellt ist.

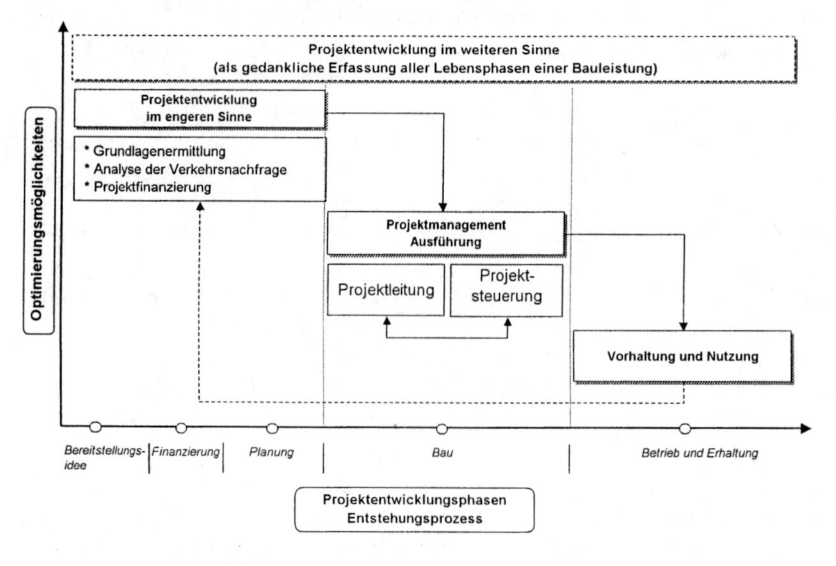

Bild 4.1 Umfang und zeitliche Abfolge der Projektentwicklung

Die Projektentwicklung im engeren Sinne umfasst dabei nur die Phase von einer ersten Projektidee bis zur Entscheidung über die Fortsetzung des Investitionsvorhabens nach Durchführung grundsätzlicher Vorüberlegungen.

(1) vgl. Alda (1998), S. 6

Die Projektentwicklung im weiteren Sinne legt jedoch ein breiteres Begriffsverständnis zu Grunde. Projektentwicklung im weiteren Sinne umfasst die gedankliche und kalkulatorische Erfassung des gesamten Prozesses der Entstehung von Immobilien, ausgelöst durch eine Bereitstellungsidee bis hin zum Abriss oder Rückbau einer Immobilie am Ende ihrer wirtschaftlich und/oder technisch vertretbaren Nutzungsdauer.
Demnach wird festgelegt, dass die Projektentwicklung von Fernstraßen im engeren Sinn die Grundlagenermittlung, Analyse der Verkehrsnachfrage, Finanzierungskonzeption sowie die Kosten- und Erlösoptimierung der Bauleistung umfasst. Darüber hinausgehende Aufgaben werden der Projektentwicklung von Fernstraßen im weiteren Sinne zugeordnet. Hierzu zählen z.B. konzeptionelle Entscheidungen, die die spätere Projektsteuerung, Bauausführung oder die Vorhaltung und Nutzung im Detail festlegen.
Somit ist ein durchgängiger Begriff für die Projektentwicklung von Fernstraßen festgelegt. Im Folgenden werden die Stufen bei der Projektentwicklung von Fernstraßen im Überblick aufgezeigt und eine Auswahl für die weiterführenden Betrachtungen getroffen.

4.2 Stufen der Projektentwicklung von Fernstraßen

Die in der Literatur vorgenommene Abgrenzung zwischen einer Projektentwicklung im engeren und weiteren Sinne muss im Zusammenhang mit Fernstraßen zu Gunsten einer weiteren Betrachtungsweise ausfallen, da die Praxis aufgrund der großen Risiken hohe Anforderungen an diese Art der Projektentwicklung stellt.

Bild 4.2 zeigt die wesentlichen Stufen bei der Projektentwicklung von Fernstraßen, differenziert nach einzelnen Phasen und Aufgaben bei der Erstellung sowie Vorhaltung und Nutzung. Bei der Durchführung einer Projektentwicklung sind alle Stufen sukzessiv bzw. iterativ in die Betrachtung miteinzubeziehen und in ihrer Gesamtheit zu optimieren.

Auslöser einer Projektentwicklung im Fernstraßenbau ist ein konkreter Bedarf an bestimmten neuen oder erweiterten Fernstraßen, der sich entweder aus dem übergeordneten Verkehrswegekonzept des Bundes oder aufgrund bestimmter Engpässe, die zu häufigen Staus führen, ergibt. Die Projektidee ergibt sich somit aus einem dringlichen Bedarf in einem bestimmmten Verkehrsgebiet. Eine Projektinitiierung von privater Seite ist z.Zt. noch nicht üblich. Durch die Linienbestimmung und genaue Trassenführung konkretisiert sich die Standortfrage und wird meist aufgrund bestimmter Verfügbarkeiten der Grundstücke und Randbedingungen in der Siedlungs- und Raumordnungsstruktur vorgegeben.

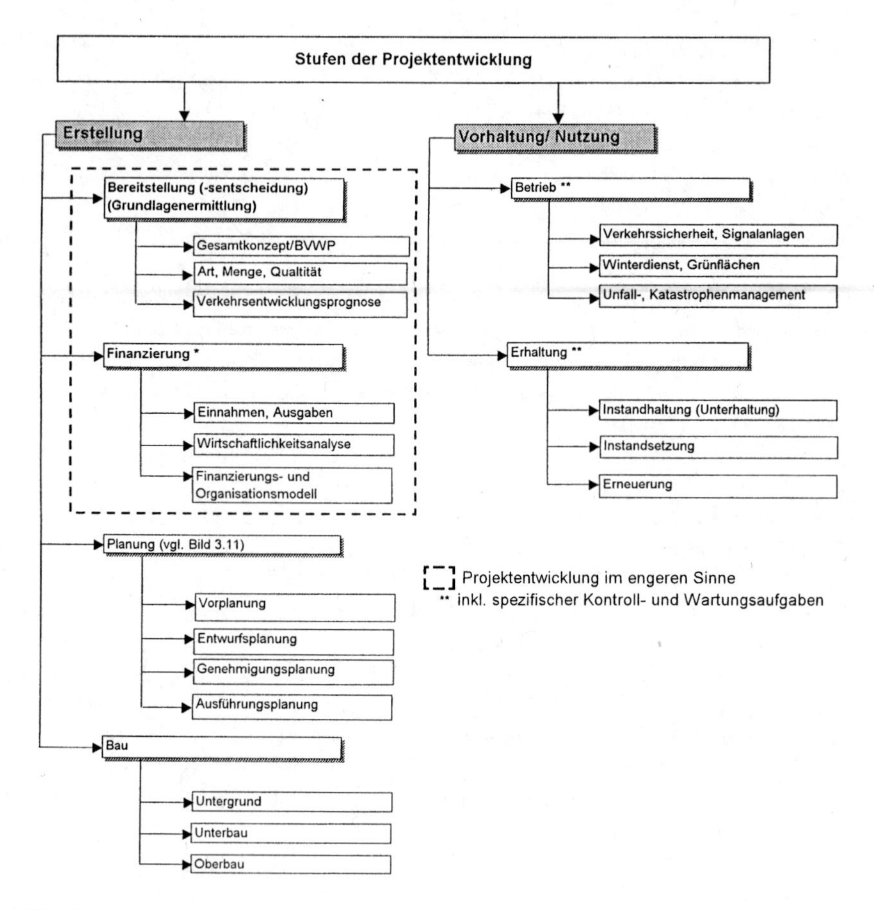

Bild 4.2 Stufen der Projektentwicklung von Fernstraßen

Da die Behandlung aller Stufen einer Projektentwicklung, wie sie in Bild 4.2 dargestellt sind, den hier zulässigen Rahmen übersteigen würde, beschränken sich die weiteren Ausführungen nur auf die frühen Phasen einer Projektentwicklung, d.h. *Betrachtungsgegenstand ist die Projektentwicklung im engeren Sinne*.

Dieser werden folgende Aufgaben zugeordnet:

1. Maßnahmen zur Vorbereitung und zu dem Festlegen der Bereitstellungsentscheidung über Art, Menge und Qualität von Fernstraßen (Grundlagenermittlung und Verkehrsprognosen) sowie
2. Entwicklung geeigneter Finanzierungslösungen zur wirtschaftlichen Umsetzung der unter 1. getroffenen Entscheidung aus einzelunternehmerischer Sicht.

Insbesondere aus Sicht von Investoren sollen die sich aus der Projektentwicklung im engeren Sinne ergebenden Chancen und Risiken, die sich aus der Investition in eine Fernstraße ergeben, ermittelt werden. Diese sind im Gegensatz zum Hochbau aufgrund der mangelnden Drittverwendungsmöglichkeit von Straßen wesentlich größer und auch schwieriger einzuschätzen. Dadurch sind Instrumente für eine Investitionsanalyse notwendig, mit denen die für Fernstraßen spezifischen Chancen und Risiken besser darstellbar und bewertbar sind.

Für die Erfassung des Risikos wird deswegen ein systematisches Risiko-Diagnose-Modell entwickelt. Die Erfassung des Chancenpotentials erfolgt aufgrund von Cash-Flow-Analysen, da sie die Struktur der Zahlungsströme von Investitionen offenlegen und dazu beitragen, gedanklich die zukünftige Ertragssituation zu erfassen. Beide Methoden werden in Kapitel 8 im Detail erörtert und an einem konkreten Beispiel zur Identifikation kritischer Erfolgsfaktoren angewandt. Der Vorteil dieser Methoden liegt vor allem darin, dass sie für eine erste und grobe Grundlagenermittlung einsetzbar sind und somit die grundsätzliche Wirtschaftlichkeit der geplanten Investition im Vorfeld verifizierbar wird. Es soll dadurch gezeigt werden, dass für den Erfolg einer übergeordneten Projektentwicklung im weiteren Sinne besonders die frühen Phasen und Entscheidungsvorbereitungen, wie sie der Projektentwicklung im engeren Sinne zugerechnet werden, ausschlaggebend sind.

Als Ziel und Aufgabe der hier betrachteten Projektentwicklung wird somit festgelegt, private Fernstraßeninvestitionen von der Idee bis zur Umsetzung und den Betrieb kalkulatorisch zu erfassen und die Risiken so einzugrenzen, dass im Vorfeld der Investitionsentscheidung die Voraussetzungen für einen wirtschaftlichen Erfolg erfüllt sind.

Zur weiteren Problemeingrenzung sind die verschiedenen Einsatzgebiete einer Projektentwicklung von Fernstraßen aufzuzeigen.

4.3 Einsatzgebiete der Projektentwicklung von Fernstraßen

Wie die Projektentwicklung von Immobilien des Hochbaus in Bestands-, Neubau- oder Erweiterungsentwicklung unterschieden werden kann, lassen sich auch bei Fernstraßen die Aufgaben je nach Alter, Zustand und geplanter Kapazität der Straße in verschiedene Bereiche einteilen. Diese Bereiche wirken sich wiederum direkt auf die jeweilige Risiko- und Erlössituation aus.

4.3.1 Bau und Neubau von Fernstraßen

Mit dem Begriff "Bau" wird im Folgenden die völlige Neuanlage einer bisher nicht vorhandenen Straße bezeichnet. Die Verbesserung, Erneuerung oder Wiederherstellung einer Straße stellt deswegen keinen Neubau dar. Der Bau von Fernstraßen dient deswegen immer einer Netzerweiterung und der Kapazitätserhöhung des gesamten zur Verfügung stehenden Straßenraumes[1]. Dies hat direkte Auswirkungen auf alle bestehenden Straßen und alternativen Verkehrsträger. Für die Projektentwicklung führt dies zu umfassenden Prognoseproblemen der Verkehrsmenge und damit zu Risiken bei der Abschätzung der Erlöspotenziale neu entwickelter Fernstraßen. Der Bau von Fernstraßen führt deswegen im Gegensatz zur Verbesserung und Erweiterung von Fernstraßen zu einem umfassenden Investitionsentscheidungsproblem. Die zugrunde zu legenden Erlös- und Verkehrsprognosen sind mit großen Unsicherheiten verbunden.

4.3.2. Verbesserung und Sanierung bestehender Fernstraßen

Als Verbesserung einer Straße sind z.B. die Idealisierung der Linienführung, die Beseitigung schlechter Sichtverhältnisse oder auch Kurvenbegradigungen zu nennen. Auch Maßnahmen zur Erhöhung der Verkehrssicherheit und die Beseitigung von Verkehrserschwernissen werden der Verbesserung zugeordnet. Die Verbesserung von Fernstraßen im Rahmen einer Projektentwicklung ist im Gegensatz zum Bau eine leichter zu handhabende Aufgabe, weil verlässlichere Verkehrsdaten im Vorfeld bekannt sind. Das Prognose- und Risikoproblem ist somit überschaubar.

4.3.3 Erweiterung von Fernstraßen

Unter Erweiterung wird sowohl die Verbreiterung bestehender Fahrbahnen als auch die Anlage von neuen Fahrbahnen, Haltestellenbuchten oder Park- und Rastplätzen verstanden[2]. Die Erweiterung ist hinsichtlich des Prognoseproblems bei der Projektentwicklung zwischen dem Neubau und der Verbesserung einzustufen. Es sind zwar vor Beginn der Projektentwicklung Verkehrsdaten bekannt, aber dennoch bestehen erhebliche Prognoseprobleme über die zukünftige Verkehrsnachfrage nach Durchführung der baulichen Kapazitätserhöhung.
Durch die Vorgaben des Fernstraßenbauprivatfinanzierungsgesetzes ist das Einsatzgebiet der Projektentwicklung z.Zt. nur auf Neubaustrecken beschränkt.

---

(1) vgl. Nagel (1997), S. 104
(2) vgl. ebenda, S. 107

4.4 Abgrenzung des zugrunde gelegten Projektentwicklungsbegriffs durch Vorgaben des FStrPrivFinG

Durch die Vorgaben des Fernstraßenbauprivatfinanzierungsgesetzes, wie sie in Kapitel 2.4.1.3 aufgezeigt sind, ist das Einsatzgebiet der Projektentwicklung auf neu zu erstellende Brücken, Tunnel und Gebirgspässe beschränkt. Die Gesamtaufgabe Projektentwicklung von Fernstraßen ist jedoch weitaus vielschichtiger und kann, wie in Bild 4.3 aufgezeigt, anhand der Merkmale Gegenstand, Stufe und Umfang der Projektentwicklung dargestellt werden.

Wie ersichtlich, erfasst das FStrPrivFinG nur einen Ausschnitt der Gesamtproblematik. Nachfolgende Betrachtungen zur Projektentwicklung orientieren sich deswegen an den wesentlichen Vorgaben des FStrPrivFinG.

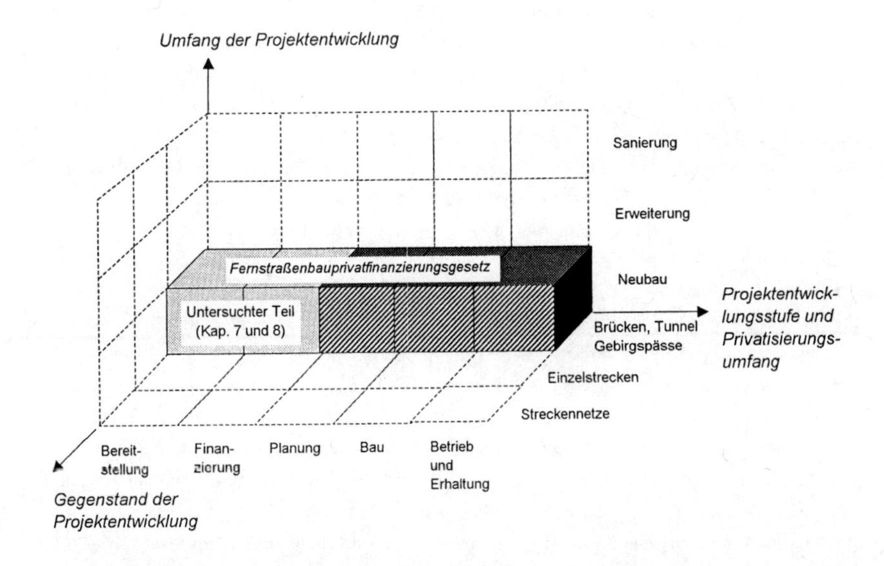

Bild 4.3 Abgrenzung des zugrunde gelegten Projektentwicklungsbegriffs

Grundsätzlich sind gemäß FStrPrivFinG für die Projektentwicklung zwei Alternativen zu unterscheiden, die sich im *Zeitpunkt der Konzessionsausschreibung* und im *Umfang der Aufgabenübertragung* an den Privaten voneinander unterscheiden. Im Folgenden werden die beiden Alternativen beschrieben.

4.4.1 Projektentwicklung bei konventioneller Planung (Variante 1)

Die Variante "konventionelle Planung" eignet sich besonders für solche Projekte, bei denen schon weitgehende Planungsleistungen durch die Auftragsverwaltung erbracht wurden. Der Vorschlag für eine private Fernstraßenprojektentwicklung kann sowohl von öffentlicher Seite (Land oder Kommune) als auch von Privaten selbst kommen. Als Zeitpunkt eignet sich die Phase ab dem Raumordnungsverfahren bis zum Vorentwurfsstadium.

Die Durchführung der Planung sowie das Genehmigungsverfahren verläuft bei dieser Variante wie bei einer konventionellen Maßnahme, bei der nach Eintritt der Rechtsbeständigkeit des Planfeststellungsbeschlusses von der Auftragsverwaltung das Projekt und zusätzlich die Konzession für den Betrieb ausgeschrieben wird. Die Ausschreibung erfolgt mit einer Leistungsbeschreibung und einem Leistungsverzeichnis mit Planunterlagen (planfestgestellte Pläne) und sofern vorhanden, Ergebnissen von Gutachten, z.B. über erwartete Verkehrsmengen oder den Baugrund. Bild 4.4 zeigt ein mögliches Ablaufdiagramm für eine Projektentwicklung bei konventioneller Planung durch die Straßenbaubehörden, wie es als Handlungsempfehlung vom Gesetzgeber vorgesehen ist[1].

Die Bieter müssen ein Angebot abgeben, das bei einer ausgeschriebenen Konzessionslaufzeit die Angabe der Mauthöhe, gestaffelt nach verschiedenen Fahrzeugarten, für die Benutzung des jeweiligen Straßenstücks enthält. Nebenangebote - besonders für die technische Ausführung - sind zugelassen, soweit alle Vorgaben des Planfeststellungsbeschlusses und Qualitätsanforderungen wie bei der Amtslösung eingehalten werden. Den Zuschlag erhält das Angebot, das die finanzwirtschaftlichen und technischen Angebotsinhalte wie z.B. Mauthöhe, Anschubfinanzierung und Baukosten so kombiniert, dass es in der Gesamtheit unter allen anderen Angeboten am annehmbarsten ist. Nach Zuschlagserteilung und Zustimmung des BMVBW wird dem Betreiber eine Konzession für den Betrieb und die Gebührenerhebung erteilt. Vor Inbetriebnahme der Straße wird die im Konzessionsvertrag festgelegte Mauthöhe per Rechtsverordnung gültig. Das Bauunternehmen muss die Fernstraße betreiben, regelmäßig überwachen und erhalten. Nach Ablauf der Konzessionszeit übernimmt die Auftragsverwaltung das bisher vom privaten Betreiber betreute Straßenbauwerk in einem bestimmten Zustand, der im Konzessionsvertrag geregelt ist.

Wertung

Vorteilhaft ist bei dieser Variante, dass mit der Planfeststellung eine für den Bieter hohe Rechtssicherheit besteht und kein Genehmigungsrisiko zu übernehmen ist.

---

(1) vgl. Bundesministerium für Verkehr (1995b), Anlage 3

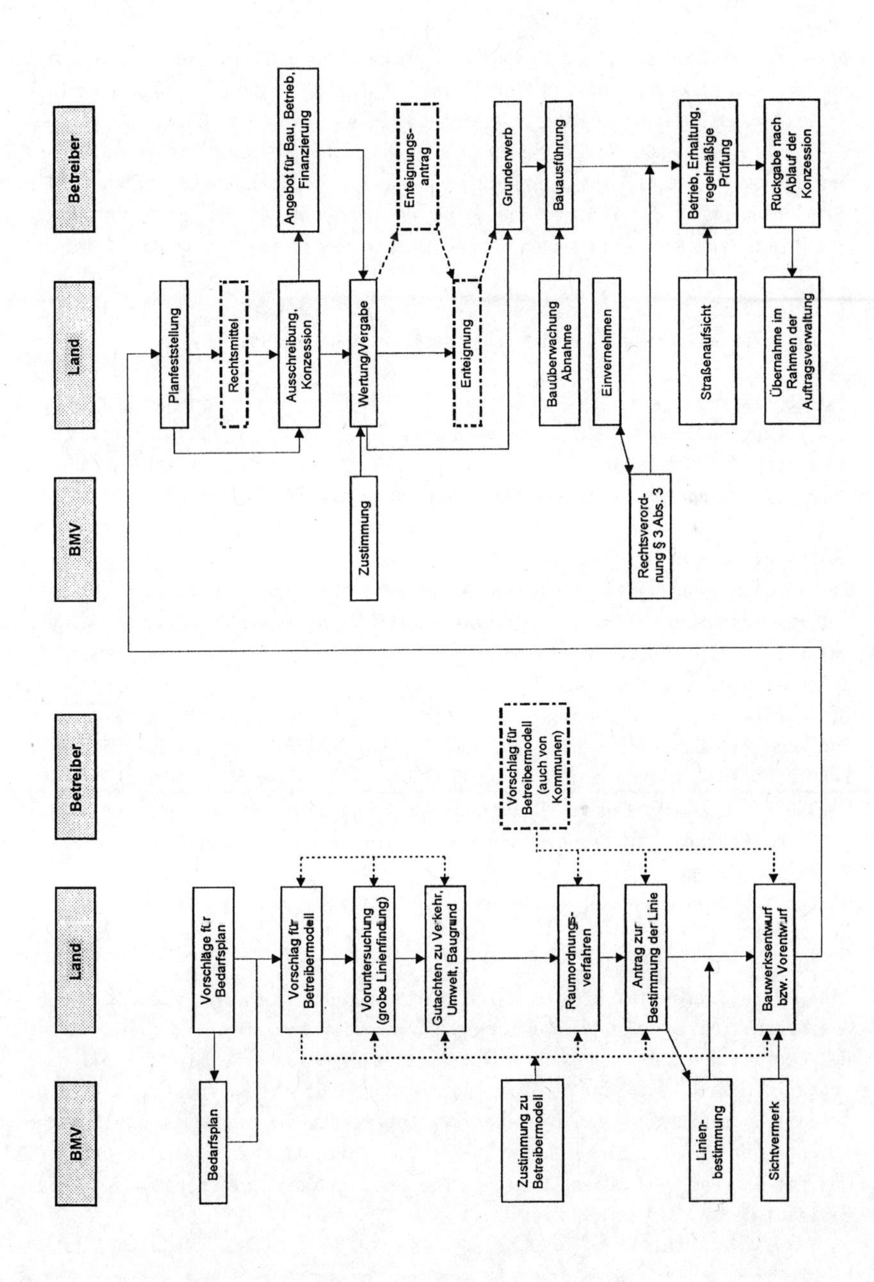

Bild 4.4 Projektentwicklung nach konventioneller Planung
(Quelle: Bundesministerium für Verkehr (1995b), Anlage 3)

Als Nachteil muss der bis dahin meistens noch nicht vollständig abgeschlossene Grunderwerb gewertet werden, der damit ein großes Termin- und generelles Realisierungsrisiko in sich birgt. Ebenso ist das in diesem Modell vorgesehene evtl. Enteignungsverfahren, welches erst nach der Vergabe vom Betreiber beantragt werden muss, aus einzelunternehmerischer und baubetrieblicher Sicht abzulehnen, weil dadurch der Baubeginn auf unbestimmte Zeit verzögert wird. Ein Modell zur Risikoerkennung, -bewertung wird in Kapitel 8 entwickelt.

4.4.2 Projektentwicklung mit Ideenwettbewerb (Variante 2)

Im Gegensatz zur Projektentwicklung in Variante 1 wird neben Bau und Betrieb einer Fernstraße auch die Planung an einen Betreiber vergeben. Geeignet sind daher Vorhaben, für die von der Verwaltung noch keine detaillierten Planungen durchgeführt wurden. Ziel ist die Mobilisierung von privatem Ingenieurwissen, welches zu kostenoptimalen Lösungen führen soll. Bild 4.5 zeigt den möglichen Ablauf einer Projektentwicklung mit Ideenwettbewerb.
Zur Vorbereitung der Ausschreibung eines Betreibermodells bei dieser Variante und zur Lieferung von Kalkulationsdaten muss die Auftragsverwaltung erste Voruntersuchungen selbst durchführen und erste Studien in Auftrag geben. Die Entscheidung, eine Projektentwicklung von Privaten vornehmen zu lassen, muss hier spätestens im Stadium der Voruntersuchung getroffen werden.
Die Ausschreibung der Fernstraße muss neben der Festlegung eines Planungskorridors auch alle für die Planung relevanten Rahmendaten enthalten, z.B. lichte Höhen und Weiten von Bauwerken und dennoch so viel wie möglich gestalterische Freiheit zulassen. Insgesamt ergibt sich bei dieser Variante ein wesentlich höheres Wertungsproblem, weil verschiedene technische und finanzwirtschaftliche Lösungen schwierig zu vergleichen sind.

Wertung
Als Nachteil erweisen sich bei dieser Projektentwicklungsvariante die hohen Angebotsbearbeitungskosten und langen Vorlaufzeiten. Die vom Betreiber zu übernehmenden Genehmigungskosten lassen sich kaum vorhersehen und stellen ein hohes Risikopotenzial dar. Unklar ist die Frage, ob Planungskosten im Fall der Genehmigungsablehnung dem Bieter erstattet werden. Auch sind keine Aussagen darüber getroffen, welche Gutachten von der öffentlichen Seite zu erbringen und finanzieren sind. Diese Variante ist aus Sicht der Investoren aufgrund der Vielzahl der Risiken nicht umsetzbar.

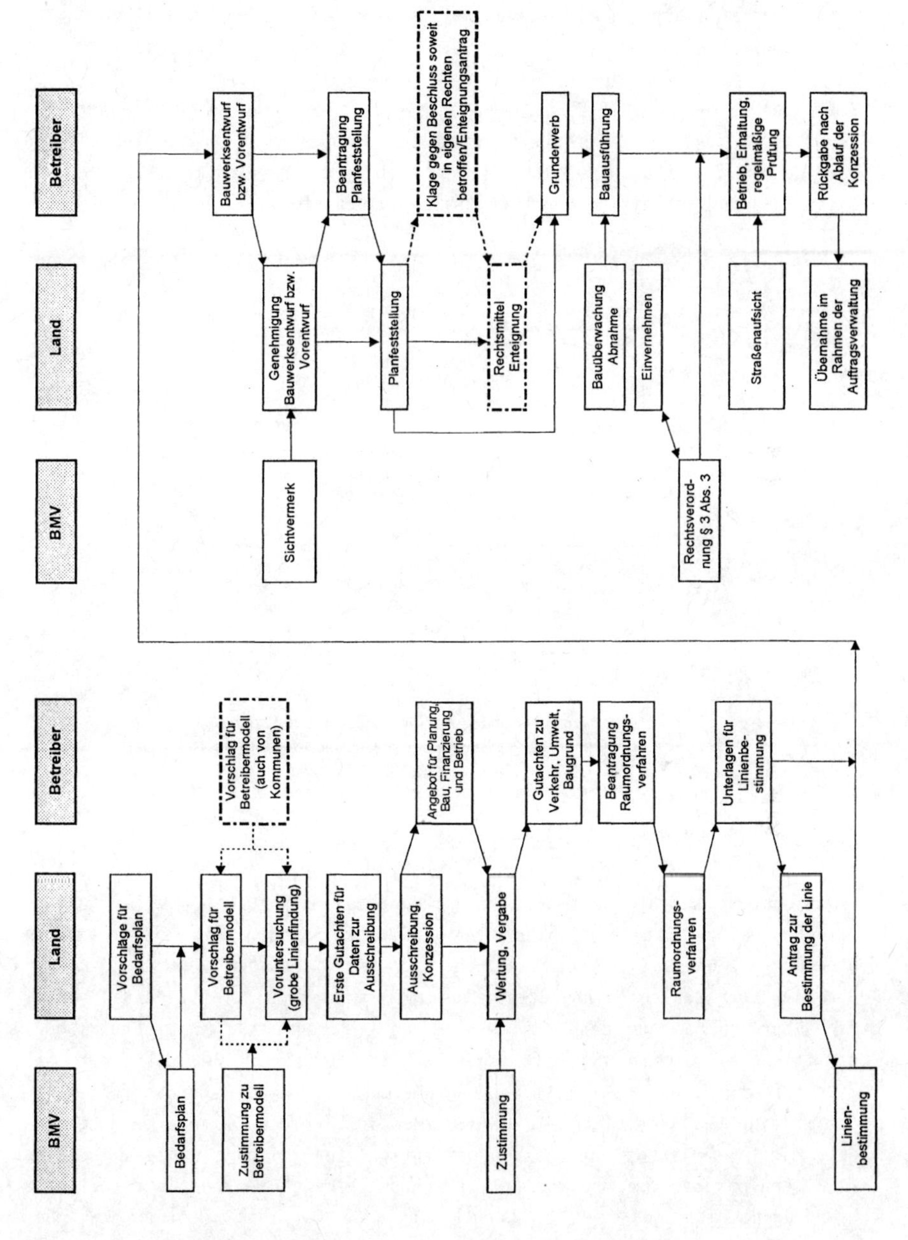

Bild 4.5 Projektentwicklung mit Ideenwettbewerb
(Quelle: Bundesministerium für Verkehr (1995b), Anlage 4)

4.5 Zusammenfassung und Ableitung einer mehrstufigen Projektentwicklungskonzeption

Im Folgenden wird das in Bild 4.6 gezeigte stufenweise Vorgehen erläutert, um den o.g. Projektentwicklungsbegriff bei Fernstraßen umzusetzen. Diese Stufen sind übergeordnet erforderlich, um eine für die Privatwirtschaft rentable Erstellung und Vorhaltung von Fernstraßen zu schaffen.

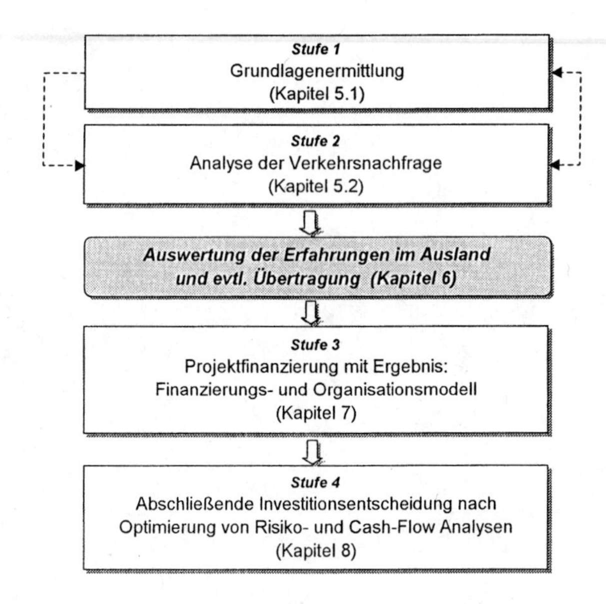

Bild 4.6 Stufen der Projektentwicklung von Fernstraßen

Ergänzend ist auf die in Kapitel 6 aufgezeigten Erfahrungen aus dem Ausland zurückzugreifen. Dabei ist abzuprüfen, ob Randbedingungen des Auslands auch in gleicher Art und Weise im Inland vorherrschen und deswegen übertragbar sind. Der hier vorgeschlagene Projektentwicklungsprozess impliziert, dass Investitionsüberlegungen nur dann fortgesetzt werden, wenn eine erste Grundlagenermittlung für einen wirtschaftlichen Bau und Betrieb spricht. D.h., nur wenn mit Hilfe der Grundlagenermittlung und der Analyse der Verkehrsnachfrage insgesamt eine Wirtschaftlichkeit darstellbar ist, werden weitere Überlegungen über die Finanzierung unternommen. Abhängigkeiten zwischen einzelnen Stufen (z.B. beeinflusst die Analyse der Verkehrsnachfrage die zuvor durchgeführte Grundlagenermittlung) sind zu berücksichtigen, wenn Optimierungen zwischen diesen Stufen möglich sind. Nachfolgend werden die einzelnen Projektentwicklungsstufen und deren Aufgaben gemäß Bild 4.6 beschrieben.

5 Grundlagenermittlung und Analyse der Verkehrsnachfrage

Aufgabe der Grundlagenermittlung ist es, die Randbedingungen zu erkennen, die die zu treffende Investitionsentscheidung maßgeblich beeinflussen und die Machbarkeit einer nach dem FStrPrivFinG gebauten Fernstraße in ihrer Gesamtheit betreffen. Ein wichtiger Teil der Grundlagenermittlung ist die überschlägige Kalkulation der erwarteten Kosten- und Erlössituation. Letztere hängt erheblich von der Verkehrsnachfrage ab. Verfahren der Analyse und Prognose der Verkehrsnachfrage sind in Kapitel 5.2 behandelt.

5.1 Grundlagenermittlung

Die Grundlagenermittlung dient in erster Linie der Überprüfung so genannter "K.O.-Kriterien", im Folgenden als Vorprüfkriterien bezeichnet, die im Eintrittsfall zum vollständigen Projektabbruch führen. Die im Rahmen der Projektentwicklung von Fernstraßen relevanten Vorprüfkriterien sind in Bild 5.1 dargestellt. Übergeordnet sind dabei juristische, gesellschaftlich/ politische sowie mikro-/makroökonomische Voraussetzungen zu überprüfen, die für die Realisierung einer Fernstraße gemäß FStrPrivFinG erfüllt sein müssen.

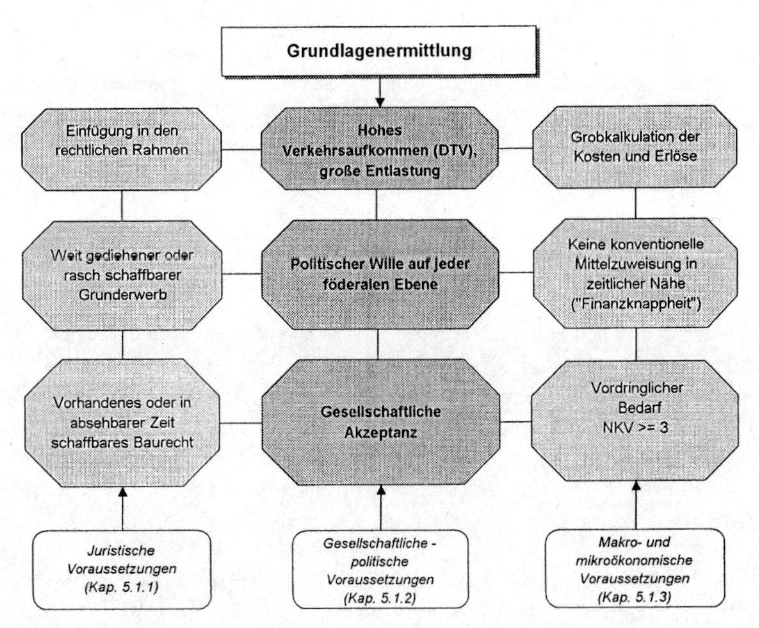

Bild 5.1 Vorprüfkriterien bei der Grundlagenermittlung (in Anlehnug an Görisch (1999), o.S.)

5.1.1 Juristische Voraussetzungen

Als erstes Vorprüfkriterium für die Projektentwicklung von Fernstraßen nach dem FStrPrivFinG ist vorab zu klären, ob das FStrPrivFinG als gesetzliche Grundlage zur Refinanzierung privater Fernstraßeninvestitionen grundsätzlich angewandt werden darf.

Das mit insgesamt nur 8 Paragraphen sehr kurz formulierte Gesetz trifft insbesondere im § 1 Nr. 1 und § 3 Nr. 1 Regelungen, wonach nur sehr "teure" Ingenieurbauwerke, wie z.B. Brücken oder Tunnel, über Gebühren finanzierbar sind. Erst wenn sichergestellt ist, dass sich das Investitionsvorhaben in diesen rechtlichen Rahmen einfügt und die anderen Vorgaben des Gesetzes, z.B. Deckelung der Gebührenhöhe durch Rechtsverordnung von dem Projektentwickler oder Investor eingegangen werden wollen, sind weitere Untersuchungen sinnvoll.

Als weitere Voraussetzung für den privaten Investor ist zu fordern, dass der Grunderwerb der späteren Trasse weitgehend abgeschlossen ist bzw. rasch Klarheit über die Eigentumsverhältnisse an notwendigen Grundstücken herbeigeführt werden kann. Anhängige Enteignungsverfahren sind zeitlich meistens nicht zu überschauen und gefährden das Projekt als Ganzes.
Gleiches gilt auch für vorhandenes Baurecht. Nicht rechtskräftig planfestgestellte Straßenbauvorhaben bedeuten ein hohes Zeit- und Genehmigungsrisiko für Investoren. Ein Abwarten der Genehmigungsreife für ein bestimmtes Vorhaben ist aus einzelunternehmerischer Sicht nicht vertretbar. Sind die juristischen Voraussetzungen erfüllt, sind weitere Randbedingungen zu untersuchen.

5.1.2 Gesellschaftliche und politische Voraussetzungen

Voraussetzung für den Erfolg von gebührenfinanzierten Straßen ist die gesellschaftliche und politische Akzeptanz. Diese ist vor allem dann gegeben, wenn ein ausreichend hohes Verkehrsaufkommen vorliegt und mit der Straßenbauinvestition eine Verlagerung von Verkehrsströmen zu einem großen verkehrlichen Entlastungseffekt führt. Widerstände in der Bevölkerung sind somit leichter zu bewältigen, so dass auch politische Mehrheiten in den verschiedenen föderalen Gremien eine rasche Umsetzung begünstigen.

Gezielte Beeinflussung der Meinungsbildung von öffentlicher und privater Seite hilft, die Akzeptanz zu erhöhen.

5.1.3 Makro- und mikroökonomische Voraussetzungen

Volkswirtschaftlich sind Projekte nach dem FStrPrivFinG dann leicht zu realisieren, wenn in einer übergeordneten Wirtschaftlichkeitsbetrachtung nach EWS und RAS-W(1) bereits ein Nutzen-Kosten-Verhältnis von drei oder mehr nachgewiesen werden konnte. Geplante Fernstraßen, die deswegen im vordringlichen Bedarf enthalten sind, eignen sich besonders gut als Betreibermodell.

Da der Tatbestand der Finanzknappheit gerade im Fernstraßenbau fast immer gegeben ist und eine konventionelle Finanzmittelzuweisung in zeitlicher Nähe nicht zu erwarten ist, sorgen gerade Haushaltsprobleme für eine beschleunigte Umsetzung gebührenfinanzierter Fernstraßen.

Aus einzelunternehmerischer Sicht kommt der Prognose des Verkehrsaufkommens eine Schlüsselrolle zu, da die Rückflüsse aus den Gebühren für eine Refinanzierung der Investition von der Verkehrsnachfrage abhängen. Wie hoch die Rückflüsse bzw. Erlöse sein müssen, hängt hauptsächlich von den Baukosten und dem Fremdmittelbedarf ab. Auf die Optimierung der Größen, z.B. mit Hilfe von Cash-Flow Analysen, wird in Kapitel 8 eingegangen.

5.2 Analyse der Verkehrsnachfrage

Die Analyse der Verkehrsnachfrage als Teil der Grundlagenermittlung kann mit einer Standort- bzw. Marktanalyse, wie sie bei Projektentwicklungen im Hochbau üblich ist, verglichen werden.
Analog zur Analyse von vermietbarer Fläche und erzielbarem Preis im Wohnungs- oder Gewerbebau ist bei der Projektentwicklung von Fernstraßen die aktuelle und zukünftige Verkehrsnachfrage zu erfassen, weil sie das künftige Erlöspotenzial und damit die Wirtschaftlichkeit der Fernstraße bestimmt. Bild 5.2 zeigt einen Überblick über die notwendigen Aufgabenfelder bei der Analyse der Verkehrsnachfrage.

Allen Aktivitäten übergeordnet ist die Prognose der Verkehrsnachfrage, denn "Optimale Projektentwicklung kann nur derjenige betreiben, der die Bedürfnisse der Märkte heute und in der Prognose für die Zukunft am besten einzuschätzen vermag"(2).

---

(1) vgl. dazu die Erläuterung in Kapitel 3.5.1
(2) Alda (1998), S. 5

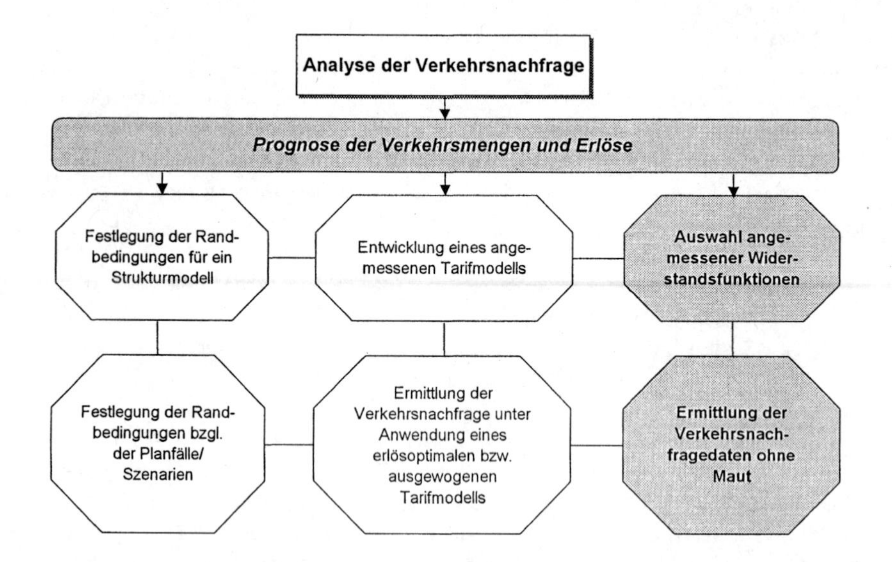

Bild 5.2 Gestaltungsfelder zur Analyse der Verkehrsnachfrage (in Anlehnung an Görisch 1999, o.S.)

Eine Vielzahl der in der Vergangenheit privat betriebenen und über Streckenbenutzungsgebühren refinanzierten Fernstraßen waren aufgrund falscher Verkehrsprognosen unwirtschaftlich(1). Einer möglichst treffsicheren Prognose kommt somit große Bedeutung zu.

5.2.1 Aufgaben und Methoden der Verkehrsprognose

Die Hauptaufgabe von Prognosen besteht darin, Aussagen über künftige Ereignisse, insbesondere Werte ökonomischer Variablen, beruhend auf Beobachtungen aus der Vergangenheit und auf theoretisch fundierten objektiven Verfahren, zu treffen(2). Prognosen basieren dabei auf praktischen Erfahrungen oder theoretischen Erkenntnissen und berücksichtigen vorhandene oder mutmaßlich auftretende Randbedingungen. Prognosen sind dabei zukunftsbezogene Wahrscheinlichkeitsaussagen, die mit Unsicherheiten behaftet sind.
Grundlage bei Prognosen ist eine allgemeine Stabilitätshypothese, die davon ausgeht, dass gewisse Grundstrukturen in der Vergangenheit auch in Zukunft gültig sind. Eine Verkehrsprognose im Speziellen ist die zeitliche Vorausbe-

(1) vgl. Dulles Greenway, Virginia, USA, Kapitel 6
(2) vgl. Gabler Wirtschaftslexikon (1997), S. 3107

rechnung des Verkehrsumfangs für ein bestimmtes Zeitintervall.
Der Verkehrsumfang hängt dabei von unbeeinflussbaren Faktoren ab, wie z.B.
- der Raum- und Siedlungsstruktur,
- dem Verkehrsangebot oder
- den verkehrsrelevanten Verhaltensweisen der Bevölkerung[1].

Unbeeinflussbare Faktoren sind auch die Bevölkerungs-, Motorisierungs- oder wirtschaftliche Entwicklung einer Region. Für gebührenfinanzierte Fernstraßen sind sie als unveränderliche Prämissen vorgegeben.

Als beeinflussbare Faktoren der Verkehrsnachfrage werden genannt[2]:
- die Gestaltung des Verkehrsangebots,
- die Steuerung des Angebots an nutzbaren Einrichtungen sowie
- preispolitische Maßnahmen.

Diese Faktoren sind für private Fernstraßenanbieter gestaltbar und als Stellgrößen zur Generierung von Nachfrage geeignet.

Ziel der Prognose ist die Bestimmung einer zukünftigen Verkehrsentwicklung auf ein bestimmtes Planjahr, z.B. das erste Betriebsjahr. Geplante Straßennetzergänzungen und Ausbaumaßnahmen müssen möglichst lückenlos erfasst und in ihrer Wirkung auf die prognostizierte Verkehrsbelastung analysiert werden. Allerdings belegen die bisher zur Verkehrsprognostik bekannten Forschungsarbeiten, dass gerade auf diesem Gebiet in der Vergangenheit sehr große Fehleinschätzungen zu verzeichnen waren und die Verkehrsprognostik insgesamt dabei an ihre "fachwissenschaftliche Grenzen" stößt[3].

Verkehrsprognosen sind deswegen eher als "Planspiele" aufzufassen, die die Wirkung bestimmter Maßnahmen über "Wenn-Dann Aussagen" abbilden. Für diesen Zweck gibt es verschiedene Prognosemethoden.

Aus der Vielzahl der verfügbaren Prognosemethoden, die in Bild 5.3 dargestellt sind[4], haben sich für Prognosezwecke im Verkehr rein quantitative und Kombinationen aus quantitativen mit qualitativen Prognosemethoden als besonders geeignet erwiesen. Es folgt eine kurze Darstellung dieser Methoden und eine Bewertung hinsichtlich ihrer Eignung für die Erlösabschätzung von gebührenfinanzierten Ingenieurbauwerken von Fernstraßen.

---

(1) vgl. Wermuth (1994), S. 221
(2) vgl. ebenda, S. 221
(3) vgl. Vogt (1994), S. 197
(4) vgl. Horváth (1996), S. 392 f.

	Prognoseverfahren							
	Quantitativ				Qualitativ			
	Trendextrapolation	Methode der gleitenden Durchschnitte	Regressionsanalyse	Methode der exponentiellen Glättung	*Szenariotechnik*	Relevanzbaum-Methode	Historische Analogie	Delphi-Methode (Befragung)
Direkte/indirekte Prognose								
Kurz-, mittel-, langfristig								
Entscheidungs-/ Wirkungsprognose								
Bedingte/ unbedingte Prognose								
Einzel-/ Systemprognose								
Punkt-/ Intervallprognose								

Bild 5.3 Prognosemethoden

5.2.1.1 Quantitative Verkehrsprognoseverfahren - Trendprognose

Quantitative Methoden beruhen auf der Verwendung mathematisch-statistischer Verfahren wie z.B. Zeitreihenanalysen. Für kurzfristige Betrachtungen ist v.a. die Trendextrapolation bzw. Trendprognose geeignet. Sie wird bevorzugt bei der Bemessung und Querschnittsgestaltung im Rahmen der Straßenplanung als so genannte Querschnittsprognose eingesetzt(1). Ihr Einsatz ist nur dann sinnvoll, wenn vorhandene Verkehrsanlagen betrachtet werden und wenn wesentliche Veränderungen weder hinsichtlich der Struktur des Straßennetzes noch im Verhalten der Verkehrsteilnehmer vorherzusehen sind. Die zukünftigen Verkehrsstärken ergeben sich hierbei aus Verkehrszählungen mit einer anschließenden Hochrechnung bzw. Schätzung der zu erwartenden Entwicklung unter der Annahme, dass sich die Verkehrsstärken des betrachteten Teils eines Straßenabschnittes wie im landesweiten Trend entwickeln.

Wird also für die zurückliegenden Jahre eine genügend genaue Übereinstimmung in der Entwicklung der gesamten Jahresfahrleistung mit dem Wachstum des DTV für den zu untersuchenden Straßenabschnitts nachgewiesen, führt diese Art der Trendprognose zu einigermaßen verlässlichen Verkehrsprognosen.

Da die Trendprognoseverfahren gemäß RAS-Q nicht für langfristige Wirkungsprognosen geeignet sind und außerdem nur monokausale Zusammenhänge abgebildet

---

(1) vgl. Ressel (1999), S. 4-1 sowie Richtlinien für die Anlage von Straßen, Teil Querschnittsgestaltung (RAS-Q)

werden können, erfüllen sie die Anforderungen an eine Verkehrsprognose, wie sie für die Erlösabschätzung privatfinanzierter Ingenieurbauwerke von Fernstraßen notwendig ist, nur unzureichend. Insbesondere erfassen sie keine Systemänderungen oder Strukturbrüche im Straßennetz, die mit dem Neubau von Brücken, Tunnel oder Gebirgspässen aber automatisch auftreten werden.

Eine Möglichkeit, die Vielzahl der wechselseitig verwobenen Verkehrsbeeinflussungsfaktoren, die die Verkehrsmenge letztendlich bestimmen, zu erfassen, kann deswegen nur in Ergänzung mit qualitativen Methoden berücksichtigt werden.

5.2.1.2 Qualitative Verkehrsprognoseverfahren

Für mittel- und langfristige Prognosen von Verkehrsmengen hat sich deswegen die Szenariotechnik bewährt, mit der man die Schwächen der einzelnen quantitativen und qualitativen Prognoseverfahren durch eine sinnvolle Mischung dieser Verfahren abzumildern versucht. Sie wird als Informationsversorgungsinstrument für die strategische Planung bevorzugt eingesetzt, weil sie langfristige und wahrscheinliche Trends abbildet(1). Ziel der Szenariotechnik ist es, in sich widerspruchsfreie Zukunftsbilder zu beschreiben, in denen alternative Entwicklungen des Umfeldes und mögliche künftige Zustände erfasst werden(2). "Szenarien stellen eine hypothetische Folge von Ereignissen dar, die konstruiert werden, um die Aufmerksamkeit auf kausale Prozesse zu konzentrieren"(3). Für jedes Szenario werden die quantitativen und qualitativen Auswirkungen auf den Prognosegegenstand, hier also die Verkehrsentwicklung, abgeleitet. Auf die Szenariotechnik wird im Rahmen der finanziellen Risikoanalyse in Kapitel 8 näher eingegangen.
Aus der Gegenüberstellung der Bandbreite von möglichen Ergebnissen können anschließend die möglichen kritischen Erfolgsfaktoren sichtbar werden. Auf diese Weise erlauben Szenarien Rückschlüsse auf die Wirkung von Eingriffen und helfen, zukünftige Entwicklungen im Sinne des besten Szenarios zu gestalten. Die Erarbeitung von Szenarien geschieht in drei Stufen, die in Bild 5.4 zusammengefasst sind.

Ausgehend von einer ersten Analysephase, in der die Erhebung der Verkehrsmenge ohne Straßenbenutzungsgebühren und die Beschreibung weiterer Systemzusammenhänge erfolgt, werden in einer zweiten Phase Annahmen wie z.B. eine

---

(1) vgl. Horváth (1996), S. 391
(2) vgl. Steierwald und Künne (Hrsg. 1994), S. 194 ff.;
(3) vgl. Horváth (1996), S. 396

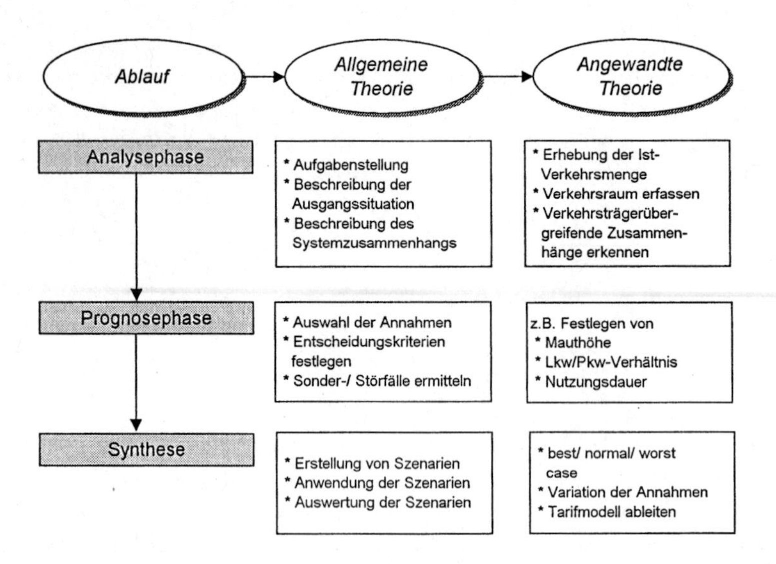

Bild 5.4 Ablaufschema zur Erarbeitung von Szenarien

bestimmte Mauthöhe oder Lkw/Pkw Quote festgelegt, unter denen dann in einer dritten Stufe bestimmte positive oder negative Szenarien erstellt werden. Im Ergebnis lassen sich somit die Faktoren ermitteln, die die Wirtschaftlichkeit der Investition maßgeblich beeinflussen.

Soll das Verhalten einzelner Verkehrsteilnehmer unter Mautbedingungen erforscht werden, können auch Verkehrsnachfrage- und Verkehrsimulationsmodelle zum Einsatz kommen.

5.2.1.3 Verkehrsprognose durch Verkehrsnachfragemodelle und Verkehrssimulation

Verkehrssimulationsmodelle für die Verkehrsprognose haben das Ziel, ein bestimmtes, situationsbedingtes Routenwahlverhalten der Verkehrsteilnehmer zu erklären.

Die Verkehrssimulation vollzieht sich dabei in drei Stufen:
- Entwurf eines Verkehrsnachfragemodells
- Entwurf eines Umlegungsmodells
- Entwurf von Simulationsmodellen des Verkehrsflusses

Verkehrsnachfragemodelle ermitteln die Wege in einem betrachteten Verkehrsgebiet innerhalb eines Zeitintervalls. Diese Wege sind Folge von gewissen Arbeits- oder Freizeitaktivitäten. Die Anzahl sowie die Start- und Zielpunkte dieser Wege sind u.a. abhängig von soziodemographischen Faktoren wie z.B. Arbeitsplätzen, Altersverteilung, Einkommensverhältnisse in einem Verkehrsgebiet. Ziel ist die Ermittlung der Verkehrsnachfrage in der so genannten Fahrtenmatrix, die dokumentiert, wie viele Wege von wo, wohin und weshalb durchgeführt werden.

Verkehrsumlegungsmodelle berechnen für gegebene Fahrtenmatrizen die Verteilung der Belastungen einzelner Strecken innerhalb der zur Verfügung stehenden Verkehrsnetze und bestimmen das Routenwahlverhalten der Verkehrsteilnehmer. Eine Route ist dabei als Folge von Strecken aufzufassen. Ein Weg wird dabei auf derjenigen Route zurückgelegt, die den geringsten Widerstand hat. Widerstandsfaktoren sind beispielsweise die Länge der Route, die Reisezeit, die von der Verkehrsbelastung abhängt oder auch die Kosten der Fahrt. Im Ergebnis führt die Verkehrsumlegung zu der Angabe von Verkehrsbelastungen auf einzelnen Strecken.

Verkehrsflussmodelle untersuchen die Wirkung von Maßnahmen auf die Verkehrsbelastung einzelner Strecken im Netz. Beispiele hierfür sind Geschwindigkeitsbeschränkungen, Lichtsignalanlagen oder auch streckengeometrische Faktoren wie Spuranzahl, Steigung oder Kurvigkeit einer Strecke. Somit kann auch die Wirkung von Streckenbenutzungsgebühren auf die Verkehrsnachfrage und das indiviudelle Routenwahlverhalten simulativ ermittelt werden. Erste Modellansätze zur Erklärung der Verkehrsnachfrage unter Mautbedingungen sind in 5.2.2 beschrieben. Erwähnt sei bereits hier, dass in allen Modellen der so genannte komperative Zeitkostensatz eines Verkehrsteilnehmers ausschlaggebend für einen bestimmten Routenwiderstand ist. Dieser individuelle Zeitkostensatz beschreibt die Bereitschaft eines Verkehrsteilnehmers, einen bestimmten Preis für die Straßenbenutzung zu bezahlen. Dieser Preis entspricht dabei dem Wertäquivalent, das der Verkehrsteilnehmer in dieser Zeit erwirtschaften kann.

Verkehrsnachfragemodelle zur Beschreibung des Verkehrsverhaltens unter Mautbedingungen sind derzeit noch in der Entstehung. Erste noch wenig ausgereifte Ansätze existieren nur vereinzelt bei privaten Verkehrsconsultants oder in Ministerien einzelner Bundesländer. Allgemein wird hier in Zukunft noch erheblicher Forschungbedarf gesehen, um wissenschaftlich fundiert diese Art von Verkehrsprognoseproblemen zu handhaben[1].

---

(1) vgl. Alfen (1999d), S. 6

5.2.1.4 Anforderungen an Verkehrsprognosen

Für Prognoseverfahren gelten im Grundsatz die gleichen Anforderungen wie an andere Informationsversorgungs- und Planungsssysteme, d.h. sollen "Zahlenfriedhöfe" vermieden werden, sind

- Informationsmengen zu begrenzen und empfängerorientiert aufzubereiten
- Informationen nicht isoliert darzustellen, sondern durch Vergleichsgrößen zu relativieren,
- verschiedene Szenarien formal einheitlich aufzubauen und
- Ergebnisse graphisch aufzubereiten[1].

Gemäß dieser Vorgaben erfolgt eine entsprechende Aufbereitung der Ergebnisse in Kapitel 8.

5.2.2 Wirkung von Straßenbenutzungsgebühren

Die Einführung von Straßenbenutzungsgebühren kann beim Verkehrsteilnehmer verschiedene kurz- und langfristige Reaktionen auslösen, die in Bild 5.5 dargestellt sind[2].

Reaktionsmöglichkeiten	
Kurzfristig	*Langfristig*
* Änderung der Wegewahl	* Umzug
* Verschiebung der Abfahrtszeit	* Arbeitsplatzwechsel
* Verkehrsmittelwechsel	* Gewohnheitsänderungen
* Verkehrsrückgang durch Mitfahrer	* Mitfahrgemeinschaften
* Zielortwechsel	* Jahreskarten
* Verweildauer ändern	* Telearbeit
* Tages-, Wochen-, Jahreszeitwechsel	* Teleshopping
* Verstärkte Verkehrsvermeidung	* sonst. Teleaktivitäten

Bild 5.5 Verhaltensmöglichkeiten der Verkehrsteilnehmer unter Mautbedingungen

Die tatsächliche Verhaltensänderung hängt jedoch immer von einer konkreten individuellen oder verkehrlichen Situation ab. Dennoch lassen sich Verfahrenswege beschreiben, um sich einer wahrscheinlichen Reaktion zu nähern[3].

---

(1) vgl. Horváth (1996), S. 592 f.
(2) vgl. Axhausen (1995), S. 124
(3) vgl. Bobinger (1996), S. 589 ff.

5.2.2.1 Verkehrsnachfrage unter Mautbedingungen

Bild 5.6 zeigt, dass zwischen der Einführung von Straßenbenutzungsgebühren und ihren Folgen weitere Erklärungsmodelle herangezogen werden müssen.

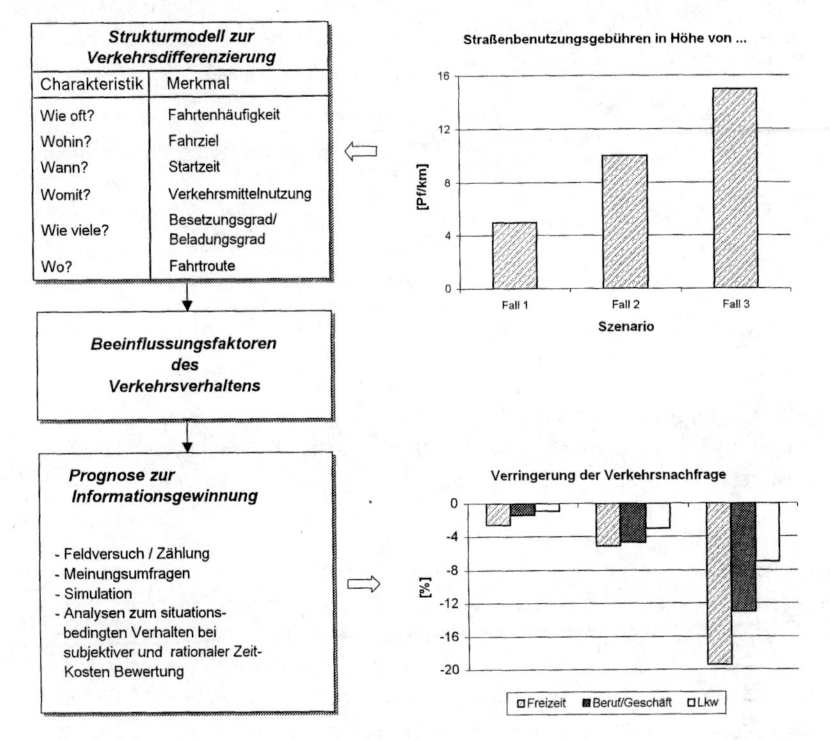

Bild 5.6 Erklärungsmodell der Wirkung von Straßenbenutzungsgebühren auf die Verkehrsnachfrage

In einem Strukturmodell zur Analyse des Verkehrs ist die Verkehrsmenge differenziert nach verschiedenen charakteristischen Merkmalen zu zerlegen. Beispielsweise kann für verschiedene Fahrzeugklassen die Fahrtenhäufigkeit, Fahrtroute, Fahrziel und Startzeit ermittelt werden. Die Angabe der Verkehrsmenge kann entweder in der Anzahl der Fahrzeuge je Fahrzeugklasse oder als Fahrleistung in km je Fahrzeugklasse erfolgen. Die Angabe als Fahrleistung in km erscheint sinnvoll, sobald eine unterschiedlich lange Benutzung der Fernstraße mit mehreren Auf- und Abfahrten möglich ist. Die tatsächliche Struktur des Verkehrs und die Reaktion auf Straßenbenutzungsgebühren hängt dabei wesentlich vom Verhalten der Straßenbenutzer ab, welches durch die in Bild 5.7 angegebenen Faktoren bestimmt wird. Durch die Verschiedenartigkeit der Faktoren besteht die Schwierigkeit, das Verhalten vorauszubestimmen.

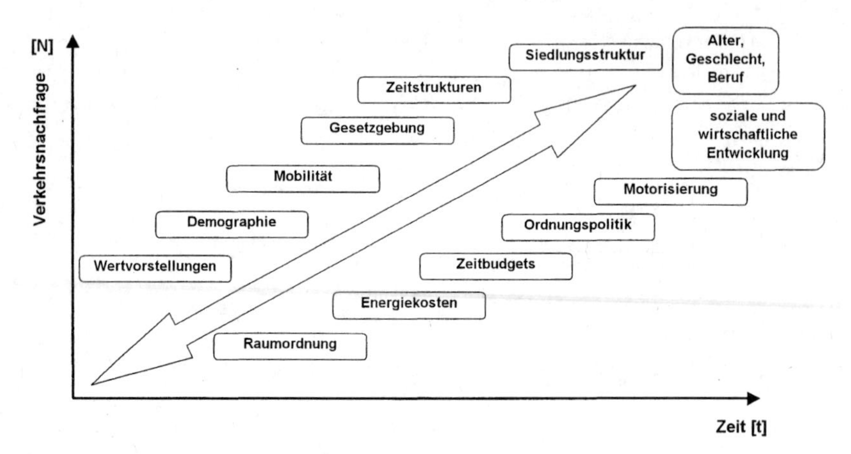

Bild 5.7 Einflussfaktoren auf die Verkehrsnachfrage

Mit Hilfe der in Kapitel 5.2.1.1 aufgeführten Prognosetechniken zur Informationsgewinnung kann schließlich die Wirkung von Straßenbenutzungsgebühren auf die Verkehrsnachfrage abgeschätzt werden.

Bei der Erfassung der gebührenbedingten Verkehrsnachfrageänderung kann zum einen die Ermittlung sogenannter Mautwiderstandsfunktionen, zum anderen die Erfassung von Preiselastizitäten weiterhelfen. Weder Mautwiderstandsfunktionen noch Preiselastizitäten sind in Deutschland bisher ermittelt worden(1). Auf beide Verfahren, die bisher in der Theorie nur in ersten groben Ansätzen entwickelt wurden(2), wird im Folgenden eingegangen, ohne jedoch die genaue Herleitung wiederzugeben. Deren Kenntnis ist für das Gesamtverständnis einer erlösorientierten Projektentwicklung von Fernstraßen von Vorteil.

5.2.2.2 Mautwiderstandsfunktion und Preiselastizität

Ein Ansatz, um die tatsächliche Zahl der Mautflüchtlinge und somit die effektive gebührenbedingte Verkehrsverdrängung zu erfassen, liegt in der Ermittlung einer sogenannten Mautwiderstandsfunktion, die das Verkehrsverhalten unter Mautbedingungen bestimmt. Aufgabe der Widerstandsfunktion ist es zu ermitteln, welche Faktoren wie stark das Verkehrsverhalten beeinflussen(3). Allgemein beschreibt die Widerstandsfunktion den funktionalen Zusammenhang

---

(1) vgl. Axhausen (1995), S. 123; Alfen (1999d), S. 6
(2) vgl. Ministerium für Umwelt und Verkehr Baden-Württemberg (1998), S. 69
(3) vgl. Umweltbundesamt (1999), S. 230

zwischen dem Auslastungsgrad einer Strecke und dem Widerstand, diese Strecke nicht zu befahren. Sie beschreibt damit die Tendenz des Verkehrsteilnehmers, eine stärker ausgelastete bzw. überlastete Strecke zugunsten einer geringer ausgelasteten zu meiden. Widerstandsfunktionen sind in erster Linie für unbemautete Streckenabschnitte entwickelt worden. Die Herleitung einer mautabhängigen Widerstandsfunktion verfolgt dabei den Effekt, einen Verkehrsteilnehmer zu prüfen, ob er bereit ist, eine Gebühr zu Gunsten eines zeitlichen und ökonomischen Vorteils zu bezahlen. Die Ermittlung der optimalen Gebührenhöhe und Struktur ist jedoch sehr schwierig, weil es verschiedene Nutzergruppen mit unterschiedlichen Fahrzwecken gibt, so dass die jeweiligen Zeitersparnisse als Anreiz, eine Gebühr zu bezahlen, unterschiedlich bewertet werden. Dadurch wird eine Differenzierung der Verkehrsteilnehmer nach verschiedenen Nutzergruppen mit unterschiedlichen Fahrzwecken notwendig, die gleichzeitig eine bestimmte Gebührendifferenzierung mit sich bringt. Wird rationales Verhalten beim Straßenbenutzer unterstellt, unterliegt die Gebühr permanent einem Wettbewerb mit der eigenen, in Geldeinheiten bewerteten Zeitersparnis. Diese ist je nach Verkehrsteilnehmer (Berufstätiger, Student, Rentner ...) oder Fahrzeugklasse (Pkw, Lkw, ...) verschieden. Die in der Literatur bisher genannten Zeitkostenansätze, die teilweise empirisch erfragt oder nur volkswirtschaftlich errechnet wurden, streuen sehr stark und sind in Bild 5.8 wiedergegeben[1].

	Fahrzweck	Tagespendler (privat)	privater Pkw-Verkehr (einschließlich Busse)	Personen-wirtschafts-verkehr	Güterschwer-verkehr
Makroökonomische Berechnung	minimaler Zeitkostensatz [DM/min]	0,06	0,08	0,42	0,76
Mikroökonomische Befragung	maximaler Zeitkostensatz [DM/min]	0,338	0,238	1,078	0,784

Bild 5.8 Zeitkostensätze in DM/min

Die starke Streuung belegt, dass daraus keine Allgemeingültigkeit abgeleitet werden darf. Als Zwischenergebnis ist festzuhalten, dass nur über eine gezielte Befragung der betroffenen Verkehrsteilnehmer vor Ort die tatsächliche Bereitschaft zur Bezahlung von Mautgebühren ermittelt werden kann.

Ein weiterer Ansatz, den gebührenbedingten Widerstand der Verkehrsteilnehmer zu ermitteln, ist die Bestimmung von Preiselastizitäten. Die Preiselastizität gibt an, um wieviel Prozent sich die Nachfrage ändert, wenn der Preis um ein

---

(1) vgl. Ministerium für Umwelt und Verkehr Baden-Württemberg (1998), S. 80

Prozent abweicht und alle anderen Randbedingungen konstant bleiben[1]. Die Preiselastizität einer Nachfrage ist meistens negativ, da eine Preiserhöhung einen Nachfragerückgang bewirkt, der zumindest beim Vorliegen eines Monopols auch empirisch zutrifft und in der negativ steigenden Preis-Absatz-Funktion in Bild 5.9 zum Ausdruck kommt.
Erfahrungen mit Preiselastizitäten liegen nur in Großstäden vor[2], in denen Road Pricing-Systeme zur Verkehrslenkung eingesetzt werden. Der durchschnittliche Rückgang des Verkehrs lag dort bei 5 bis 10 %. Simulationsmodelle für mittelgroße Städte in Deutschland gehen von 15 % aus[3].
Für Überlandstrecken wurden bisher kaum Preiselastizitäten ermittelt. Beispielsweise wurden für einige Strecken in den USA relativ geringe Preiselastizitäten von nur -0,09 bei Pkw und -0,05 bei schweren Lkw ermittelt, was häufig auch damit zusammenhängt, dass Sonderbauwerke wie Brücken und Tunnel alternative Strecken unattraktiv machen.
Abschließend muss auch hier festgestellt werden, dass keine allgemein gültigen Preiselastizitäten bekannt sind, die beliebig auf andere Streckenteile übertragen werden können. Eine Erhebung im Einzelfall scheint unverzichtbar, um entsprechende Tarifmodelle zur Erzielung maximaler Erlöse zu entwickeln.

5.2.2.3 Tarifmodelle

Tarifmodelle sind einfach und kundenfreundlich zu gestalten. Zu unterscheiden ist grundsätzlich zwischen "fahrleistungsunabhängigen" und "fahrleistungsabhängigen" Gebührentarifmodellen. Ziel bei der Entwicklung eines Tarifmodells ist es jeweils, für den Betreiber einen maximalen Gewinn, der sich aus der Kombination der jeweiligen Tarifhöhe und der Benutzeranzahl ergibt, bei gleichzeitig größtmöglichem Nutzen für den Fernstraßenbenutzer, gemessen an der individuellen Zeitersparnis pro Gebühreneinheit, zu erreichen. Somit liegt vereinfacht eine zweidimensionale Optimierungsaufgabe vor, deren Lösung zur "optimalen" Gebührenhöhe führt.

Die in der Mikroökonomie für derartige Problemlösungen vorgeschlagene Preis-Absatz-Funktion kann hier übertragen werden, da es sich zunächst um einen vollkommenen Markt mit zwei rational handelnden Marktteilnehmern und einer Monopolsituation handelt. Bild 5.9 zeigt den Verlauf einer Erlöskurve als Resultat der Preis-Absatz-Funktion in Abhängigkeit von der Gebührenhöhe je Fahrzeug.

---

(1) vgl. von Böventer (1989), S. 111; Wöhe (1996), S. 666;
(2) vgl. Axhausen, Jones (1991), S. 606 und die Ausführungen in Kapitel 6
(3) vgl. Zumkeller, Schwarzmann (1995), S. 4.5

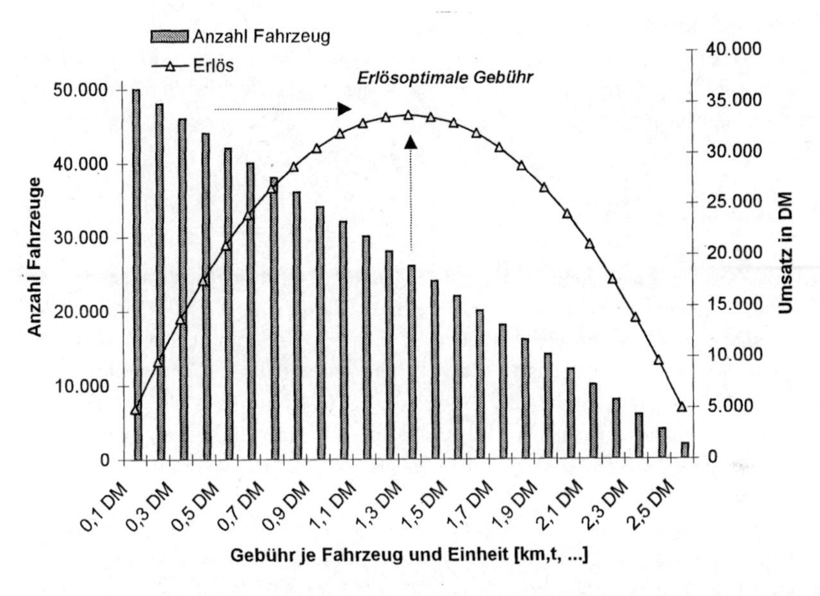

Bild 5.9 Preis-Absatz-Funktion zur Bestimmung der optimalen Gebührenhöhe

Durch eine geeignete Differenzierung der Verkehrsnachfrage- und Gebührenstruktur kann eine gezielte Preispolitik zum Optimum auf der Erlöskurve führen, ohne dass die Transparenz der Tarifstruktur verloren geht. Gemäß FStrPrivFinG können auch Tageszeit oder Gesamtgewicht eines Fahrzeuges im Mauttarif als Gestaltungsparameter Eingang finden. Auch die Verkehrsdichte oder der Besetzungsgrad der Fahrzeuge erlaubt Differenzierungsmöglichkeiten. Die Akzeptanz der Verkehrsteilnehmer ist jedoch nur dann gegeben, wenn vor Benutzung der Strecke Klarheit über die Gebühren besteht und der Verkehrsfluss bei der Abrechnung und Erfassung nicht gestört wird.

5.3 Praktische Erfahrungen mit der Verkehrsnachfrage unter Mautbedingungen

Um die Verkehrsnachfrage unter Mautbedingungen zu erfassen, ist auf Erfahrungen im Ausland zurückzugreifen, weil im Inland zum Zeitpunkt dieser Arbeit keine Straßenbenutzungsgebühren erhoben wurden. Eine Übersicht der in der EU und in Osteuropa erhobenen Straßenbenutzungsgebühren findet sich im folgenden Kapitel. Bei der Übertragung der dortigen Erfahrungen auf Deutschland sind vor allem die dortigen Besonderheiten und Randbedingungen des Straßenverkehrs zu berücksichtigen.

Die zum Teil sehr großen Unterschiede zu Deutschland, die z.B. in den Einkommensverhältnissen oder in der Mentalität der Straßenverkehrsteilnehmer bestehen, führen dazu, dass nur wenige Länder als Vergleichsmaßstab herangezogen werden können.

5.4 Zwischenergebnis

Für die Verbesserung der unternehmerischen Entscheidungsgrundlagen bei der Wirtschaftlichkeitsoptimierung von Betreibermodellen sind die bisher bekannten Prognosemethoden zur Verkehrsanalyse um eine Mautvariable zu erweitern. Zwar gehört die Prognose des Verkehrsaufkommens zu den traditionellen Aufgaben der Verkehrsanalytiker (z.B. bei der Aufstellung des Bundesverkehrswegeplans oder der Verkehrsentwicklungspläne für Länder und Kommunen), die Prognose des Verkehrsaufkommens unter Berücksichtigung der Mauterhebung ist jedoch noch unerforscht. Außerdem kann die Beantwortung der Frage nach der Verkehrsverdrängung nur projektspezifisch, z.B. durch Quantifizierung von Preiselastizitäten mittels Befragung potenzieller Nutzer, erfolgen. Der Einsatz von Marktforschungsmethoden kann ebenfalls dazu beitragen, die Prognosesicherheit zu verbessern. Dadurch wird die Erlösprognose im Hinblick auf Banken und Investoren nachvollziehbar und unternehmerisch belastbar.

6 Privatfinanzierte Fernstraßen im Ausland

In einigen Ländern im Ausland sind privat finanzierte Fernstraßen schon seit Jahren in Betrieb[1]. Die erfahrungsrelevanten Auslandsgebiete werden in Bild 6.1 dargestellt. Sie sind Gegenstand der folgenden Betrachtung.

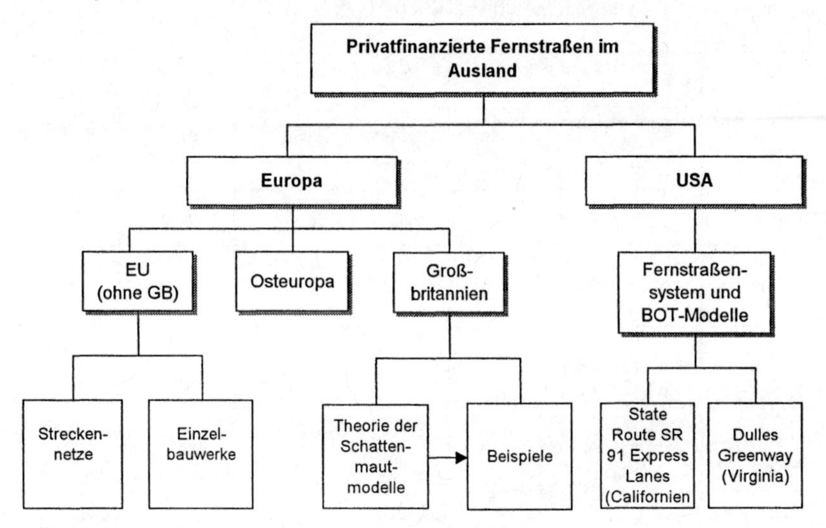

Bild 6.1 Erfahrungsrelevante Auslandsgebiete

Der Exkurs in die internationale Finanzierungs- und Organisationspraxis von privatfinanzierten Autobahnen zeigt Gemeinsamkeiten und Unterschiede zu Deutschland und hilft, Vor- und Nachteile der dortigen Strukturen zu erkennen. Der kurzen Übersicht über den europäischen Stand und den Perspektiven bei der privaten Organisation von Autobahnen folgt eine Betrachtung der Verhältnisse in den USA. Ziel ist die Ableitung von Konsequenzen für das Inland.

6.1 Stand und Perspektiven privatfinanzierter Fernstraßen in Europa

6.1.1 Europäische Union

Die in der Europäischen Union sowie in der Schweiz und Norwegen erhobenen Nutzergebühren für das übergeordnete Straßennetz sind in Bild 6.2 angegeben[2]. Fernstraßen ohne Nutzergebühren gibt es in den Mitgliedstaaten der EU nur in Finnland und Irland.

---

(1) vgl. McKay (1989), Berger (1995), Deutsche Bank Research (1994) u.a.
(2) vgl. Alfen (1999a), S. 16 f.

In Italien und Frankreich werden bereits seit 1955 die Bau-, Finanzierungs- und Erhaltungskosten der Fernstraßen über Mauteinnahmen finanziert. Für rund 80 % der Fernstraßen werden diese Gebühren erhoben(1). Allerdings zeigt sich, dass rein private Betreibermodelle mit absolut eigenständigen Entscheidungskompetenzen für alle Bereiche nicht verwirklicht sind.

Land	Gesamtnetz (km)			Davon mit Nutzergebühren (km)		Davon ohne Nutzergebühren (km)	
	Länge (km)	Dichte (km/tsd E)	(km/km²)	Vignette	Maut (A)	insges. (B)	Schattenmaut
Belgien	1.674	0,1650	0,0549	1.674 (1)	1,4 (2)	1.674	
Dänemark	880	0,1680	0,0200	880 (1)	Storebelt, Oresund	880	
Deutschland	11.300	0,1380	0,0316	11.300 (1)	Trave- und Warnow-querung (3)	11.300	
Finnland	431	0,0840	0,0013			431	70 (4)
Frankreich	8.070	0,1380	0,0150		6.768	ca. 1.300 (5)	
Griechenland	991	0,0940	0,0075		871	120	
Großbritannien/ Nordirland (UK)	3.270	0,0560	0,0133		Brücken u. Tunnel (6)	3.270	8 Projekte ca. 1,7 Mrd. DM (4)
Irland	80	0,0230	0,0011			80	
Italien	6.469	0,1130	0,0215		5.575	894	
Luxemburg	115	0,2800	0,0445	115 (1)			
Niederlande	2.360	0,1670	0,0573	2.360 (1)			
Österreich	1.724	0,2120	0,0206	1.359	179	186	
Portugal	727	0,0740	0,0079		601	(Staat) 126 (BRISA) 82	7 Projekte (4)
Schweden	1.330	0,1510	0,0030	1330(1)	Oresund	1.330	
Spanien	6.680	0,1680	0,0132		2.083	4.597	"ring" de Madrid
Norwegen	314	0,0722	0,0010		314 (7)		
Schweiz	1.594	0,2210	0,0386	1.594	Lkw-Maut		

A) Die km-Angabe aus [14]
B) Die km-Angabe aus [15]

1) Eurovignette für Lkw
2) Tunnel Liefkenshoek
3) Konzession vergeben
4) DBFO-Programm
5) zusätzlich 1200 km autobahnähnliche Stadtstraßen
6) z.B. Second Severn Crossing, Second Forth Crossing, Skye Crossing, Birmingham (NRR/WOR)
7) davon 44 km Brücken und 74 km Tunnel

Bild 6.2 Autobahnnetz und Benutzungsgebühren in der Europäischen Union (aus Alfen (1999a), Tabelle 1)

(1) vgl. Berger (1995), S. 17

6.1.1.1 Gebührenfinanzierte Streckennetze

In *Italien* betreiben derzeit 20 Autobahngesellschaften, alle in der Rechtsform einer AG, das Fernstraßennetz. Nur zwei davon sind in rein privater Hand. Die Hälfte der italienischen Autobahnkilometer werden von der Autostrada SpA betrieben, die zu 100 % dem Staatskonzern "Instituto per la reconstruzione industriale (IRI)" gehört. Die restlichen Autobahnkilometer werden von regionalen und lokalen Körperschaften des öffentlichen Rechts wie Sparkassen oder Gemeinden betrieben. Das Eigentum liegt also größtenteils in öffentlicher Hand. Damit handelt es sich um eine formelle Privatisierung. Geschäftsgrundlage zwischen Staat und privater Autobahngesellschaft ist jeweils ein Konzessionsvertrag für einzelne Strecken oder ganze Streckennetze. Die Mauttarife pro Kilometer weichen je nach Gesellschaft stark voneinander ab. Der Staat hat in den meisten Fällen ein Mitspracherecht bei der Festlegung der Gebührenhöhe. Er koordiniert die Aktivitäten der einzelnen Betreiber zentral.[(1)] Seit 1978 werden die Tarife in einen Konventionstarif und einen höheren Benutzertarif gespalten. Der Konventionstarif steht der jeweiligen Autobahngesellschaft zu, der darüber hinausgehende Benutzertarif wird in einen zentralen Garantiefonds eingezahlt, der illiquide Gesellschaften monetär unterstützt. Die italienischen Autobahnen werden von den Autobahngesellschaften primär mit Krediten finanziert, für die der Staat bürgt. Zu den Baukosten erhalten die Autobahngesellschaften außerdem 20 Prozent Anschubfinanzierung. Nachdem die eher restriktive Gebührenpolitik durch den Staat in den 70er Jahren zugunsten einer flexibleren und marktgerechteren Gebührenanpassung durch die Gesellschaften gewichen ist, erzielen die meisten Gesellschaften kostendeckende Ergebnisse[(2)].

Analoge Verhältnisse sind in *Frankreich* anzutreffen. Dort gibt es neun Autobahngesellschaften in der Rechtsform einer AG. Eine davon ist materiell privatisiert: Kreditinstitute, Finanzierungsgesellschaften und Bauunternehmen besitzen die Aktienmehrheit. Drei ehemals private Gesellschaften wurden aufgrund von Liquiditätsproblemen 1982 in gemischtwirtschaftliche Unternehmen, an denen Körperschaften des öffentlichen Rechts beteiligt sind, umgewandelt. Übergeordnet sorgt die Dachgesellschaft "Autoroutes de France" für einen Finanzausgleich zwischen den teilweise defizitären Gesellschaften. Die Tarife werden seit 1975 amtlich festgelegt und orientieren sich nicht an den Kostenfunktionen für Bau, Betrieb oder Erhaltung der einzelnen Gesellschaften. Die Finanzierung erfolgt über Anleihen auf dem Kapitalmarkt, für die der Staat bis zu 75 % bürgt. Der Rest der Finanzierung wird als staatlicher Vorschuss zinsfrei zur Verfügung gestellt.

---

(1) vgl. Ewers, Rodi (1995), S. 49 f.
(2) vgl. ebenda

Insgesamt arbeiteten die privaten Betreibergesellschaften, die erst später und deswegen unrentablere Strecken gebaut haben, in den 70er und 80er Jahren defizitär, die gemischtwirtschaftlichen Unternehmen dagegen erzielten Gewinne. Ähnliche Aussagen gelten für Spanien, Portugal und Griechenland.

6.1.1.2 Gebührenfinanzierte Sonderbauwerke

Neben Streckennetzen sind Ingenieurbauwerke wie Brücken[1] oder Tunnel[2] in vielen europäischen Ländern über Mauteinnahmen privatfinanziert, bei ansonsten gebührenfreier Nutzung der übrigen Streckennetze. Außerdem sind in einigen Ballungszentren wie Madrid oder Oslo Road Pricing-Systeme zur gezielten Lenkung der Verkehrsströme anzutreffen. Die Erfahrungen sowohl bei Einzelbauwerken wie auch Road Pricing-Systemen zeigen, dass eine den Zielen der Investoren entsprechende Wirtschaftlichkeit erreichbar ist[3].

6.1.2 Osteuropa

Im östlichen Europa, vor allem in Polen und Rumänien, sind ehrgeizige Mautautobahnprogramme von mehreren tausend Kilometern geplant. Einige dieser Strecken befinden sich bereits in der Ausschreibung bzw. Vergabe. Kroatien, Slowenien und Ungarn verfügen bereits über gebührenfinanzierte Fernstraßen. Stand und Perspektiven bezüglich Autobahnnetz und Benutzungsgebühren in Osteuropa zeigt Bild 6.3[4].

6.1.3 Zwischenergebnis Europa

Die Erfahrungen mit gebührenfinanzierten Autobahnen in Europa zeigen, dass nur wenig Autobahngesellschaften materiell privatisiert sind und deswegen auch nicht nach marktwirtschaftlichen Gesichtspunkten handeln können. Der öffentliche Einfluss auf die Tarif- und Geschäftspolitik ist hoch. Regional- und sozialpolitische Wohlfahrtsüberlegungen stehen über den Rentabilitätszielen

---

(1) z.B. die Vasco-da-Gama-Brücke (Portugal); Brücke über den Großen Belt und den Öresund (Dänemark, Schweden); Pont du Normandie (Frankreich)
(2) vgl. u.a. zahlreiche Tunnel in Österreich, Kanaltunnel Frankreich/Großbritannien
(3) vgl. internationale Erfahrungen mit Road Pricing: Axhausen, Jones (1991), S. 606 f.; Aring (1992), S. 620 f.; Keuchel (1992), S. 377 f.; Haag (1993), S. 13 f.; Rothengatter (1994), S. 425; Steierwald, Schade (1995), S. 1 ff.
(4) vgl. Alfen (1999a), S. 17

Land	Netzlänge [km]	davon mit Nutzergebühren		Perspektive bzgl. Maut
		Vignette [km]	Maut [km]	
Bulgarien	314			
Kroatien	400		400	weitere Mautstrecken sind vorgesehen
Polen	258			Mautprogramm mit 2000 km in der Ausschreibung bzw. Verhandlung
Rumänien	113		2 Brücken	Mautprogramm mit 3000 km geplant
Slowakei	215			
Slowenien	271		271	
Tschechien	423	423		Über Maut wird seit längerem nachgedacht
Ungarn	412		116	Mautprogramm mit 600 km in den nächsten 15 Jahren

Bild 6.3 Autobahnnetz und Benutzungsgebühren in Osteuropa (in Anlehnung an Alfen (1999a), Tabelle 2)

der Einzelgesellschaften. In allen Ländern wurde mit der Privatisierung lediglich für Finanzierungszwecke fehlendes Kapital mobilisiert, Effizienzverbesserungen bei der Organisation oder dem Autobahnmanagement waren nicht zielbestimmend. Die rein privaten Autobahngesellschaften schnitten im Vergleich mit staatlichen Autobahngesellschaften aufgrund schlechterer Kreditkonditionen, Baukostenzuschüsse, Sicherheiten und sonstigen Subventionen wirtschaftlich schlechter ab. Im Gegensatz zu (Kontinental-)Europa begünstigten in Großbritannien und den USA die gesetzlichen Rahmenbedingungen einen mehr marktwirtschaftlich orientierten privaten Fernstraßenbau. Mittlerweile sind erste privatfinanzierte Strecken und Ingenieurbauwerke in Betrieb. Diese Erfahrungen werden im Folgenden dargestellt.

6.2 Großbritannien(1)

Eine führende Stellung in Europa bei der Privatisierung besitzt Großbritannien. Bereits Ende der 70er Jahre wurden öffentliche Aufgaben auf private Unternehmen übertragen. Für das Straßenwesen war die Privatisierungsgrundlage der "New Roads and Street Works Act" von 1991. Erste Betreibermodelle wurden 1992 umgesetzt. Ziel war die effizientere Gestaltung der Zusammenarbeit zwischen privaten Unternehmen und öffentlichen Aufgabenträgern und die Beschaffung privaten Kapitals für die Erfüllung von Infrastrukturaufgaben. 1993 wurden ca. 1000 Projekte benannt, die privat finanziert werden sollten. Da keine Standardverträge vorlagen, wurden nur wenige davon realisiert.

(1) vgl. Jacob, Otto (1998), S.39 ff.

1996 wurde mit dem "Public Private Partnership Program" das Ziel verfolgt, private Finanzierungsmodelle auch auf kommunaler Ebene einzuführen. Der Durchbruch im Prozess der Privatisierung gelang 1997 mit der Einrichtung der Treasury Taskforce. Ihre Aufgabe war die Reduzierung zu hoher Ausschreibungskosten durch standardisierte Vorgehensweisen und Modellverträge. Ein hauptsächlich für Verkehrsprojekte geeigneter Mustervertrag ist der sogenannte DBFO-Vertrag (Design-build-finance-operate-Vertrag), der bei seiner Umsetzung zu zwei Arten von gebührenfinanzierten Fernstraßen führt: den Schattenmautmodellen ("Shadow-Toll-Projects") und den sich selbst tragenden Finanzierungsmodellen ohne öffentliche Zuschüsse ("Financial-free-standing-projects"). Bei beiden Finanzierungsmodellen handelt es sich um Varianten einer Projektfinanzierung, in denen Investoren und Betreibern direkt Marktrisiken übertragen werden(1).

6.2.1 DBFO-Vertrag

Grundlage der privaten Finanzierung von Fernstraßen in England ist der international übliche Design-Build-Finance-Operate-Vertrag (DBFO-Vertrag), der nach *funktionaler Ausschreibung* durch die Straßenbauverwaltung mit einem Konzessionsnehmer geschlossen wird, der damit das Recht erhält, einen Fernstraßenabschnitt zu planen, finanzieren, bauen und 30 Jahre lang zu betreiben. Erfolgskritisch ist, dass die anbietenden Bauunternehmen bereit und kompetent sind, Risiken zu beurteilen und einzugehen. Die dazu benötigten Fachkenntnisse ergeben sich aus den einzelnen Projektphasen. Bild 6.4 ordnet den Phasen die notwendigen Aufgaben zu.

Kernstück der funktionalen Ausschreibung ist das Verhandlungsverfahren, weil das Angebot des Bieters als Ergebnis einer Konzept- bzw. Projektentwicklung zu verstehen ist. Vorgegeben sind Trassenführung, Bauzeit und Querschnitte einzelner Streckenabschnitte unter Einhaltung einer genau definierten Zielqualität, festgelegt mit Normen, Standards und technischen Regelwerken. Ebenso sind die Erhaltungsaufgaben festgelegt. Die Vorfinanzierung hat der Bieter mit einer marktüblichen Projektfinanzierung zu erbringen. Zusatzvereinbarungen (Bonus-/Malusregelungen) für eine erhöhte Sicherheit oder Verfügbarkeit der Strecke, messbar in der Anzahl der Unfälle oder Häufigkeit von Straßensperrungen, sind denkbar.

Bei den Vergütungssystemen ist entweder eine direkte Gebührenerfassung beim Nutzer möglich oder es wird eine Pauschalgebühr erhoben.

---

(1) vgl. Backhaus, Köhl, Behrens (1997), S. 35

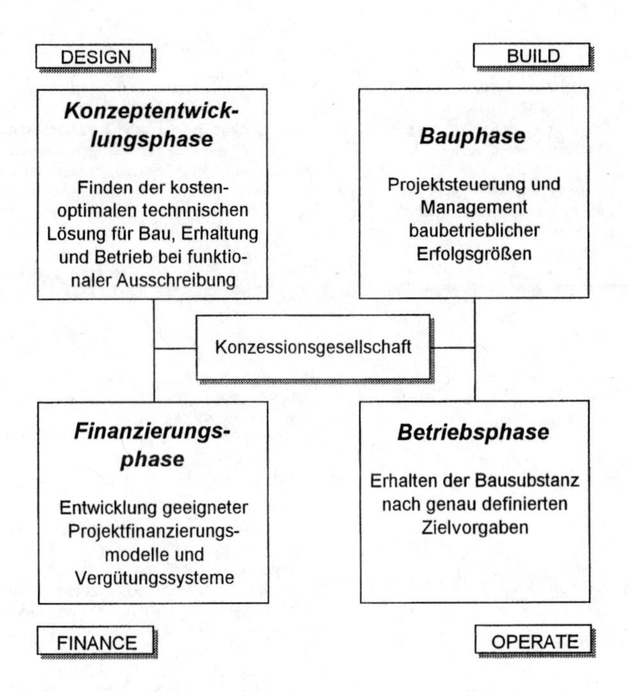

Bild 6.4 Projektphasen und Aufgaben im DBFO-Modell

6.2.2 Schattenmautmodell

Beim Schattenmautmodell erfolgt die Vergütung der Konzessionsgesellschaft durch den Staat, d.h. die Straßenbenutzungsgebühr wird direkt an den Investor bezahlt, ohne dass der Benutzer selbst verursachungsgerecht in Anspruch genommen wird. Bild 6.5 erläutert die Funktionsweise, Vergütung sowie das Gebührensystem und den Inhalt der DBFO-Verträge beim Schattenmautmodell.

Die Höhe der Zahlungen richtet sich nach dem Verkehrsaufkommen, das sowohl vom Betreiber als auch von den Straßenbauverwaltungen gemessen wird. Die Refinanzierung erfolgt aus Steuereinnahmen. Vorteil bei dieser Art der Gebührenfinanzierung ist, dass es zu keiner Verdrängung des Verkehrs auf Nebenstraßen kommt, so dass die gebührenbedingte Verkehrsverdrängung, wie in Kapitel 5 beschrieben, bei der Erlösprognose nicht zu berücksichtigen ist, wodurch die Ertragssicherheit steigt. Dennoch liegt auch hier bei der Erlösbestimmung ein hohes Risiko, das durch die Konstruktion intelligenter Vergütungsmodelle mini-

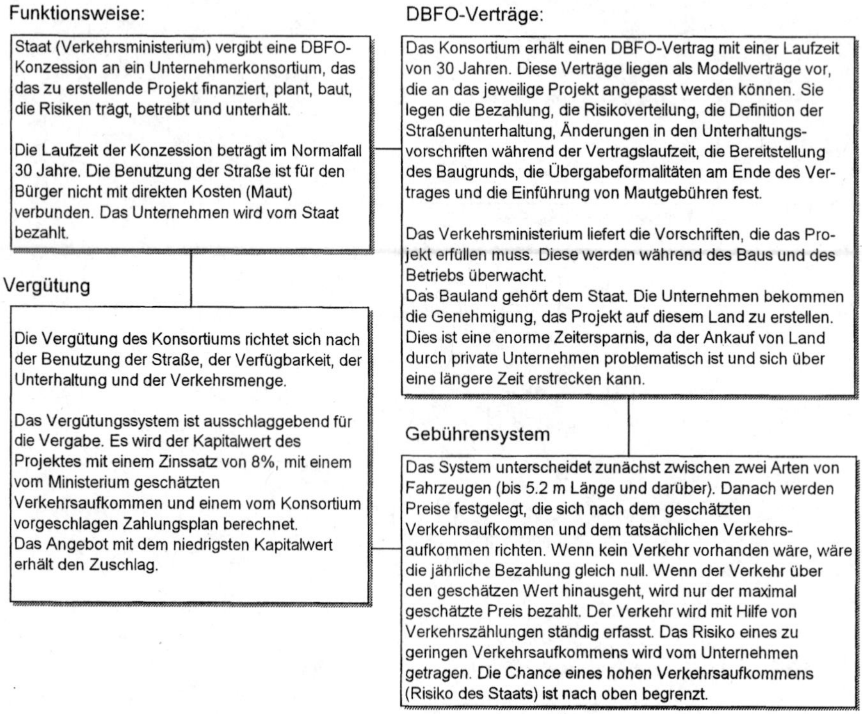

Funktionsweise:

Staat (Verkehrsministerium) vergibt eine DBFO-Konzession an ein Unternehmerkonsortium, das das zu erstellende Projekt finanziert, plant, baut, die Risiken trägt, betreibt und unterhält.

Die Laufzeit der Konzession beträgt im Normalfall 30 Jahre. Die Benutzung der Straße ist für den Bürger nicht mit direkten Kosten (Maut) verbunden. Das Unternehmen wird vom Staat bezahlt.

Vergütung

Die Vergütung des Konsortiums richtet sich nach der Benutzung der Straße, der Verfügbarkeit, der Unterhaltung und der Verkehrsmenge.

Das Vergütungssystem ist ausschlaggebend für die Vergabe. Es wird der Kapitalwert des Projektes mit einem Zinssatz von 8%, mit einem vom Ministerium geschätzten Verkehrsaufkommen und einem vom Konsortium vorgeschlagen Zahlungsplan berechnet.
Das Angebot mit dem niedrigsten Kapitalwert erhält den Zuschlag.

DBFO-Verträge:

Das Konsortium erhält einen DBFO-Vertrag mit einer Laufzeit von 30 Jahren. Diese Verträge liegen als Modellverträge vor, die an das jeweilige Projekt angepasst werden können. Sie legen die Bezahlung, die Risikoverteilung, die Definition der Straßenunterhaltung, Änderungen in den Unterhaltungsvorschriften während der Vertragslaufzeit, die Bereitstellung des Baugrunds, die Übergabeformalitäten am Ende des Vertrages und die Einführung von Mautgebühren fest.

Das Verkehrsministerium liefert die Vorschriften, die das Projekt erfüllen muss. Diese werden während des Baus und des Betriebs überwacht.
Das Bauland gehört dem Staat. Die Unternehmen bekommen die Genehmigung, das Projekt auf diesem Land zu erstellen. Dies ist eine enorme Zeitersparnis, da der Ankauf von Land durch private Unternehmen problematisch ist und sich über eine längere Zeit erstrecken kann.

Gebührensystem

Das System unterscheidet zunächst zwischen zwei Arten von Fahrzeugen (bis 5.2 m Länge und darüber). Danach werden Preise festgelegt, die sich nach dem geschätzten Verkehrsaufkommen und dem tatsächlichen Verkehrsaufkommen richten. Wenn kein Verkehr vorhanden wäre, wäre die jährliche Bezahlung gleich null. Wenn der Verkehr über den geschätzen Wert hinausgeht, wird nur der maximal geschätzte Preis bezahlt. Der Verkehr wird mit Hilfe von Verkehrszählungen ständig erfasst. Das Risiko eines zu geringen Verkehrsaufkommens wird vom Unternehmen getragen. Die Chance eines hohen Verkehrsaufkommens (Risiko des Staats) ist nach oben begrenzt.

Bild 6.5 Schattenmautmodell

miert werden kann. Grundlage für eine beanspruchungsabhängige Vergütung[1] sind zum einen die erwarteten Kosten für Bau, Betrieb, Erhaltung und Finanzierung im Vertragszeitraum, zum anderen das erwartete Verkehrsaufkommen für verschiedene Fahrzeugkategorien. Auf dieser Grundlage lassen sich dann z.B. über die Äquivalenzziffernkalkulation die Einheitspreise pro Fahrzeug und Kilometer kalkulieren. Für bestimmte Verkehrsmengen, die sich innerhalb gewisser Bandbreiten bewegen, werden Staffelpreise festgelegt. Im DBFO-Modell ist eine Kappung der Vergütung nach oben und keine Mindestvergütung vorgesehen, so dass das Vermarktungsrisiko tatsächlich bei der Betreibergesellschaft liegt. Bild 6.6 zeigt für unterschiedliche Bandbreiten und Szenarien die Gesamtvergütung pro Jahr der Betreibergesellschaft. Als Obergrenze legt die Straßenbauverwaltung 9 Mio GBP fest, im schlechtesten Fall ist theoretisch auch von einem Nullsummenfall auszugehen. Aufgrund dieser Erlösrestriktion ist bisher nur ein Fernstraßenprojekt, die Verbindungsstraße A69 von Newcastle nach

(1) vgl. Wagner (1998), S. 19

Carlisle, als Schattenmautmodell realisiert worden[1].
Vorteilhaft beim Schattenmautmodell ist neben der schnellen Verfügbarkeit von Projekten ("Einkaufen von Zeit"), dass keine Widerstände unter den Nutzern zu erwarten sind und die Verkehrsverteilung dem individuellen Nutzen entspricht. Da jedoch das öffentliche Budget nicht entlastet wird, kann die Schattenmaut nur ein Übergangsmodell sein. Das Schattenmautmodell entspricht dem Grunde nach einem Vorfinanzierungsmodell. Das Ziel, eine nachhaltige Entlastung der öffentlichen Haushalte zu erreichen, wird jedoch verfehlt. Um die Finanzierbarkeit von Fernstraßen auch in Zukunft sicherzustellen, wurde in Großbritannien bereits bei vier Projekten die Gebührenerfassung direkt beim Nutzer eingeführt.

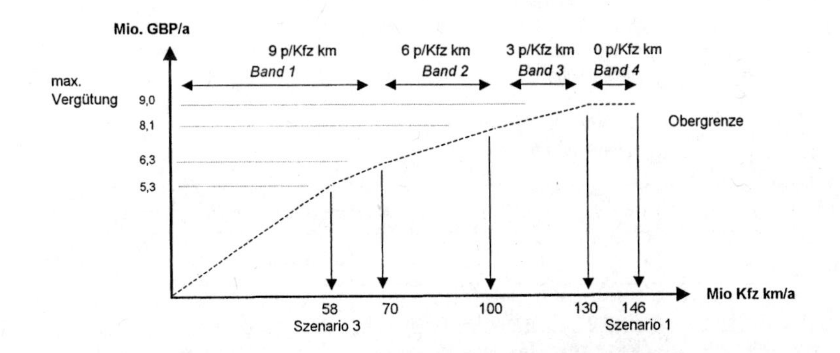

Bandbreite für Verkehrsmenge	Millionen Kfz-km/a	Shadow Toll pro Kfz-km	Gesamtvergütung je Bandbreite für unterschiedliche Szenarien: hoch [Szenario 1]	mittel	niedrig [Szenario 3]
1	0 bis 70	9p	6.3	6.3	5.3
2	70 bis 100	6p	1.8	1.1	0
3	100 bis 130	3p	0.9	0	0
4	über 130	0p	0	0	0
Gesamtvergütung (Mio GBP/a)			9.0	7.4	5.3

Bild 6.6 Vergütung im Schattenmautmodell in Großbritannien (vgl. Wagner (1998), S. 19)

6.2.3 Realisierte Betreibermodelle für Fernstraßen

Derzeit existieren drei privatfinanzierte Brücken, die unter Verkehr sind. Ein weiteres Vorhaben, die Umfahrung Birmingham, wird voraussichtlich 2001 fertiggestellt. Bild 6.7 fasst die Besonderheiten dieser vier Vorhaben zusammen.

(1) vgl. Jacob, Otto (1998), S. 59

	I	II
Projekt:	**Third Dartford-Thurrock Crossing**	**Second Severn Crossing**
Beschreibung:	2,7 km lange Brücke über den Fluss Themse, östlich von London	5 km lange Brücke, die England und Südwales verbindet.
Konsortium:	Dartford River Crossing Ltd.	Second River Crossing PLC
Planungsanfang:	1985	1984/1989(Ausschreibung)
Baubeginn	1988	1992
Fertigstellung:	1991 Innerhalb der geschätzten Kosten und des Zeitrahmens	1996 Kosten 380 Mio. Pfund, im Zeitrahmen.
Besonderheiten:	- Dartford-Thurrock Crossing Act - Vorhandene Tunnels mußten mit 43 Mio. Pfund Schulden übernommen werden. - Verkehrsaufkommen ist so groß, dass die Baukosten durch die Maut schon neun Jahre nach Brückenöffnung eingenommen sein werden - var. Vertragslaufzeit max. 20 Jahre - Tunnels müssen betrieben und unterhalten werden	- Severn Bridges Act - Vorhandene Brücke mit 122 Mio. Pfund Schulden musste übernommen werden - Analyse der Angebote von DoT und WestLB - Kontrolle der Maut durch Staat - Staat wird verpflichtet, einen Autobahnanschluss zu schaffen.

	III	IV
Projekt:	**Skye Bridge**	**Birmingham Northern Relief Road**
Beschreibung:	Verbindung der Insel Skye mit dem Festland im Nordwesten Schottlands	Umfahrung von Birmingham (Parallelroute zur M6)
Konsortium:	Miller-Dywidag	Midland Expressway Ltd.
Planungsanfang:	1985	1989
Baubeginn	1992	1998
Fertigstellung:	1995 23 Mio. Pfund, innerhalb des Zeitrahmens	2001
Besonderheiten:	- Erstes privatfinanziertes Verkehrsinfrastrukturprojekt. - Vorher nur Fährverbindung zum Festland - Vertrag mit 27 Jahren Laufzeit - Erhöhtes Verkehrsaufkommen	- Erstes finanziell eigenständiges Mautstraßenprojekt. - Vertrag mit 53 Jahren Laufzeit - Keine staatl. Regulierung der Maut - 110.000 Fahrzeuge/Tag

Bild 6.7 Realisierte Betreibermodelle in Großbritannien

Grundlage für alle Projekte ist der "New Roads and Street Works Act" von 1991. Eine staatliche Regulierung der Maut ist darin nur für Brücken, nicht für Fernstraßen vorgesehen. Dementsprechend ist nur die Stadtumfahrung Birmingham ein finanziell und wirtschaftlich eigenständiges Projekt ohne staatliche Regulierung der Gebühren. Bei allen Vorhaben unter Verkehr zeigt sich, dass Bauzeit und Baukosten eingehalten wurden. Die Entwicklung der Verkehrsmengen ist günstiger als prognostiziert. Die Amortisation der Investition wird innerhalb der Konzessionslaufzeit erreicht. Insgesamt ist in allen Fällen ein wirtschaftlicher Erfolg für die Betreiber festzustellen[1].

6.2.4 Zwischenergebnis Großbritannien

Zusammenfassend sind folgende Erfolgsfaktoren bei o.g. Projekten zu nennen:

- Mittelpunkt der Ausschreibung ist ein flexibler Mustervertrag, der die Risikoverteilung vorher festlegt.
- Dadurch bestehen klare Ausschreibungsverhältnisse, durch die im Vorfeld eine grobe Risikoabschätzung durch die Bieter möglich wird.
- Ein standardisierter und effizienter Auswahlprozess der Bieter durch ein Präqualifikationsverfahren spart bei Bietern und öffentlicher Hand hohe Vertragsentstehungskosten.
- Klare Vorgaben und strenger Wettbewerb in der Betriebsphase.
- Hohe Tarifgestaltungsautonomie.
- Privatisierungsfreundliche Rahmenbedingungen im Straßenwesen.

6.3 Privatfinanzierte Fernstraßen in den USA

6.3.1 Aufbau und Zuständigkeiten

Hinsichtlich der Organisation des Autobahnsystems ist die Situation in den USA mit der in Deutschland aufgrund der föderalen Verwaltungsstruktur beider Länder vergleichbar[2]. Auf nationaler Ebene bestimmt das "United States Department of Transportation" die Richtlinien der übergeordneten Verkehrspolitik. Für die Planung des Fernstraßennetzes und die Verteilung der Bundesmittel auf die einzelnen Staaten ist die Federal Highway Administration als Bundesbehörde zuständig. Darunter befinden sich auf Ebene der Bundesstaaten die State Departments of Transportation und auf lokaler Ebene die Bezirksverwaltungen als County Authorities, die den Bau und Betrieb sowie die Erhaltung der Fernstraßen in "Auftragsverwaltung" übernehmen[3].

Der Bund übernimmt die Finanzierungsaufgabe, übt Dienstaufsichtsfunktionen aus und ist gleichzeitig Eigentümer der Fernstraßen. Die projektspezifische Bearbeitung beim Bau der Highways übernimmt die öffentlich Hand, die private Ingenieurbüros mit einbindet. Die Vergabe der Bauleistung erfolgt nach einem Bieterwettbewerb.

---

(1) vgl. Jacob, Otto (1998), S. 83
(2) vgl. Berger (1995), S. 20 f.; Berger (1996), S. 11 ff. sowie Reinhold (1996), S. 29 ff.
(3) vgl. Luberoff (1997), o.S.

6.3.2 Finanzierung von Fernstraßen

Das Straßennetz der USA umfasst 6,2 Mio km und gliedert sich in National-, Bundesstaats-, Bezirks- und Lokalstraßen. Mit abnehmendem Klassifizierungsgrad sinkt der Anteil der Bundesmittel für die Finanzierung. Teil des Straßennetzes ist das 1996 fertiggestellte Interstate System, das 72.000 km Fernstraßen umfasst und die Großstädte der USA durch autobahnähnliche "Freeways" verbindet. Trotz der geringen Länge (1 % des gesamten Straßennetzes) trägt das Interstate System 22 % des gesamten Verkehrs[1]. Mit Vollendung des Interstate Systems wurde eine Gesetzesvorlage über das National Highway System (NHS) verabschiedet. Dort wurden 256.000 km als besonders wichtig für die USA eingestuft. Diese Straßen repräsentieren zwar nur 4 % aller Highways, tragen aber 75 % des Fernlastverkehrs und 40 % des Kfz-Reiseverkehrs.

Neben dem NHS finanziert der Bund weitere 1,25 Mio km Straßen, die im Federal-Aid-System zusammengefasst sind. Das Federal-Aid-System beinhaltet die wichtigsten Straßen mit dem höchsten Verkehrsaufkommen, darunter auch das NHS[2]. Finanziert wird das Federal-Aid-System aus Mitteln des Hihgway Trust Funds (HTF), der 1956 gegründet wurde und sich durch Steuereinnahmen aus dem Verkauf von Lkw, Lkw-Reifen, einer gewichtsabhängigen Lkw-Steuer und der Mineralölsteuer von 9 Pf/l finanziert. Die Mineralölsteuereinnahmen finanzieren allein 81 % des Highway Trust Funds[3]. In den 90er Jahren führte eine mehrjährige Rezession sowohl beim Bund als auch in den Bundesstaaten zu sinkenden Steuereinnahmen und Haushaltsdefiziten. Dadurch ergaben sich Finanzierungslücken im Fernstraßenbau, obwohl gleichzeitig die Verkehrsmenge stark anstieg. Da 90 % der Investitionen in Fernstraßen vom Bund zu finanzieren sind, begünstigte dies ab 1991 die Gebührenfinanzierung von Fernstraßen, obwohl bei einzelnen Ingenieurbauten seit dem 18 Jh. Benutzergebühren erhoben werden[4].

6.3.3 Ausgewählte Betreibermodelle

Bei den zur Anwendung gekommenen privaten Finanzierungs- und Organisationsmodellen handelt es sich um Build-Operate-Transfer- (BOT-) Modelle in unterschiedlichen Varianten, die in Kapitel 7 näher beschrieben werden. Hierbei baut ein Konzessionär eine Autobahn und betreibt diese 30 bis 35 Jahre. Der Staat behält das Eigentum an der Autobahn. Grundlage für die Refinanzierung

---

(1) vgl. Ullmann (1989), S.9, Roth (1997), S.10; Roth (1996), S. 110
(2) vgl. Lockwood (1995), S. 6 ff.
(3) vgl. Ullmann (1989), S. 9 und Roth (1996), S. 109
(4) vgl. Erbach (1997), S. 154

ist ein Gebührenmodell, das von prognostizierten Kosten ausgeht und einen bestimmten maximalen diskontierten Gewinn zulässt, der sich aus dem Cash-Flow ableitet. Dadurch entstehen Anreize, kostengünstige Bau- und Betriebsformen anzubieten. Der Cash-Flow ist die zentrale Steuerungsgröße. Bild 6.8 zeigt die wichtigsten Eckpunkte der zwei bisher realisierten Projekte im Vergleich.

	I	II
	Dulles Greenway, Virgina	State Route SR 91 Express Lanes Orange County Californien
Projektart	Anschlußstrecke Flughafen Dulles	Verbindungsstrecke zwischen Los Angeles und den Vororten
Länge	22,4 km	16,0 km
Bauzeit	1993 - 1995	1993 - 1995
Investitionskosten	326 Mio. US-$	126 Mio. US-$
Besonderheiten	- Baukostenexplosion - ungeklärter Landerwerb - 21 % Planungskosten - Alternativrouten vorhanden - lange Vorlaufzeit	- Gewinnbegrenzung auf 17 % ROI - Gebührenautonomie - 5 % Planungskosten - BTO - Modell - Pauschalvertrag
DTV	40.000 Fahrzeuge	29.000 Fahrzeuge
Konzessionszeit	wurde von 35 auf 42 Jahre verlängert	35 Jahre
Gebühren	7,8 Cents pro km	variabel zwischen 0,5 - 2,75 US-$ je nach Wochentag und Zeit

Bild 6.8 Gebührenfinanzierte Fernstraßen in den USA

In beiden Projekten beschränkte sich die Rolle des Staates auf die Ausübung des Hoheitsrechtes zur Beschaffung des Baugeländes. Reguliert sind Sicherheitsvorschriften und Baustandards. Im Virginia Modell (Dulles Greenway) sind die *Mautgebühren* nach oben begrenzt, im California Modell (*SR*-91 Express Lanes) ist der *Return on Investment* nach oben festgelegt(1).

6.3.3.1 Dulles Greenway, Virginia(2)

Der Dulles Greenway ist eine private Zubringerstraße zum Washington Airport. Sie schließt an eine staatliche Mautstraße an und führt in ein derzeit noch dünn besiedeltes Gebiet. Parallel dazu besteht eine gebührenfreie Alternativroute. Erste Kostenschätzungen von 1986 lagen weit unter den tatsächlichen

---

(1) vgl. Lockwood (1995), S. 15 f.
(2) vgl. Gomez-Ibanez, Meyer (1993); S. 180, Samuel (1995), S. 57 f.; Pfeffer (1997), S. 173

Baukosten nach Fertigstellung. Ursachen waren neue Umweltauflagen in der Planungsphase, Planänderungen wegen veränderter Trassenführungen aufgrund von Einsprüchen der Anlieger und zeitlich verzögerter Landerwerb. Dadurch war die Kapitalbeschaffung deutlich schwieriger als erwartet. Nach Abschluss einer siebenjährigen Vorlaufphase und extrem hohen Planungskosten von 21 % der gesamten Projektsumme konnte die Bauzeit jedoch um 6 Monate unterschritten werden. Aufgrund der kostenlosen Konkurrenzroute wurde das angestrebte Verkehrsaufkommen von 60.000 Fahrzeugen/Tag um 20.000 Fahrzeuge/Tag unterschritten. Daraufhin musste die Konzessionslaufzeit von 35 auf 42 Jahre verlängert und die Mautgebühr um 25 % erhöht werden. Eine Preissenkung wurde nicht in Erwägung gezogen. Insgesamt ist ein hohes Maß an Unwirtschaftlichkeit sichtbar. Zwei Jahre nach Betriebsbeginn war die Betreibergesellschaft in Zahlungsschwierigkeiten und musste Zinszahlungen aussetzen. Folgende Ursachen werden genannt:

- Zum Zeitpunkt der Vertragsunterzeichung wurde die Betreibergesellschaft rechtlich den öffentlichen Versorgungsbetrieben zugeordnet. Die für diese Betriebe geltenden Vorschriften verhindern eine effiziente Planung und Umsetzung.
- Regulierungsvorschriften lösten eine bürokratische und wenig marktgerechte Preisanpassung aus, die nicht flexibel genug ist.
- Eine Konkurrenztrasse reduzierte das Verkehrsaufkommen erheblich.

6.3.3.2 State Route SR-91 Express Lanes Orange County, Californien[1]

Die SR-91 umfasst vier gebührenpflichtige Spuren im bisher ungenutzten Mittelstreifen des vorhandenen gebührenfreien Freeways. Bau, Betrieb und Erhaltung werden allein aus den Benutzergebühren finanziert. Der Preis liegt je nach Jahres-/Tageszeit, Wochentag und Verkehrsaufkommen bei 0,50 bis 2,75 US-$. Durch das differenzierte Gebührenmodell lässt sich der Cash-Flow und das Verkehrsvolumen gezielt beeinflussen. Die kalkulierten Baukosten von 126 Mio. US-$ wurden ohne öffentliche Mittel aufgebracht und eingehalten. Die Baumaßnahmen dauerten 13 Monate weniger, als in einer ersten Studie von der Bundesverwaltung vorausgesagt. Um Autofahrer zu umweltbewussten Fahrverhalten zu bewegen, werden Fahrzeuge mit mehr als drei Fahrgästen gebührenbefreit. Aufgabe der Betreibergesellschaft ist es, neben der Instandhaltung auch den Polizeidienst zu organisieren. Zur Überwachung der Einhaltung von Verkehrsbestimmungen gibt es mit der staatlichen Autobahnpolizei Vereinbarungen.

---

(1) vgl. Cofiroute (1998), S. 1 ff., Baily (1998), S. A-3; Pfeffer (1997), S. 173; Peratta (195), S. 51 f.; Rohrbough (1993), S. 1; Samuel (1995), S. 59; Schriener und Green (1993), S. 9 u.a.

Die Betreibergesellschaft firmiert als Kommanditgesellschaft mit zwei örtlichen Bauunternehmen und einem französischen Autobahnbetreiber. Die Gesellschafter bringen 15 % des Gesamtkapitals als Eigenkapital auf, der Rest wird mit Fremdkapital finanziert. Machbarkeitsstudien, Rechtsanwälte und Consulting kosteten 7 Millionen US-$ und wurden vor Baubeginn von der öffentlichen Hand bezahlt. Nach Betriebsbeginn wird dies zurückbezahlt.
Der Return on Investment ist auf 17 % begrenzt, lässt sich aber steigern, wenn die Unfallrate geringer als der Durchschnitt ist. Einnahmen, die darüber liegen, müssen an den Staat abgeführt werden. Zur vollautomatischen Gebührenerfassung waren bereits zwei Monate nach Betriebsbeginn 30.000 Transponder, die unter der Windschutzscheibe befestigt sind, verkauft. Die Gewinnschwelle liegt bei 40.000 Fahrzeugen und war zwei Jahre nach Betriebsbeginn erreicht.

6.3.4 Zwischenergebnis USA

Im Gegensatz zum Dulles Greenway, der als unrentabel eingestuft werden muss, ist beim SR-91 Express-Lanes Projekt eine hohe Rentabilität festzustellen. Ursächlich sind folgende bisher einmaligen Neuerungen:

- Gezielte Öffentlichkeitsarbeit durch Markteting in Rundfunk und Printmedien führt zur Akzeptanz gebührenpflichtiger Straßen(1).
- Differenziertes Tarif- und Rabattmodell unter Berücksichtigung von Tageszeit und Verkehrsaufkommen ("Congestion pricing").
- Vollautomatische Gebührenabbuchung bei Beibehaltung einer Reisegeschwindigkeit von 100 km/h und Verzicht auf Mautstationen. Die Gebühren werden vom Transponder direkt abgebucht. Benutzer- und Fahrzeugdaten brauchen nicht gespeichert zu werden. Dies führt zu geringen Betriebskosten. Datenschutzprobleme bestehen nicht(2).
- Interdisziplinäre Betreibergesellschaft
- Im Finanzierungsbereich hat sich die Projektfinanzierung mit verschiedenen Varianten der BOT-Modelle als ideal erwiesen, weil Erfordernisse der Gesellschafter und des Projekts Berücksichtigung finden.

Es zeigt sich, dass das Verkehrsaufkommen der wichtigste Erfolgsfaktor in Betreibermodellen ist und gerade bei neuen Bauwerken hohe Prognoseunsicherheiten bestehen. Bisher wurden keine weiteren rein privaten Projekte umgesetzt. Neue Betreibermodelle gibt es nur bei Brücken, Tunnel sowie bei einer Übernahme bestehender Fernstraßen, da dort keine Ausweich- und Konkurrenzprojekte existieren, so dass das Verkehrsaufkommen genau angegeben werden kann(3).

---

(1) vgl. Fixler (1987), S. 115 f.
(2) vgl. Pool (1996), S. 7 und Semmens (1987), S. 24 f.
(3) vgl. Lockwood (1995), S. 5 ff.

6.4 Schlussfolgerungen für private Finanzierungs- und Organisationsmodelle in Deutschland

Die Auswertung der Erfahrungen im Ausland mit privatfinanzierten Fernstraßen führt zu unterschiedlichen Ergebnissen. In Europa führte die Streckennetzprivatisierung aus Sicht der Investoren und Betreiber meist zu negativen wirtschaftlichen Ergebnissen. Die Gebühreneinnahmen deckten zwar generell die Kosten für Betrieb, Unterhaltung und Erhebung ab, sie reichten jedoch nicht zur Kapitaltilgung und -verzinsung aus. Fehlbeträge wurden mit staatlichen Zuschüssen aufgrund öffentlicher Garantien ausgeglichen. Fehlten weitere Mittel, wurden private Gesellschaften in gemischtwirtschaftliche Unternehmen umgewandelt. Die heute bestehenden rein privaten Autobahngesellschaften gehören Bauunternehmen und Kreditinstituten. Um aus diesen Erfahrungen zu lernen, sind die Ursachen für Fehlentwicklungen zu analysieren. Diese lassen sich wie folgt zusammenfassen:

- Mangelnde Autonomie der Autobahngesellschaften, insbesondere bei der Gestaltung der Tarifstruktur und -höhe ohne Berücksichtigung betriebswirtschaftlicher Erfordernisse.
- Die ersten privatfinanzierten Autobahnen wurden in Zeiten errichtet, in denen die Massenmotorisierung erst am Anfang stand.
- Unzureichendes Verkehrsaufkommen, das den Prognosen nicht entsprach und somit die Ertragsseite nicht zur Gewinnerzielung ausreichte.
- Hohe Bau- und Finanzierungskosten in Inflations- und Hochzinsphasen während den 70er und 80er Jahren.
- Veraltete Erhebungstechniken mit zu hohen operativen Kosten.

Aus dieser Analyse ergeben sich für Deutschland folgende Erkenntnisse:

- Keine staatlichen Eingriffe bei der Tarifgestaltung.
- Differenzierte und intelligente Gebührenmodelle mit flexiblen und marktwirtschaftlichen Preisanpassungsmechanismen.
- Elektronische Gebührenerhebungs- und Abrechnungssysteme sind notwendig.
- Die laufenden Kosten für den Betrieb lassen sich problemlos erwirtschaften, dagegen sind die Kapitalkosten (Abschreibung und Verzinsung) in der Regel nur zum Teil zu bedienen.
- Eine hohe Verkehrsdichte begünstigt die Ertragsaussichten. Konkurrenzstrecken gefährden den Erfolg.
- Investitionen und Betriebskosten müssen in einer genauen Projektstudie erfasst und das Risiko ermittelt werden. Der Cash-Flow ist dabei die wichtigste Steuerungsgröße für den Erfolg.
- Standardisierte Musterverträge helfen, Betreibermodelle rasch umzusetzen. Sie reduzieren hohe Vertragsanbahnungskosten.

7 Private Finanzierungs- und Organisationsmodelle zum Bau und Betrieb von Fernstraßen

7.1 Begriffsfestlegungen

Nach der Grundlagenermittlung und Analyse der Verkehrsnachfrage in Stufe 1 und 2 werden in Stufe 3 im Rahmen des in Bild 4.6 vorgeschlagenen Projektentwicklungsprozesses Finanzierungs- und Organisationsmodelle auf ihre Eignung für Fernstraßen gemäß FStrPrivFinG untersucht.

Oft werden in diesem Zusammenhang die Begriffe "Betreiber- und/oder Konzessionsmodell" gleichermaßen verwendet. Eine einheitliche Begriffsdefinition und -abgrenzung ist weder in der Literatur noch in der Praxis bekannt(1). Eine Abgrenzung erfolgt deswegen in Kapitel 7.3.1 und 7.3.2. Hinzu kommt, dass die Begriffe "Betreiber- und Konzessionsmodell" mehrfach belegt sind(2). Meistens werden Betreiber- und Konzessionsmodelle auf kommunaler Ebene in den Städten und Gemeinden mit privaten Unternehmen gemeinsam für ein bestimmtes Projekt gegründet, deren Aufgabe die Durchführung und der Betrieb einer kommunalen Einrichtung ist(3). Betreiber- und Konzessionsmodelle auf Bundesebene sind bisher die Ausnahme. Aus Gründen einer konsistenten Begriffsverwendung wird hier jedoch nicht auf die Definition, wie sie auf kommunaler Ebene für gemischtwirtschaftliche Betreiber- und Konzessionsmodelle üblich ist, zurückgegriffen, sondern eine selbstständige, für Fernstraßen geeignete Definition wie folgt vorgenommen:
Betreiber- und Konzessionsmodelle für Fernstraßen gemäß FStrPrivFinG haben die Aufgabe, die konkrete Gestaltung der Aufgabenverteilung von Betrieb und Besitz organisatorisch zu regeln. Durch die Gründung einer Betreiber- oder Konzessionsgesellschaft ist der gesamte Prozess der privaten Projektentwicklung (Stufenkonzeption) von Fernstraßen zu finanzieren, d.h. eine jederzeit ausreichende Kapital- und Liquiditätsversorgung zu gewährleisten und die Wirtschaftlichkeit als Ganzes zu optimieren. Betreiber- und Konzessionsmodelle besitzen somit gleichermaßen eine Finanzierungs- und Organisationsfunktion.

Für die folgenden Ausführungen gilt die in Bild 7.1 dargestellte Systematik. Demnach umfassen Betreiber- bzw. Konzessionsmodelle zwei Komponenten, die in Form von Finanzierungs- und Organisationsmodellen die Kapitalbereitstellung und Aufgabenverteilung regeln.
Aufgrund unterschiedlicher Randbedingungen, die individuelle Lösungen erfordern, ergibt sich dadurch eine Vielzahl von Varianten bei Betreiber- und Kon-

---

(1) vgl. Backhaus, Köhl, Behrens (1997), S. 27
(2) vgl. Zur (1996), S. 25
(3) vgl. Bungarten (1996), S. 666; Gräser (1995), S. 102-114 und Müller-Godeffroy (1992), S. 87

zessionsmodellen, die im internationalen Sprachgebrauch als so genannte BOx-Modelle (i. S. von Build-Operate-Varianten) bezeichnet werden. Die genaue Beschreibung der einzelnen Varianten wird in diesem Kapitel abgehandelt.

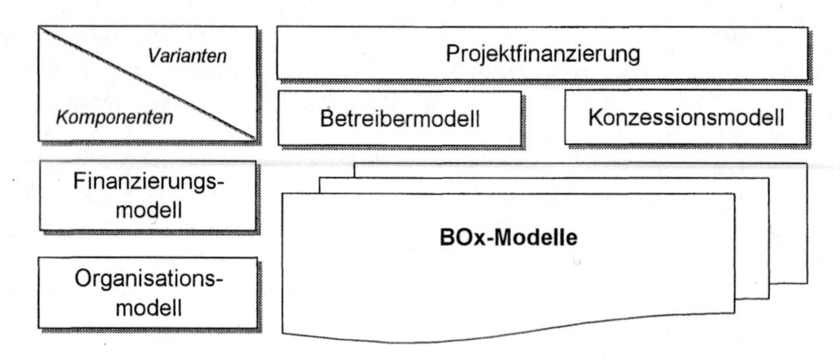

Bild 7.1 Systematik BOx-Modelle

Der Entwurf und die Gestaltung von Betreiber- und Konzessionsmodellen wird auch dem Aufgabengebiet der *Projektfinanzierung* zugeordnet(1). Ziel der Projektfinanzierung ist es, BOx-Modelle in Abhängigkeit der jeweiligen Investition maßgeschneidert finanziell und organisatorisch zu entwickeln. Die Projektfinanzierung gilt als eigenständige Methode, um vor allem Großprojekte (i.d.R. ab 50 Mio. DM) mit langer Refinanzierungszeit durch Berücksichtigung von projektspezifischen Besonderheiten wirtschaftlich zu gestalten(2).

Die Projektfinanzierung wurde ursprünglich von Banken entwickelt und in erster Linie im internationalen Großanlagengeschäft des Energiesektors zur Erschließung von Öl- und Gasvorkommen eingesetzt. Zentrales Gestaltungsfeld sind die Finanzierungskosten, die einen Anteil von bis zu 50 % an den Gesamtkosten einer Investition betragen können. Die erfolgreiche Durchführung der Investitionsvorhaben ist deswegen abhängig von der Wahl eines geeigneten und optimierten Finanzierungsmodells, das v.a. die Finanzierungskosten der Investoren und die Risiken von Fremdkapitalgebern minimiert und deswegen als "Financial Engineering" bezeichnet wird.

Der Einsatz der Projektfinanzierung in anderen Investitionsbereichen, wie z.B. der Verkehrsinfrastruktur, führte im Laufe der Zeit zu einer veränderten Aufgabenstellung. Mittlerweile ist die Projektfinanzierung durch eine Reihe von Aufgabenfeldern gekennzeichnet, die in Bild 7.2 dargestellt sind.

---

(1) vgl. Backhaus, Köhl, Behrens (1997), S. 27
(2) vgl. Kiethe, Hektor, (1996), S. 977

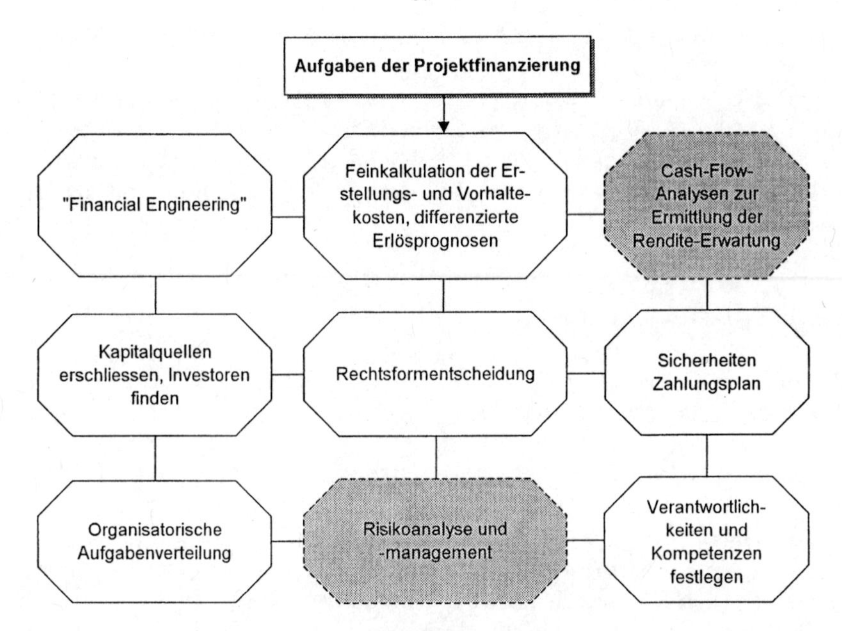

Bild 7.2 Aufgabenfelder der Projektfinanzierung

Schwerpunkte der Projektfinanzierung sind das Risikomanagement und die Cash-Flow-Analyse. Sie verdichten die Ergebnisse der Grundlagenermittlung und Verkehrsanalyse zu einem Gesamtergebnis, anhand dessen die Wirtschaftlichkeit der Investition überprüft wird. Sind Risiken hinreichend genau zu bewerten und liefern Cash-Flow-Analysen Anreize für Kapitalgeber, kann ein Projekt von Beginn an gezielt organisiert werden. Gerade Banken bewerten das Risiko einer Projektfinanzierung am prognostizierten Cash-Flow des Projekts[1]. Risiko- und Cash-Flow-Analysen werden in Kapitel 8 im Detail behandelt. Im Folgenden werden die Merkmale der Projektfinanzierung dargestellt und die verschiedenen Modellvarianten von Betreiber- und Konzessionsmodellen für Fernstraßen aufgezeigt. Eine Eignungsuntersuchung dieser Modelle für Fernstraßen folgt danach.

7.2 Projektfinanzierung

Die Projektfinanzierung - im anglo-amerikanischen Raum ein bekanntes Finanzierungsinstrument - wird bisher in Deutschland wenig eingesetzt. Elemente der im Ausland entwickelten Konzepte lassen sich aber auch auf Deutschland übertra-

(1) vgl. Höpfner (1995), S. 10

gen, wenn Infrastruktur über Gebühren zu finanzieren ist[1]. Dies gilt gerade für Fernstraßen gemäß FStrPrivFinG, weil die Projektfinanzierungsmethode es ermöglicht, gezielt die Besonderheiten beim Bau und Betrieb von Fernstraßen, wie sie sich aus den erhöhten Risiken und der hohen Kapitalbindung ergeben, zu berücksichtigen. Als Charakteristika der Projektfinanzierung können die Cash-Flow-Orientierung, die Risikostreuung und Haftungsbegrenzung angeführt werden[2].

7.2.1 Cash-Flow-Finanzierung

In Anlehnung an den US-amerikanischen Financial Accounting Standard Nr. 47 vom März 1981[3] wird die Projektfinanzierung definiert als die "Finanzierung einer sich selbst tragenden, wirtschaftlich und rechtlich selbstständigen Wirtschaftseinheit, bei der sich die Kreditgeber vornehmlich auf den Cash-Flow und die Aktiva des Projektes als Sicherheit für die Rückzahlung des Fremdkapitals verlassen". Im Gegensatz zum Normalfall einer Kreditfinanzierung, bei der im Wege der Kreditwürdigkeitsprüfung die Bonität des Kreditnehmers geprüft wird, stellt die Projektfinanzierung die Beleihungsfähigkeit und Bonität des Projektes selbst fest[4]. Abgesichert wird ein Projekt durch die projektbezogenen materiellen und immateriellen Vermögenswerte sowie durch die vertraglichen Vereinbarungen zwischen den Projektträgern[5]. Übergeordnet wird die Investition danach beurteilt, ob die prognostizierten Einzahlungen abzüglich der zu ihrer Erzielung erforderlichen Auszahlungen ausreichen, um den Schuldendienst für Zins und Tilgung von Fremdkapital zu bedienen. Der Cash-Flow als Ertragsgröße ist das ausschlaggebende Beurteilungskriterium bei Kreditentscheidungen aus Sicht potenzieller Fremdkapitalgeber eines Projekts, aber auch von Investoren, die nach Abzug des Schuldendienstes vom restlichen Cash-Flow ihren Ertrag erzielen. Somit findet eine zahlungsstrombezogene Finanzierung statt, die als "cash-flow related lending" bezeichnet wird[6].

Die Herleitung des Cash-Flows bei Fernstraßeninvestitionen wird in Kapitel 8 vorgenommen. Bild 7.3 stellt die konventionelle Finanzierung der Projektfinanzierung gegenüber.

---

(1) vgl. Relles (1990), S. 103; Roeske (1992), S. 17
(2) vgl. Abolins (1984), S.253; Backhaus (1988), S.1728; Wagner (1995), S.4; Pahl (1993), S.24; Siemens (1995), S.16-23, Westphal (1991), S.16
(3) vgl. Nevitt (1983), S. 247 ff. und Heintzeler (1983), S. 600
(4) vgl. Backhaus, Uekermann (1990), S. 106; Höpfner (1995), S. 10
(5) vgl. Kirchhoff, Müller-Godeffroy (1992), S. 44
(6) vgl. Abolins (1984), S. 253; Uekermann (1990), S. 18

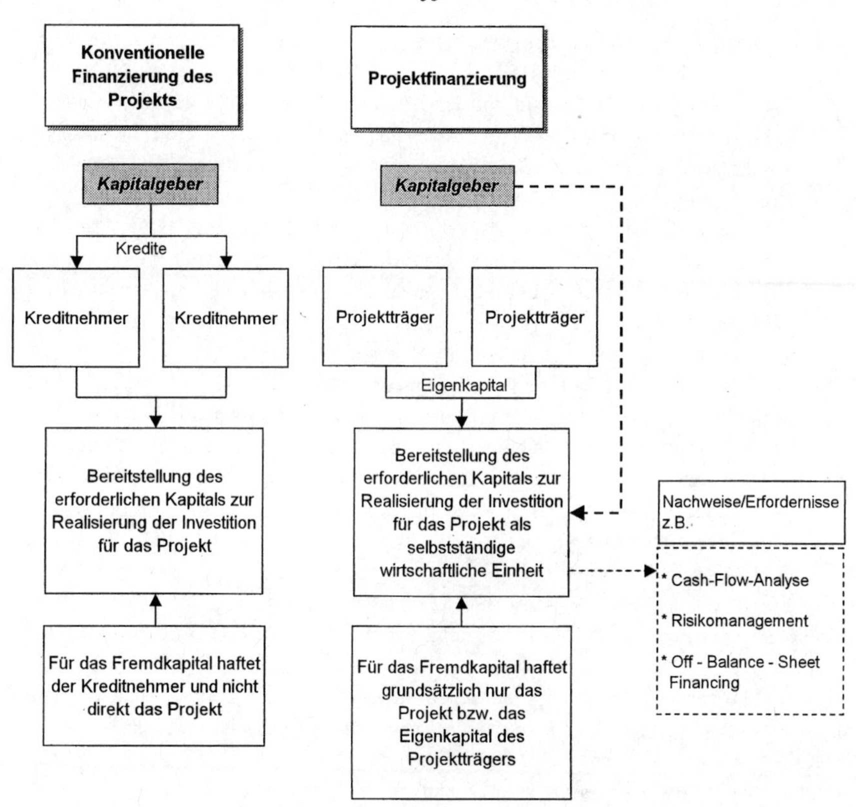

Bild 7.3 Vergleich von konventioneller Finanzierung eines Projekts und Projektfinanzierung (in Anlehnung an Abolins (1984), S. 253)

7.2.2 Risikostreuung

Charakteristisch für die Projektfinanzierung ist die Risikostreuung der einzelnen Risiken auf die Beteiligten. Durch ein umfassendes Vertragswerk werden die verschiedenen Risiken den Beteiligten, wie sie in Bild 7.4 auf S. 102 genannt sind, entsprechend ihrer Kompetenz und Beeinflussungsmöglichkeiten zugeordnet.

Von ihrer Bewertung des Projekts hängt letztlich das "Ob" und "Wie" einer Investition ab. Je nach Umfang und Bereitschaft der von den Fremdkapitalgebern einzugehenden Risiken wird zwischen drei Formen der Projektfinanzierung unterschieden[1]:

---

(1) vgl. Schmidt (1992), S. 193

- *Finanzierung ohne Rückgriffsmöglichkeit* ("non ressource financing") als reinste Form der Projektfinanzierung, bei der sich ein Kreditgeber nur mit dem erwarteten Ertrag des Projekts absichert. Dies würde der Bereitstellung von Risikokapital entsprechen und den Banken eine Unternehmerfunktion übertragen, weshalb diese Art der Risikoübernahme in der Praxis nicht auftritt.
- Finanzierung mit eingeschränkter Rückgriffsmöglichkeit ("limited ressource financing"), bei der Kreditgeber nur bei Eintritt bestimmter Risiken auf einen Projektbeteiligten entsprechend seiner Verantwortung und Möglichkeiten für den Gesamterfolg zugreifen können, weshalb sich diese Form für eine Risikostreuung besonders eignet[1].
- Finanzierung mit voller Rückgriffsmöglichkeit ("full ressource financing"), die in Deutschland von Banken bevorzugt eingesetzt wird. Finanzierungsmodelle, bei denen die wirtschaftliche Haftung voll beim Projektträger verbleibt, entsprechen nicht mehr einer Projektfinanzierung. Letztendlich erfolgt eine klassische Kreditaufnahme mit voller Haftung der Investoren, deren Kapitalstruktur in der Bilanz nachhaltig belastet wird.

Eine Finanzierung ohne Rückgriffsrechte ist bei Verkehrsinfrastrukturprojekten sehr schwierig, da die Durchführung dieser idealtypischen Projektfinanzierung im Wesentlichen von einer verlässlichen Rentabilität des Projektes abhängt und deswegen eine technische, ökonomische und politische Unabhängigkeit voraussetzt[2]. Einzelne Strecken, die nach dem FStrPrivFinG betrieben werden, hängen aber stark vom übrigen Netz und den Faktoren, wie sie in Kapitel 5.2 dargestellt sind, ab. In Verhandlungen mit Banken ist deswegen im Idealfall eine Finanzierung mit eingeschränkter Rückgriffsmöglichkeit anzustreben.

7.2.3 Haftungsbegrenzung

7.2.3.1 Bilanzexterne Finanzierung

Die Zusammenarbeit der Beteiligten in Betreiber- und Konzessionsmodellen erfolgt in so genannten Projekt-/Objektgesellschaften. Diese bringen Eigenkapital mit einem Anteil von 10 bis 40 % ein. Möglich ist auch die Einschaltung einer Finanzierungsgesellschaft. Damit die Projektträger nicht vollumfänglich haften, bedarf es der Gründung einer eigenständigen Projektgesellschaft. Diese nimmt die zur Finanzierung des Projektes notwendigen Mittel auf.
Die Ausweisung dieser Kredite erfolgt somit in der Bilanz der Projektgesellschaft, nicht der Investoren ("Off-balance-sheet Finanzierung"). Faktisch

---

(1) vgl. Funk (1988), S. 431
(2) vgl. McKay (1989), S. 84

erhöht sich damit die Gesamtkapazität für Fremdfinanzierungen[1]. Zwei Vorteile ergeben sich daraus:

1. Auch mittelständische Unternehmen können ohne Belastung ihrer Kapital- und Bonitätsverhältnisse an Konzessionsmodellen teilnehmen
2. Nur wirklich rentable Projekte werden realisiert[2]

7.2.3.2 Rechtsform der Projektgesellschaft

Die übliche Rechtsform der Projektgesellschaft ist aus haftungsrechtlichen Gründen eine Kapitalgesellschaft[3]. In steuerlich bedingten Ausnahmefällen können aus Gründen einer Verlustzuweisung auch Personengesellschaften in Frage kommen. Dies ist z.B. bei geschlossenen Immobilienfonds üblich. Durch die Aufhebung der Verlustverrechnung verschiedener Einkommensarten scheiden jedoch in Zukunft diese Rechtsformen aus.
Auch aus praktischen Gründen empfiehlt sich die Kapitalgesellschaft, weil sie als eine "überschaubare, abgrenzbare Einheit am schlagkräftigsten eine konzentrierte Projektrealisierung erwarten lässt"[4]. Die Verantwortlichkeiten sind in der Kapitalgesellschaft einzelnen Organen rechtlich wie organisatorisch nachvollziehbar zugeordnet. Die Wahrnehmung der Aufgaben ist rechtlich mit der erforderlichen Unabhängigkeit von den Investoren abgesichert, die nicht über ihre gesellschaftsrechtlichen Einflussmöglichkeiten hinaus auf das operative Geschäft einwirken können. Dies sichert eine an den Interessen der Projektgesellschaft orientierte Geschäftsführung.

7.2.4 Zwischenergebnis

Die zuvor dargelegten Eigenschaften der Projektfinanzierung sprechen dafür, dass sich gerade gebührenfinanzierte Straßeninvestitionen aufgrund ihrer Besonderheiten und den Strukturen der Bauwirtschaft für diese Finanzierungsmethode eignen, denn
- die traditionell geringe Eigenkapitalausstattung der Bauunternehmen verhindert die Aufnahme von großen Krediten,
- die Haftungsbegrenzung in Höhe der Eigenkapitaleinlage gefährdet bei evtl. Ertragsausfällen nicht die Existenz der Unternehmen und

---

(1) vgl. Backhaus, Uekermann (1990), S. 107
(2) vgl. Grosse (1990), S. 43
(3) vgl. Rieger (1990), S. 67
(4) Schill (1990), S. 76

- aufgrund der langen Rückzahlungszeiträume von Fernstraßeninvestitionen, der hohen Kapitalbindung und Risiken bei der Auslastung sind Cash-Flow-Finanzierungen den konventionellen und unflexiblen Finanzierungen vorzuziehen.

Als nachteilig erweist sich der hohe Aufwand (bis zu mehreren Mio. DM) im Vorfeld der Projektfinanzierung bei der Kosten- und Erlösprognose bzw. Angebotsbearbeitung[1], weil technische, wirtschaftliche und rechtliche Zusammenhänge analysiert werden müssen. Dies führt zu langen Vorlaufzeiten und hohen Transaktionskosten bei der Anbahnung von Projektfinanzierungsmodellen.

Die Projektfinanzierung ist deswegen als ein Prozess zu verstehen, bei dem
- eine interdisziplinäre, zukunfts- und ertragswertorientierte Analyse der Investition vorzunehmen ist,
- die Finanzierung in Abhängigkeit des Verschuldungspotenzials entwickelt werden muss ("financial engineering") und
- eine akzeptable Risikoverteilung über die Laufzeit der Finanzierung zu erzielen ist[2].

7.3 Varianten der Projektfinanzierung

7.3.1 Betreibermodell

In einem Betreibermodell wird der Anlagenersteller, im Fall von Fernstraßen das Bauunternehmen, über die Erfüllung des Werkvertrags hinaus zur Übernahme weiterer operativer Funktionen hinaus verpflichtet, so dass sich eine andere organisatorische Aufgaben- und Verantwortungsverteilung als im traditionellen Organisationsablauf ergibt. Erste Ansätze bietet ein so genannter Funktionsbauvertrag, wie er in Kapitel 7.4 dargestellt ist.

Der Umfang der auf die Bauunternehmen übertragenen Aufgaben kann dabei sehr stark variieren und sich von regelmäßigen Wartungsarbeiten bis hin zum Betrieb ganzer Anlagenteile erstrecken. Der Anlagenersteller bleibt damit während der gesamten Projektlaufzeit mit dem ordnungsgemäßen und wirtschaftlichen Betrieb der Anlagen betraut. Neben dieser veränderten Organisation bei der Aufgabenerfüllung ergibt sich auch im Hinblick auf die Finanzierung eine Abweichung zum herkömmlichen Liefergeschäft, weil sich in einem Betreibermodell der Anlagenlieferant i.d.R. am Eigenkapital der Projektgesellschaft beteiligt.

---

(1) vgl. Schill (1990), S. 32
(2) vgl. Grosse (1990), S. 44

7.3.2 Konzessionsmodell

Das Konzessionsmodell, als weitere Form privater Projektfinanzierung[1], ist ein *erweitertes* Betreibermodell, in dem die Projektgesellschaft vom Staat eine zeitlich befristete Konzession zur Durchführung und Finanzierung eines Projekts erhält[2]. Die Notwendigkeit zur Konzessionsvergabe, die im Betreibermodell nicht notwendig ist, resultiert aus staatlichen Hoheitsrechten, die zur Legitimation der privatwirtschaftlichen Durchführung auf die private Gesellschaft übertragen werden müssen[3]. Typisch für ein Konzessionsmodell ist das Recht auf die Gebührenerhebung und -abrechnung zur Refinanzierung und Amortisation des investierten Kapitals der Projekt- bzw. Konzessionsgesellschaft. Das Fernstraßenbauprivatfinanzierungsgesetz hat erstmals die rechtlichen Voraussetzungen für die Anwendung der Konzessionsmodelle für den Bau und die Refinanzierung von Bundesfernstraßen durch Private geschaffen[4]. Für die Ausgestaltung solcher Konzessionsmodelle besteht Gestaltungsfreiheit, welche zu verschiedensten Modellvarianten geführt hat.

Bild 7.4[5] zeigt den grundsätzlichen Aufbau, die Struktur und Komponenten bei Betreiber- und Konzessionsmodellen, wie sie übergeordnet für Fernstraßen möglich ist.

7.3.2.1 BOT-Modelle

Das zur Umsetzung von Konzessionsmodellen am häufigsten praktizierte Modell ist das (auch im internationalen Sprachgebrauch so bezeichnete) Build-Operate-Transfer (BOT-) Modell. Das BOT-Modell wird gelegentlich auch als Betreibermodell bezeichnet. Dies trifft nur dann zu, wenn keine Übertragung hoheitlicher Aufgaben auf die private Projektgesellschaft erfolgt.
Die Bezeichnung BOT wird dabei als Oberbegriff für die unterschiedlichen Projektfinanzierungsvarianten eingesetzt[6]. Eine Projektgesellschaft baut eine Anlage (**B**uild), betreibt diese (**O**perate) und überträgt sie zum Ende der Konzessionszeit an den Staat (**T**ransfer). Mittelpunkt des BOT-Modells ist die rechtlich und wirtschaftlich selbstständige Projektgesellschaft, die den kompletten Projektentwicklungsprozess gestaltet.

---

(1) vgl. Kirchhoff, Müller-Godeffroy (1992), S. 93
(2) vgl. Backhaus, Köhl, Behrens (1997), S. 26
(3) vgl. Schulte-Althoff (1992), S. 90
(4) vgl. FStrPrivFinG vom 30.08.1994 (BGBL.I 1994 S. 2243), § 1 Abs. 2
(5) in Anlehnung an Nicklisch (Hrsg.;1996), S. 9; Girmscheid, Behnen (1998), S.19 und Girmscheid, Benz (1998), S. 2-14
(6) vgl. Gaiser (1992), S. 32

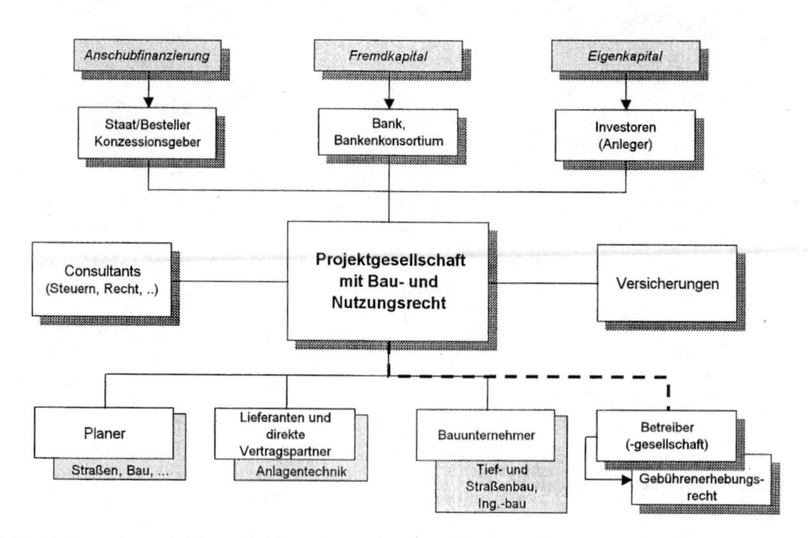

Bild 7.4 Grundstruktur von Betreiber- und Konzessionsmodellen

Aufgrund der umfangreichen interdisziplinären Anforderungen vergibt die Projektgesellschaft Aufträge an geeignete Unternehmen, Consultants, Versicherungen, Banken und spezialisierte Betreiber, die am Eigenkapital beteiligt sein können. Diese übernehmen somit sowohl die Funktion des Investors und Anteilseigners als auch eines Auftragnehmers.
"Die Grundüberlegung einer Bauunternehmung bezüglich eines BOT-Projektes ist es, die Rendite für eigenes Kapital über die Nutzung eigener Kernkompetenzen zu maximieren, sowohl durch die Beteiligung am Erfolg der Projektgesellschaft als auch über den Bauauftrag"(1).

Jedoch zeigen Beispiele in der Vergangenheit, dass diese Erwartungen oft nicht erfüllt wurden und hohe Verluste auftreten, wenn die investierenden und die bauausführenden Unternehmensbereiche nicht unabhängig voneinander geführt werden. Maßstab aller internen Auftragsvergaben müssen deswegen marktgerechte Verrechnungspreise sein. Dies ist aber nur möglich, wenn das Projekt insgesamt marktgerecht vergeben wird und nachhaltig wirtschaftlich zu betreiben ist.
Bei den in die Praxis umgesetzten BOT-Modellen gibt es verschiedene Varianten. Bild 7.5 zeigt eine Auswahl möglicher Varianten und gibt Ziele und Schwerpunkte der Modelle wieder. Die Varianten unterscheiden sich hinsichtlich des Aufgaben- und Besitzumfanges, den die Projektgesellschaft zu übernehmen hat.

(1) vgl. Girmscheid, Behnen (1998), S. 19

		Bau und Betrieb	Sanierung und Modernisierung	Ziele des Modells	Schwerpunkt
		Build-Operate	Rehabilitate		
		B ... O	R		
PLANUNG (design)	D	- Design-Build-Finance-Operate	- Design-Rehabilitate-Finance-Operate	- Cash-Flow - Ideenwettbewerb	- Verkehr
ÜBERGABE (transfer/sell)	T, S	- Build-Operate-Transfer - Build-Operate-Sell	- Rehabilitate-Operate-Transfer - Rehabilitate-Operate-Sell		- Infrastruktur
EIGENTUM (own)	O	- Build-Operate-Own	- Rehabilitate-Operate-Own	- kein Transfer - Flexible Laufzeit	- Betrieb - Finanzierung
ERHALT (maintain)	M	- Build-Operate-Maintain	- Rehabilitate-Operate-Maintain		
LEASING	L	- Build-Operate-Lease - Build-Lease-Operate-Transfer - Lease-Operate-Maintain	- Rehabilitate-Operate-Lease	- Finanzierungs- und Steuer-optimierung	- Finanzierung

Bild 7.5 Auswahl von BOx-Modellen

7.3.2.2 Sonstige BOx - Modelle

Bei BOx-Modellen ist übergeordnet zu differenzieren, ob eine Konzession für den Betrieb und den Bau neuer Anlagen ("build-operate") oder für den Betrieb und die Übernahme zu sanierender und bestehender Anlagen ("rehabilitate-operate") vergeben wird. Davon abhängig lassen sich anschließend die einzelnen Modellvarianten anhand der sie charakterisierenden Komponenten *Planung, Übergabe, Eigentum, Unterhalt sowie Leasing* differenzieren. Die Finanzierungskomponente ist allen Modellen gemeinsam und wird im Folgenden nicht näher betrachtet. Da die Beschreibung aller in Bild 7.5 aufgeführten Modelle zu umfangreich ist, werden im Folgenden nur die einzelnen Komponenten und deren mögliche Verwendung in den Konzessionsmodellen unter den derzeit gegebenen Rahmenbedingungen für Fernstraßen in Deutschland untersucht.

D...Design

Aufgaben der Planung können problemlos von der Projektgesellschaft erbracht und an externe Ingenieurbüros vergeben werden. Im Unterschied zur Planung der öffentlichen Hand oder der Beauftragung von privaten Planungsbüros durch die öffentliche Hand gelten hier jedoch keine engen formalen Ausschreibungsregularien, da als Auftraggeber die Projektgesellschaft in privater Rechtsform freihändig vergeben kann, nachdem sie zuvor selbst in einem öffentlichen Ausschreibungsverfahren die Konzession erhalten hat(1). Die Grundgedanken einer "Designphase" als System- bzw. Ideenwettbewerb, wie z.B. beim DBFO-

(1) vgl. Heiermann (1998a), S. 41

Modell, sind dadurch auf die bundesdeutschen Fernstraßenverhältnisse übertragbar. Die Projektgesellschaft erfüllt damit die Eigenschaften eines Generalübernehmers.

T...Transfer

Eine Vielzahl der Modellvarianten findet ihren Abschluss in der Rückübertragungs- bzw. Rückübereignungsphase an den Staat und Konzessionsgeber. Da in Deutschland die Projektgesellschaft zu keiner Zeit Eigentümer der Anlagen ist, sondern lediglich das Recht besitzt, die Fernstraßen für einen bestimmten Zeitraum zu nutzen, erfolgt formal lediglich der Transfer des Nutzungsrechts. Dennoch kann der Zustand, in dem die Fernstraße übergeben werden muss, in der Vereinbarung so genannter Transferkonditionen vertraglich genau festgelegt werden. Je eindeutiger Transferkonditionen festgelegt sind, desto weniger Probleme ergeben sich am Ende der Konzessionslaufzeit. Erste Ansätze zur Fixierung derartiger Konditionen finden sich im Funktionsbauvertrag durch die Festlegung von Substanzwerten(1). So kann im Konzessionsvertrag vereinbart werden, dass ein verfrühter Transfer möglich ist, wenn die Erwartungen schon vor Ende der Betriebsphase erfüllt wurden. Andererseits kann die Konzessionszeit im Falle einer unverschuldeten zeitlichen Verzögerung verlängert werden. Somit kann die Empfehlung gegeben werden, definierte Transferphasen in Konzessionsmodellen vorzusehen.

O...Own

Die im Rahmen des Fernstraßenbauprivatfinanzierungsgesetzes gebauten Straßen und Bauwerke werden Teil des öffentlichen Straßennetzes. Sie werden keine Privatstraßen. Die Projektgesellschaft erhält lediglich das Nutzungsrecht der Bauwerke. Die Grundstücke selbst werden entweder in einem Gestattungsvertrag kostenlos oder durch ein Erbbaurecht mit Erbbauzins der Projektgesellschaft zur Verfügung gestellt. Es erfolgt somit keine Eigentumsübertragung der Fernstraßen an die privatrechtlichen Projektgesellschaften. Modellansätze, in denen die Projektgesellschaft beispielsweise aus Gründen der Steueroptimierung Eigentümer der Investition wird, scheiden deswegen beim FStrPrivFinG aus.

M ... Maintain bzw. O....Operate

Kern des Konzessionsmodells ist die Betriebsphase, die in der Regel auch die Erhaltung der Bauleistung umfasst. Hier entscheidet sich, ob ein positives Projektergebnis zu erzielen ist. Maßgeblich für die Rückflüsse ist der Cash-Flow als Differenz zwischen Betriebseinnahmen und Betriebsausgaben(2).

---

(1) vgl. Kapitel 7.4.2
(2) vgl. Perridon, Steiner (1995), S. 518 sowie Kapitel 8

L...Lease
Beim Leasing zur Finanzierung von BOx-Modellen ist aufgrund der Leasingerlasse der Finanzministerien jeweils zu prüfen, ob das Leasingobjekt den Tatbestand des so genannten steuerrechtlichen "Spezial-Leasing" erfüllt. Spezial-Leasing liegt dann vor, wenn das Leasing-Objekt, hier also die Fernstraße, einen speziellen Zuschnitt auf den Leasingnehmer hat oder eine anderweitige Nutzung nicht möglich ist. Da die Nutzung der Fernstraßen nur auf verkehrliche Zwecke ausgelegt ist und noch kein Markt für Betreiber existiert, muss unter den gegenwärtigen Umständen von Spezial-Leasing ausgegangen werden. Dies führt zur Bilanzierung der Fernstraße beim Leasingnehmer, was gegen das FStrPrivFinG verstoßen würde.
Somit sind als Finanzierungs- und Organisationsmodelle sämtliche Eigentum- und Leasingvarianten bei Fernstraßen ausgeschlossen. Ein Verfahrensweg zur Auswahl verbleibender Varianten wird im Folgenden dargestellt.

7.3.3 Auswahl von Konzessionsmodellen für Fernstraßen

Bei der Untersuchung, welche der in Bild 7.5 dargestellten Modelle sich zur Umsetzung von Konzessionsmodellen für Fernstraßen eignen, kann der in Bild 7.6 dargestellte Auswahlfilter herangezogen werden.

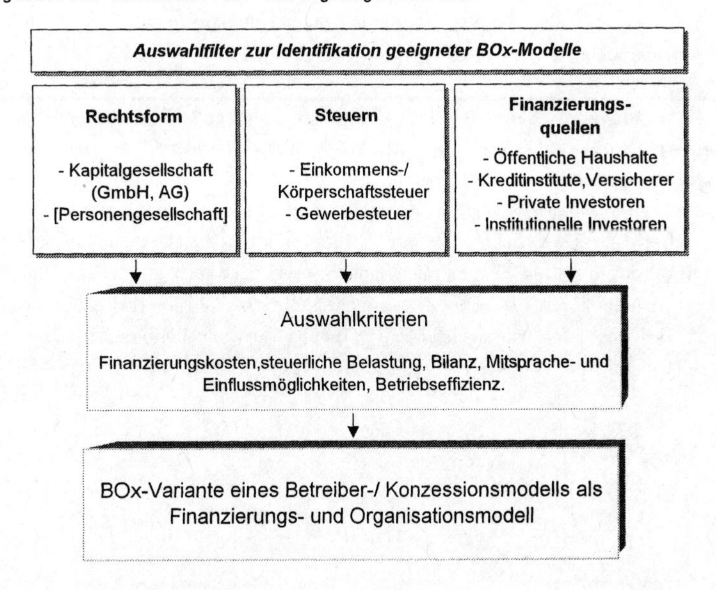

Bild 7.6 Auswahlfilter für BOx-Modelle

Eine Auswahl geeigneter BOx-Varianten hat streng nach Kosten- und Effizienzgesichtspunkten zu erfolgen. Zur Gestaltung der Projektorganisation und Projektfinanzierung sind insbesondere folgende Parameter zu optimieren(1):

- die rechtliche Organisationsform,
- die Steuern und
- die Zusammensetzung der Finanzierungsquellen.

Die Optimierung berücksichtigt die Kriterien Finanzierungskosten, steuerliche Belastung sowie Folgen für die Bilanz der Projektgesellschafter, Mitsprache und Einflussmöglichkeiten sowie Betriebseffizienz. Im Ergebnis sind dann die verschiedenen Varianten anhand der Kriterien unter Beachtung der jeweiligen Besonderheiten zu bewerten.

Im Ausland hat sich als Konzessionsmodell für Fernstraßen vor allem die DBFO-Variante mit Schattenmaut sowie die reine BOT-Variante bewährt(2). Kapitel 7.3.2.2 zeigt, dass die Modelle auch auf Deutschland übertragbar sind.

Die beiden bisher nach dem Fernstraßenbauprivatfinanzierungsgesetz umgesetzten Konzessionsmodelle greifen auf diese Modelle zurück. Erkenntnisse über die Richtigkeit der Ausgestaltung des Konzessionsmodells liegen derzeit noch nicht vor. Ebenso lassen sich aus Sicht der einzelnen Projektgesellschaften noch keine Aussagen über die Wirtschaftlichkeit treffen.

Um die Erfahrungen der Bauwirtschaft und insbesondere der Straßenbauunternehmen im Umgang mit Betreiber- und Konzessionsmodellen zu verbreitern, ist ein Funktionsbauvertrag in der Entstehung, der die Unternehmen über die Erstellung der reinen Bauleistung hinaus auch in die Erhaltungsphase mit einbindet. Es wird dadurch gezielt versucht, in einer ersten Stufe Bauunternehmen auf ihre Aufgaben in einem Konzessionsmodell vorzubereiten. Der Funktionsbauvertrag kann im Spektrum der BOx-Varianten auch als "Build-Maintain Modell" eingeordnet werden. Eine finanzielle Einbindung der Straßenbauunternehmen in eine auf Zeit gegründete Projektgesellschaft ist hierbei nicht vorgesehen.

---

(1) vgl. Wagner (1995), S. 17

(2) vgl. Commerzbank (1997); S. 8; Backhaus, Köhl, Behrens (1997), S. 48 sowie Kap. 6

7.4 Funktionsbauvertrag als Vorstufe von Konzessionsmodellen

7.4.1 Ziele und Merkmale des Funktionsbauvertrags[1]

Verträge für den Bau von Straßen stellen als Vertragsgegenstand den Neubau, Ausbau oder die Erneuerung einer mit der Ausschreibung aufgrund eindeutiger Standards genau definierten Straße in den Mittelpunkt. Die Interessen von Auftragnehmern und Bauherren an dem Vertragsgegenstand sind jedoch sehr unterschiedlich. Während Straßenbauunternehmen je nach Vertrag in erster Linie einen Betrachtungshorizont von *2 bis 5 Jahren* Gewährleistung nach Abnahme für die Beseitigung von bautechnischen und ausführungstechnischen Mängeln zu Grunde legen, steht für die Straßenbaubehörde als Bauherr die Funktions- und Kostenoptimierung über die *gesamte Lebenszeit* der Straße im Vordergrund. Um diesen Gegensatz zu überwinden, besteht die Möglichkeit, die Gebrauchseigenschaften einer Straße, die über die Funktionen "Befahrbarkeit und Sicherheit" definiert sind, über einen längeren Zeitraum als nur fünf Jahre vertraglich in die beiderseitige Verantwortung einzubinden. Der Funktionsbauvertrag, wie er in Zukunft i.S. von "zusätzlichen technischen Vertragsbedingungen" (ZTV-Funktion-StB) vereinbart werden kann, soll die langfristige, beiderseitige Verantwortung für zuvor genau definierte Gebrauchseigenschaften einer Straße sicherstellen[2].
Hintergrund für den Musterentwurf eines Funktionsbauvertrags bei der Vergabe von Straßenbauleistungen ist der Umstand eines stets größer und älter werdenden Straßennetzes, bei dem die bauliche Erhaltung zunehmend mehr Mittel zu Lasten von Neuinvestitionen benötigt. Ziel des Funktionsbauvertrags ist es, durch Fremdvergabe der baulichen Erhaltung die Erhaltungskosten über einen zwanzigjährigen Zeitraum hinweg zu minimieren. Die eigentliche Erhaltungskonzeption kann vom Straßenbauunternehmen frei festgelegt werden.

Der Funktionsbauvertrag besteht dementsprechend aus zwei Teilen und regelt in Teil A den Neubau und in Teil B die bauliche Erhaltung. Außerdem sind die Funktionsanforderungen an den Straßenoberbau vorgegeben (vgl. Kapitel 7.4.2). Übergeordnet wird erwartet, dass auf diese Weise Innovationen im Straßenbau vorangebracht werden, die zu neuen Bauverfahren und höherer Bauqualität führen. Straßenbauunternehmen werden versuchen, durch erhöhte einmalige Baukosten in der Gegenwart später anfallende laufende Erhaltungskosten zu minimieren. Im Ergebnis führt dies zu strukturellen Veränderungen in der Organisation der Aufgabenverteilung zwischen öffentlicher Hand und privater Wirtschaft. Langfristig ergibt sich damit eine Privatisierung der baulichen Erhaltung bei Straßen.

---

(1) vgl. Del Mestre (1998), S. 21; Eifert (1998), S. 763
(2) vgl. Forschungsgemeinschaft Durth Roos Consulting - Ressel + Partner (1999)

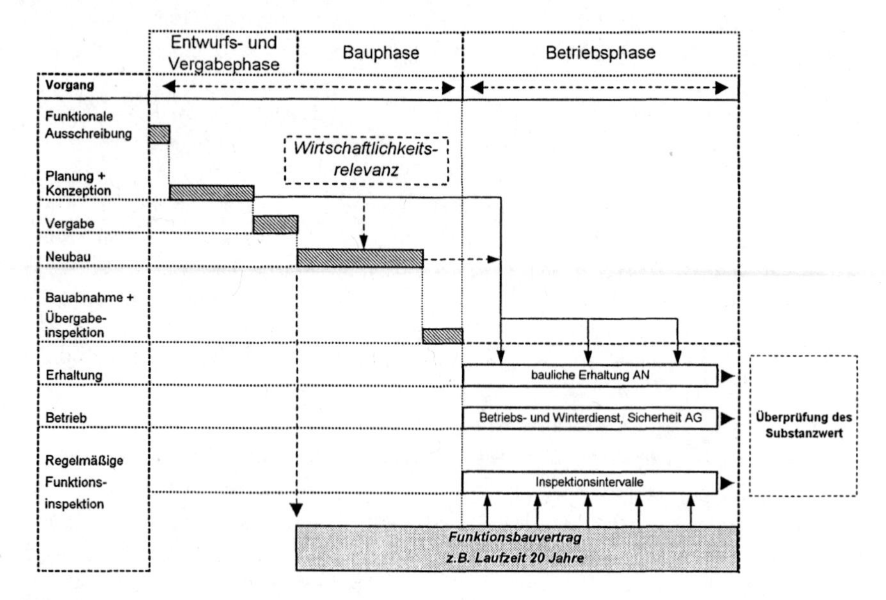

Bild 7.7 Zeitlicher Ablauf Funktionsbauvertrag

7.4.2 Funktionsanforderungen

Der Funktionsbauvertrag sieht vor, klar definierte Gebrauchseigenschaften von Straßen während ihrer gesamten Lebenserwartung mit geringstmöglichen Kosten aufrechtzuerhalten und am Ende der Vertragslaufzeit das Bauwerk in einem definierten Zustand zu übergeben, der in einem sogenannten Substanzwert festgelegt ist. Dementsprechend sind die Begriffe "Funktions-" und "Substanzwert" zu definieren.

Die in den Richtlinien für die Standardisierung des Oberbaus von Verkehrsflächen (RStO) vorgegebenen technischen Qualitätsanforderungen an Baustoffe, Bindemittel, Zuschlagstoffe usw. werden durch *straßennutzerorientierte Funktionsanforderungen*, die den *Gebrauchswert* anhand von Fahrkomfort und Sicherheit bestimmen, ersetzt. Gleichzeitig werden durch den Auftraggeber Anforderungen an die konstruktiven Eigenschaften des Oberbaus durch den *Substanzwert* definiert. "Dieser hängt von der Bauweise und Bemessung des Straßenoberbaus in Relation zur Verkehrsbelastung sowie vom Alter und dem substanziellen Zustand der Befestigung ab" und dient der technischen Bewertung der Oberfläche(1).

(1) Forschungsgemeinschaft Durth, Roos Consulting - Ressel + Partner (1998), S. 12

Die Höhe des Gebrauch- und Substanzwertes am Ende der Erhaltungszeit hängt vom Straßenzustand ab, der durch Zustandsmerkmale und dazugehörige Indikatoren in den Merkmalsgruppen Ebenheit, Rauheit und Substanz festgelegt ist[1]. Bild 7.8 zeigt die Zustandsmerkmale und Bewertungskriterien.

	Merkmal	Indikator	Dimension
Ebenheit	Ebenheit im Längsprofil	Unebenheitsmaß	cm^3
	Ebenheit im Querprofil	Spurrinnentiefe	mm
		fiktive Wassertiefe	mm
Rauheit	Griffigkeit	Seitenkraftbeiwert	--
Substanz Asphalt	Netzrisse	Flächenanteil	%
	Ausmagerungen	Flächenanteil	%
	Flickstellen	Flächenanteil	%
Substanz Beton	Einzelrisse	mittlere Risslänge	m
		betroffene Platten	%
	Eckabbrüche	mittlere Anzahl	--
		betroffene Platten	%
	Kantenschäden	mittlere Kantenlänge	m
		betroffene Platten	%

Bild 7.8 Zustandsmerkmale und Bewertungskriterien von Straßenoberflächen (vgl. Knepper, Sulten (1997), S. 605)

Grundlage der Bewertung des Straßenzustandes sind die "Technischen Vertragsbedingungen zur Zustandserfassung und Bewertung (TV-ZEB)", die "zusätzlichen technischen Vertragsbedingungen zur Zustandserfassung und -bewertung (ZTV-ZEB)" sowie das FGSV-Arbeitspapier Nr. 9 zur "Systematik der Straßenerhaltung". Nach Erfassung des Zustands der Straßen werden durch komplexe Verknüpfungsregeln und Normierungsfunktionen dimensionslose Gebrauchs- und Substanzwerte ermittelt, die eine objektive Bewertung des Oberbaus zulassen.
Je nach Zustand, d.h. Gebrauchs- und Substanzwert der Straße, der bei zeitlich bestimmten Funktions- und Abnahmeinspektionen zu ermitteln ist, hat der Bieter dann Erhaltungsmaßnahmen durchzuführen, wenn der Zielwert verfehlt bzw. ein bestimmter Eingriffswert erreicht wurde.

Funktionsinspektionen erfolgen auf Kosten des AN im Abstand von 3 Jahren. Der AN hat also selbst nachzuweisen, dass die Straße einen geforderten Gebrauchswert aufweist und erhält erst dann seine Vergütung für die geleisteten Erhaltungsarbeiten.
Die Abnahmeinspektion ermittelt den Substanzwert, der sich in einem bestimmten Zielkorridor bewegt. Er wird am Ende der Vertragslaufzeit auf Kosten des AG ermittelt. Eine Monetarisierung bei Abweichungen vom Substanzwert ist aus praktischen Gründen nicht vorgesehen. Durch die Übernahme der baulichen Erhaltung durch Private werden sich die Organisationsstrukturen verändern.

---

(1) vgl. Knepper, Sulten (1997), S. 605

7.4.3 Organisationsmodell des Funktionsbauvertrags

Grundlage ist die in Bild 7.9 dargestellte, sogenannte "Konzeptpartnerschaft" zwischen öffentlicher Straßenbauverwaltung und Bauunternehmung, die eine neue Aufgaben- und Rollenverteilung zwischen den Beteiligten vorsieht. Mit der neuen Rollenverteilung ergeben sich neue Verantwortlichkeiten. Die Verwaltung konzentriert sich insbesondere auf folgende Aufgaben:

- technische und wirtschaftliche Prüfung vorgelegter Entwürfe und Konstruktionsdetails,
- Überwachung der Einhaltung der straßenbaulichen Erhaltungskonzeption,
- Verwaltung des Anlagevermögens,
- Durchführung der Abnahmeinspektion.

Dem Bauunternehmen fällt damit die Verantwortung zu für

- die konstruktive Planung und Konzeption des Straßenoberbaus,
- Neubau, Ausbau und/oder Sanierung,
- Funktionsinspektionen,
- Entwicklung eines Erhaltungsplans zur baulichen Erhaltung (Instandhaltung, Instandsetzung, Erneuerung) der Straße.

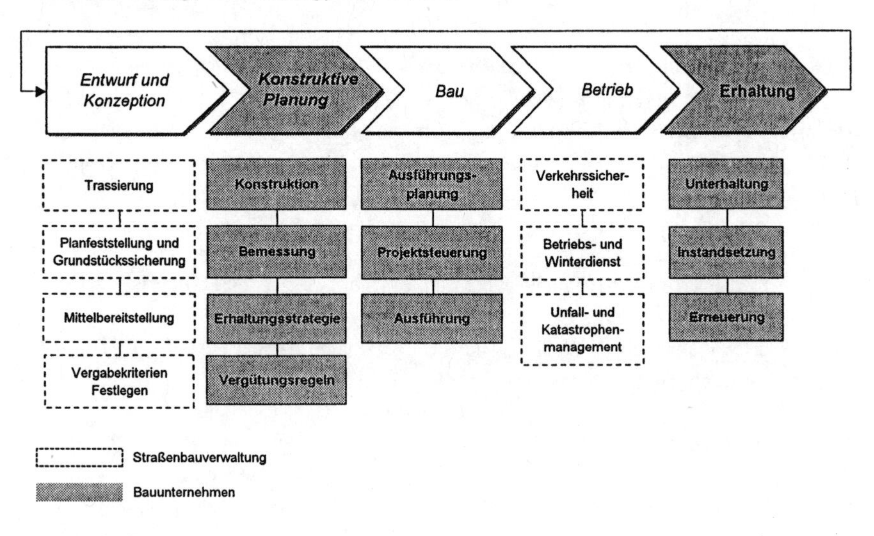

Bild 7.9 Aufgabenverteilung beim Funktionsbauvertrag

7.4.4 Vergabe, Wertung und Vergütung im Funktionsbauvertrag

Gegenstand der funktionalen Ausschreibung und des Ideenwettbewerbs ist lediglich der Oberbau sowie ein technischer und finanzieller Plan für eine geeignete Erhaltungsstrategie der Straße. Erdbau, Unterbau und Kunstbauwerke sind weiterhin konventionell über detaillierte Leistungsverzeichnisse mit Einheitspreisen auszuschreiben. Für den funktionalen Ausschreibungsteil (Oberbau und Erhaltung) ist das nicht offene Vergabeverfahren mit vorausgehendem Teilnahmewettbewerb vorgesehen, weil zu erwarten ist, dass nur eine begrenzte Zahl an Bietern in der Lage ist, Erhaltungsaufwendungen langfristig anzubieten und das Risiko für neue Fahrbahnkonstruktionen einzugehen(1).

Bei der *technischen Wertung* sind verschiedene Varianten, die in der Bemessung und Erhaltung voneinander abweichen, vergleichbar zu machen. Neuartige Bauweisen müssen gleichwertig den gegebenen Referenzbauweisen gemäß RStO sein. Den bemessungstheoretischen Nachweis hat der Bieter zu führen, der AG muss von Sachverständigen unterstützt werden. Die Wertung der Angebote ist sehr komplex, weil die konstruktive Tauglichkeit in Verbindung mit der Erhaltungsstrategie zu werten ist. Ist die technologische Plausibilität gegeben, folgt die wirtschaftliche Wertung. Für die Ermittlung des annehmbarsten Bieters wird die Barwertmethode eingesetzt. Diese erfasst die Summe aller abgezinsten Aufwendungen, die für den Neubau und die Erhaltung in den nächsten 20 Jahren notwendig sind. Dadurch lassen sich unterschiedlich hohe Anfangs- und Folgezahlungen verschiedener Angebote vergleichbar machen. Der Bieter muss sich bereits im Angebotsstadium auf den Umfang der Vergütung und den Zahlungsplan für die Dauer von 20 Jahren festlegen. Vergütungserhöhungen und Preisanpassungen müssen bei Über- oder Unterschreiten bestimmter Grenzen vorgesehen werden. Weicht beispielsweise die reale Verkehrslast von der prognostizierten um mehr als 20 % ab oder liegt der Baupreisindex über der Inflationsrate, so müssen Ausgleichsvergütungen vertraglich vorgesehen sein. Gleiches gilt auch, wenn sich z.B. die gesetzlich zulässigen Achslasten erhöhen und sich dadurch der Zustand der Straße stärker als erwartet verschlechtert.
Neben der zeitbezogenen Komponente aufgrund des regelmäßigen Nachweises, dass ein verlangter Gebrauchswert eingehalten wurde, werden einmalige Erhaltungsaufwendungen gemäß vorgelegter Erhaltungsstrategie getrennt vergütet. Um die verkehrlichen Behinderungen so gering wie möglich zu halten, gibt der AG als Optimierungsanreiz für die Erhaltungsstrategie Nutzungskostenausfallsätze für die Inanspruchnahme von Verkehrsflächen vor, die der Bieter bei der Kalkulation zu berücksichtigen hat und die von der Verkehrsstärke und dem Güterverkehrsanteil abhängen. Durch geschickte Wahl von Anzahl und Dauer der Erhaltungsmaßnahmen kann der Bieter auch aufwendigere aber schnelle Verfahren wählen und dennoch einen Vorteil erzielen, weil die Forderungen des AG nicht zu hoch sind(2).

---

(1) vgl. Heiermann (1998b), S. 36
(2) vgl. Forschungsgemeinschaft Durth, Roos Consulting - Ressel + Partner S. 142, 179 sowie Tab. 22

7.4.5 Perspektiven des Funktionsbauvertrags

An Funktionsbauverträge wird die Erwartung geknüpft, die Bauwirtschaft auf private Konzessionsmodelle vorzubereiten[1]. Für kleinere Straßenbauvorhaben wird weiterhin der Einheitspreisvertrag von Bedeutung sein. Die funktionsbezogene Betrachtungsweise des "Produkts Straße" wird jedoch große Veränderungen beim Straßenbau in der Zukunft bewirken. Die davon betroffene Bauwirtschaft hat jedoch Vorbehalte, weil neue Risiken aus der längeren Verantwortung für das Bauwerk nicht eingegangen werden wollen. Risiken bestehen auch bei der Übernahme und Gewährleistung von fremdbezogenen Baustoffen, auf die ein Anbieter der Komplettleistung Straße nur wenig Einfluss hat. Hier ergibt sich weiterer Abgrenzungsbedarf in Bezug auf einzugehende Risiken. Als Erweiterung des Funktionsbauvertrags ist zunächst die Übertragung der betrieblichen Unterhaltung (siehe Schweden, Finnland) denkbar, später sogar die Finanzierung beim DBFO-Modell.

7.5 Betriebswirtschaftliche Anpassungserfordernisse der Bauunternehmen

In Bauunternehmen überwiegt derzeit noch das Selbstverständnis vom Bereitstellungsgewerbe, das auf Ausschreibungen reagiert und über Preise und Sondervorschläge für bereits entwickelte Projekte Aufträge akquiriert. Entsprechend sind Personal und Organisation im kaufmännischen Bereich auf administrative, im technischen Bereich auf konstruktive und baubetriebliche Tätigkeiten spezialisiert. Im deutlichen Gegensatz dazu stehen die Anforderungen der Projektfinanzierung, die initiativ eine Projektentwicklung auslösen kann[2]. Als betriebswirtschaftliche Anpassungserfordernisse, die z.T. in Großkonzernen bereits umgesetzt sind, ergeben sich daraus:

- klare interne, marktgerechte Geschäftsabgrenzung zwischen Kerngeschäft, Projektfinanzierung und -entwicklung,
- interdisziplinäre organisatorische Einheiten als Spezialistenteams,
- zusätzlicher Qualifikationsbedarf sowie erhöhten Aufwand für die Angebotsbearbeitung,
- Ergebnisverfolgung über Gesamtlaufzeit durch eigene Kosten- und Erlösträger.

---

(1) vgl. Eifert (1998), S. 762; Wittmann (1998), S. 27
(2) vgl. Billand (1989), S. 337

7.6 Grenzen der Projektfinanzierung bei der Entwicklung von Betreiber- und Konzessionsmodellen

Zusammenfassend muss festgehalten werden, dass die Auswahl und Gestaltung geeigneter Finanzierungs- und Organisationsmodelle privat entwickelter Fernstraßen als eigenständige Stufe im Projektentwicklungsprozess wichtig ist, langfristig der Erfolg aber von der Projektrentabilität bestimmt wird, der von äußeren Gegebenheiten abhängt. Die Projektfinanzierung stellt keine neue Finanzmittelquelle dar. Sie erlaubt lediglich eine bessere Anpassung der Finanzierungsmöglichkeiten an die spezifischen Eigenschaften und Notwendigkeiten des Projekts und führt gleichzeitig zu einer tragbaren Risikostruktur(1).

Häufig wird der Entwicklung neuer Finanzierungs- und Organisationsmodelle eine "Zauberkraft" zugeschrieben. Auftraggeber wie öffentliche Stellen, aber auch Bauunternehmen und Lieferanten, erwarten von diesen Modellen, auf konventionellem Wege nicht finanzierbare Projekte auf diese Weise dennoch durchführen zu können. Hierbei steht oft das Wunschdenken über der Realität(2).

Eine Optimierung der Konzessionsmodelle für Fernstraßen im Vorfeld der Investitionsentscheidung muss deswegen im Rahmen der Risiko- und Cash-Flow-Analyse die Wirtschaftlichkeit der Gesamtinvestition ausgewogen beleuchten und kritische Erfolgsfaktoren offenlegen. Die folgenden Ausführungen zeigen dies.

---

(1) vgl. Schill (1990), S. 8
(2) vgl. Wagner (1995), S. 4

8 Optimierung von Konzessionsmodellen für Fernstraßen

Bei den vom Straßenbaulastträger nach dem FStrPrivFinG ausgeschriebenen Fernstraßenprojekten, die von der Bauindustrie im Rahmen von Konzessionsmodellen in der Regel mit eigener Beteiligung anzubieten und zu organisieren sind, bestehen für den Bieter bei der Kalkulation und Angebotsbearbeitung im Gegensatz zu haushaltsfinanzierten und ausgeschriebenen Fernstraßen zahlreiche Besonderheiten. Je nach Ausschreibung sind i.d.R. zusätzlich zur Kosten- und Preisermittlung für die eigentliche Baumaßnahme weitere wertungsrelevante Größen, wie z.B. die zu erhebenden Benutzungsgebühren oder Restwerte, anzubieten und so abzustimmen, dass ein für alle Beteiligten wirtschaftliches Angebot entsteht. Ein Musterkonzessionsvertrag, der als Ausschreibungs- und Kalkulationsgrundlage dienen soll, ist derzeit in Vorbereitung. Die Angebotswerte basieren vor allem auf Prognosen über die Ertragssituation und damit über die zukünftige Umsatz- und Verkehrsentwicklung. Da sich diese Prognosen auf lange Zeiträume mit bis zu 30 Jahren beziehen, bestehen erhebliche Risiken und Unsicherheiten hinsichtlich der kalkulierten Werte. Die Identifikation und Abschätzung möglicher Risiken besitzt deswegen eine große Bedeutung bei der Optimierung von privatfinanzierten und -betriebenen Fernstraßen. Ein systematisches und stufenweise strukturiertes Vorgehen bei der Risikoanalyse unter Einbindung aller Einflussbereiche ist deshalb zur Beherrschung des vorliegenden Optimierungsproblems zwingend erforderlich.
Bild 8.1 zeigt eine Vorgehensweise zur Optimierung von Konzessionsmodellen für Fernstraßen nach dem FStrPrivFinG, die generell angewendet werden kann. Eine auf den Einzelfall abgestimmte Ergänzung und/oder Modifizierung dieser Vorgehensweise ist jedoch notwendig, um die Besonderheiten und Randbedingungen einzelner Fernstraßenprojekte hinreichend zu erfassen. Mit Hilfe dieser strukturierten Vorgehensweise kann bereits zu einem frühen Zeitpunkt die Wirtschaftlichkeit beurteilt und das bestehende Risiko besser analysiert werden. Im Mittelpunkt dieses Optimierungsverfahrens steht zum einen die *Risikoanalyse* mit entsprechender Risikohandhabung zur Eliminierung oder Minimierung von Risiken, zum anderen die Überprüfung und Sicherstellung der ausreichenden Schuldendienstfähigkeit bei gleichzeitiger Ertragsmaximierung mit Hilfe von dynamisierten *Cash-Flow-Analysen*. Sowohl die Risiko- als auch die Cash-Flow-Analyse sind für die wirtschaftliche Existenz des Konzessionsmodells Voraussetzung und während der gesamten Projektlaufzeit in verschiedenen Lebensphasen immer wieder anzuwenden. Im Kapitel 8.1 wird deswegen zunächst auf die Risikominimierung durch Erfassung, Bewertung und Handhabung von Chancen und Risiken bei Konzessionsmodellen von Fernstraßen in geeigneten Risikoanalysen eingegangen. Anschließend werden in Kapitel 8.2 die dabei erkannten Risikobereiche einzeln behandelt und Vorschläge zu ihrer Beseitigung gegeben.

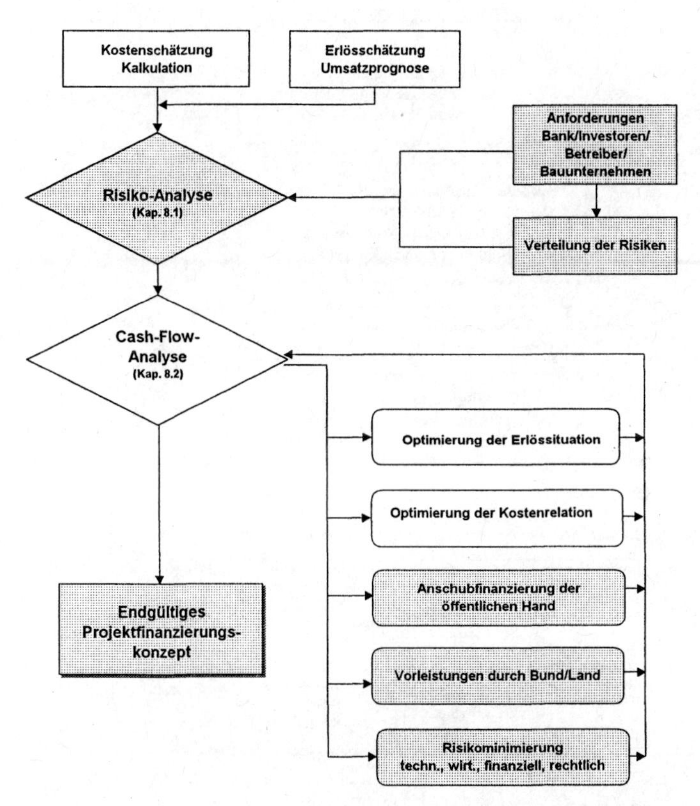

Bild 8.1 Vorgehensweise zur Optimierung von Konzessionsmodellen (aus Ohl (1998), o.S., erweitert um schraffierte Elemente)

Speziell zur Handhabung des finanzwirtschaftlichen Risikos wird durch die Entwicklung eines für Fernstraßen geeigneten Cash-Flow-Schemas gezeigt, wie die Gesamtwirtschaftlichkeit eines Konzessionsmodells plausibel überprüft werden kann. Anschließend wird anhand eines konkreten Beispiels die Anwendung dieses Schemas in Kapitel 8.3 exemplarisch demonstriert.

8.1 Risikominimierung bei Konzessionsmodellen von Fernstraßen

Der Prozess zur Risikominimierung, der übergeordnet auch als Risikomanagement bezeichnet werden kann, vollzieht sich in mehreren Stufen und ist iterativ angelegt[1]. Bild 8.2 zeigt den Ablauf des Risikomanagements.

---

(1) vgl. Herold (1987), S. 7

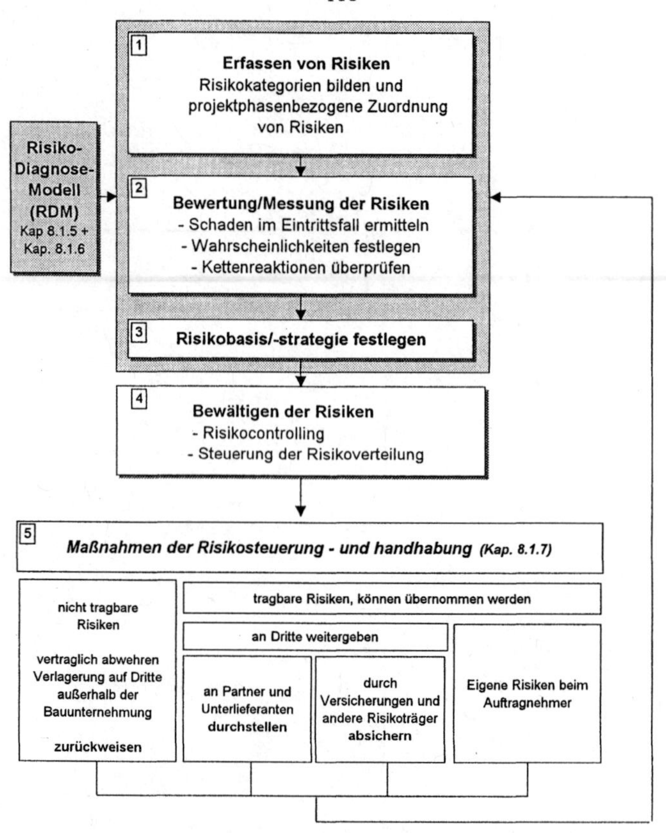

Bild 8.2 Iterativer Prozess des Risikomanagements

Vorgeschlagen wird, diesen iterativen Prozess des Risikomanagements in allen Projektphasen durchzuführen und dabei in 5 Stufen einzuteilen, wobei die Stufen 1 bis 3 zu einem Modell zusammengefasst werden. Mit Hilfe des hier entwickelten Risiko-Diagnose-Modells (RDM) werden in einer ersten Stufe die Risiken erfasst und in einer Stufe 2 bewertet, indem eine projektspezifische Risikokennzahl ermittelt wird. In Stufe 3 des Modells wird eine Risikostrategie definiert, die ein maximal einzugehendes Risikopotenzial festlegt. Nach Anwendung des RDM werden dann in Stufe 4 mit Hilfe eines Risikocontrollings die Risiken laufend verfolgt und Instrumente zur Risikohandhabung entwickelt. Die in Stufe 5 angegebenen Alternativen zur Risikohandhabung eignen sich zur Umsetzung der in Stufe 3 festgelegten Risikostrategie. Ziel ist die Einhaltung der festgelegten Risikokennzahl. Nach Abschluss von Stufe 5 bleiben somit noch Restrisiken übrig, die mit dem erneuten Anwenden dieser Vorgehensweise weiter reduziert werden können. Im Folgenden werden die Grundlagen für ein RDM beschrieben.

8.1.1 Grundlagen und Verfahren der Risiko(be-)rechnung

Die Analyse von Investitionsalternativen erfordert eine Vielzahl von Annahmen. Jede Annahme ist mit einem gewissen Maß an Unsicherheit verbunden. Insbesondere bei Immobilieninvestitionen mit ihren projektspezifischen Besonderheiten, wie sie gerade auch im vorliegenden Fall bei privatfinanzierten Fernstraßen gegeben sind, interessiert die Frage, wie die Risiken der Investition konkret beziffert werden können. Im Vorfeld der Investitionsentscheidung müssen deshalb neben Wirtschaftlichkeitsanalysen auch ergänzende Risikobetrachtungen, und wenn möglich auch Risikoberechnungen, durchgeführt werden. Ziel ist es, die mit Risiken verbundenen Unsicherheiten einzuengen und berechenbar zu machen. Risikorechnung und -berechnung werden deswegen im Folgenden gleich gesetzt.

Geht man von der rein statistischen Definition des Risikobegriffs aus, so müssten eigentlich bei alle Risikoberechnungen für das Eintreten unterstellter Eingangsvariablen objektive Wahrscheinlichkeiten vorliegen. Dies ist jedoch in der Praxis nicht möglich. Meistens lassen sich nur subjektive Wahrscheinlichkeitseinschätzungen für bestimmte Eingangsgrößen angeben, die oft dem Vorwurf der Willkür und Spekulation ausgesetzt sind. Werden solche subjektiven Wahrscheinlichkeitserwartungen für die Risikorechnung zugrunde gelegt, wäre die Risikorechnung dann aber korrekterweise eine Ungewissheitsrechnung. Da der Begriff "Risiko" in Wissenschaft und Praxis jedoch auch dann angewandt wird, wenn lediglich subjektive Wahrscheinlichkeiten angegeben werden können, wird hier aufgrund theoretischer Überlegungen nicht von der gängigen Praxis abgewichen.

Die betriebswirtschaftliche Theorie hat für die Risikorechnung eine Reihe von Verfahren entwickelt. Leider finden sich in der einschlägigen Literatur so gut wie keine konkreten Anwendungen dieser Verfahren an realen Beispielen, die die Vorgehensweise der Risikorechnung systematisieren und die praktische Handhabung der einzelnen Verfahren erläutern. Ursache hierfür ist, dass die Ergebnisse der meisten Verfahren wiederum mit Unsicherheiten behaftet sind und Informationen erfordern, die kaum oder gar nicht zu beschaffen sind. Auch die Risikorechnung zur Beurteilung des Risikos bei privatfinanzierten Fernstraßen steht vor dem Problem, viele Informationen für die Quantifizierung nicht zu kennen, so dass letztendlich wieder nur eine subjektive Einschätzung Grundlage der Risikorechnung ist. Deswegen darf nicht übersehen werden, dass sämtliche Verfahren der Risikorechnung letztendlich nur den Versuch darstellen, subjektive Einschätzungen auf analytischem Weg zu objektivieren.

Um dennoch eine Arbeitsgrundlage für die weiteren Betrachtungen zu haben, wird das Risiko wie folgt definiert[1]: Ein Risiko ist ein Ereignis, von dem nicht sicher bekannt ist, ob es eintreten wird und/oder ob und in welcher genauen Höhe ein Schaden entstehen wird. Es lässt sich aber eine Wahrscheinlichkeit für den Eintritt dieses Ereignisses (Risikowahrscheinlichkeit) und/oder für die Höhe des Schadens und seiner Schadenwahrscheinlichkeit angeben. Damit ist die Frage nach der Risiko- und Schadeneintrittswahrscheinlichkeit sowie die nach der eventuellen Schadenhöhe Schwerpunkt der Risikorechnung.

8.1.2 Probleme der Risikomessung

Die Kalkulation des Risikos war bisher bei jeder Investitionsentscheidung der Wunsch von Entscheidungsträgern. Die genaue wertmäßige Erfassung des Risikos einer Investition ist aber deswegen sehr komplex, weil bei Weitem nicht alle Daten und Variablen, die eine Risikosituation charakterisieren, bekannt und beeinflussbar sind. Vor allem sind die Erkennungs- und Beurteilungsmöglichkeiten bei den außer- und überbetrieblichen Bestimmungsgrößen unzureichend. Die größte Schwierigkeit ergibt sich jedoch aus dem Umstand, dass sich eine gegebene Risikosituation aus vielen Einzelrisiken zusammensetzt. Für die Aggregation dieser Einzelrisiken zu einer quantifizierbaren Gesamtrisikolage gibt es bis heute keine brauchbaren Handlungsanweisungen. Unter bestimmten Bedingungen kann es aber gelingen, eine Quantifizierung von Risiken vorzunehmen. Dabei sind zwei Möglichkeiten zu unterscheiden:

Ex-Post Betrachtungen

Eine Möglichkeit besteht darin, Werte ähnlicher Projekte zu erheben und dadurch eine Erfahrungsbasis zu gewinnen, mit der es möglich ist, zukünftige Vorhaben zu beurteilen. Die quantitative Risikoermittlung basiert also ausschließlich auf Beobachtungen der Vergangenheit und auf internen oder externen Statistiken, woraus die entsprechenden Folgerungen für Gegenwart und Zukunft abgeleitet werden. Für Investitionsvorhaben nach dem FStrPrivFinG sind jedoch aufgrund der Tatsache, dass in Deutschland im Zeitpunkt dieser Arbeit noch keine realisierten Projekte mit Betriebserfahrung vorliegen, keine statistischen Auswertungen möglich. Aus den in Kapitel 6 genannten Gründen kann nur begrenzt auf die Erfahrungen im Ausland zurückgegriffen werden, weil die Besonderheiten dort nicht auf die hier bestehenden Verhältnisse übertragbar sind. Eine Risikoquantifizierung durch Ex-post Betrachtungen, beispielsweise anhand von Zeitreihenanalysen, scheidet somit bei privaten Fernstraßeninvestitionen aus.

---

(1) vgl. Gablers Wirtschaftslexikon (1997), S. 3278

Analytische Risikoermittlung

Eine andere Möglichkeit der Risikobeurteilung ergibt sich auf analytischem Wege. Durch mathematisch fundierte Verfahren der Risikorechnung, die auf den Gesetzen der Wahrscheinlichkeitsanalyse beruhen, soll der subjektive Charakter einer Gefahrenbewertung weitgehend ausgeschlossen werden. Schwerpunkt der analytischen Risikorechnung ist die Ermittlung der Wahrscheinlichkeitsverteilung bestimmter Eingangs- und Ergebnisgrößen, die für die Investitionsrechnung Grundlage sind. .

Die zur analytischen Risikoquantifizierung entwickelten Verfahren, mit deren Hilfe die Risikostruktur von Investitionen erfasst und sichtbar gemacht werden soll, sind in Bild 8.3 dargestellt. Es folgt eine kurze Zusammenfassung.

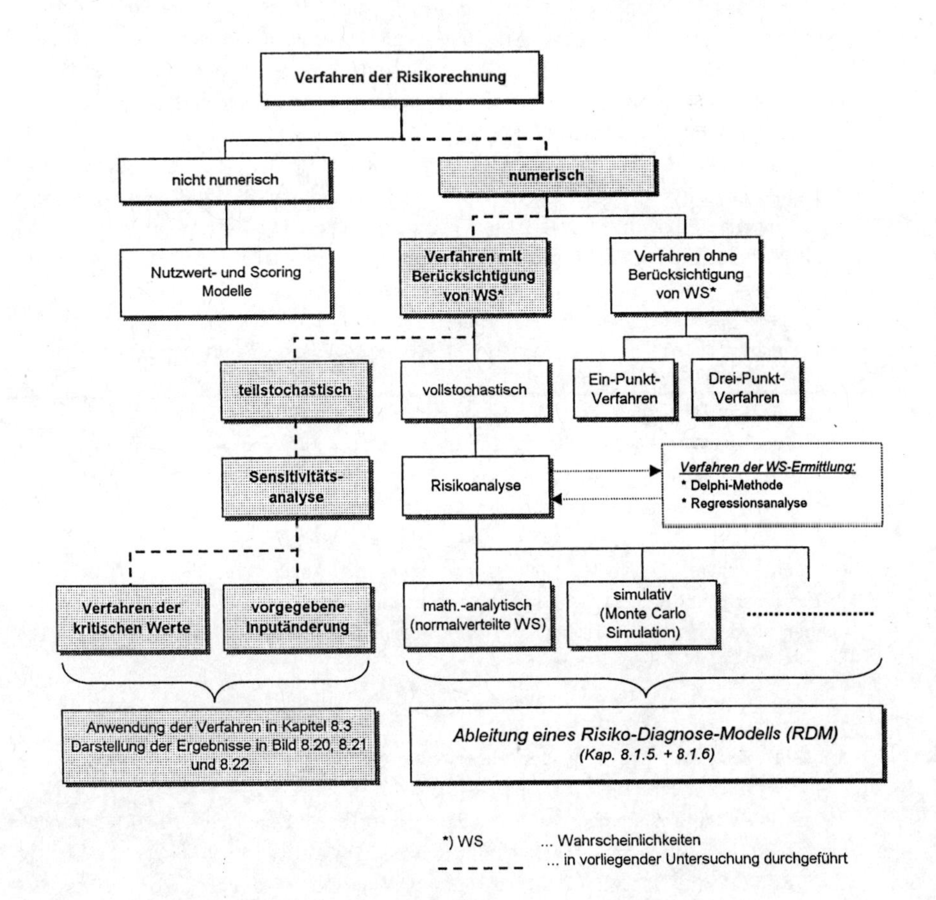

Bild 8.3 Verfahren der Risikorechnung
(in Anlehnung an Hensler (1986), S. 50)

8.1.3 Verfahren der Risikorechnung

Übergeordnet lassen sich die Verfahren in numerische und nicht-numerische Verfahren einteilen. Als nicht-numerisches Verfahren wird am häufigsten die Nutzwertanalyse eingesetzt. Dabei wird untersucht, ob ein subjektiv festgelegter Zielwert einer Investition erreicht wird. Dies erfolgt dadurch, dass verschieden stark gewichtete Kriterien hinsichtlich ihres Erfüllungsgrades bewertet werden. Der Nachteil dieses Verfahrens besteht jedoch darin, dass rein subjektive Einschätzungen das Ergebnis bestimmen und das Risiko einer Investition somit nicht transparent dargestellt werden kann. Für eine objektivere Risikomessung sollten deswegen nur numerische Verfahren eingesetzt werden. Diese lassen sich danach unterscheiden, ob sie Wahrscheinlichkeiten berücksichtigen oder nicht. Als Verfahren ohne Berücksichtigung von Wahrscheinlichkeiten werden Ein- und Drei-Punkt-Verfahren angewandt. Das Ein-Punkt-Verfahren, welches auch als Korrekturverfahren bezeichnet wird, versucht das Risiko der Eingangsgrößen der Investitionsrechnung durch Auf- und Abschläge zu erfassen. Durch die Wahl dieser Auf- und Abschläge besteht die Gefahr, dass das Ergebnis gezielt manipuliert wird. Beim Drei-Punkt-Verfahren werden alle Eingangsgrößen der Investitionsrechnung mit einem wahrscheinlichen, einem optimistischen und einem pessimistischen Wert angegeben. Die Ergebnisgröße streut deswegen zwischen zwei Bereichen. Nachteilig bei diesen Verfahren ist, dass keine Aussage über die Wahrscheinlichkeit für den Wert einer Ergebnisgröße möglich ist, so dass das Risiko nicht genügend quantifizierbar wird.

Festzuhalten ist, dass die Verfahren der Risikorechnung, die auf eine Einschätzung von Wahrscheinlichkeiten bestimmter Ein- und Ausgangsgrößen verzichten, leicht anzuwenden sind, jedoch die Risikosituation einer Investition nur bedingt transparent darstellen können.

Bei den Verfahren, die auf Wahrscheinlichkeiten zurückgreifen, wird in teil- und vollstochastische Verfahren differenziert, d.h. zufallsabhängige Erscheinungen werden so weit wie möglich (vollständig oder nur teilweise) statistisch untersucht und ausgewertet.

8.1.3.1 Teilstochastische Verfahren zur Sensitivitätsanalyse

Eines der wichtigsten und am meisten eingesetzten Verfahren zur Risikorechnung, welches auf einer teilstatistischen Risikoauswertung beruht, ist die Sensitivitätsanalyse. Ziel ist die Ermittlung der Empfindlichkeit einer Investition gegenüber der Variation bestimmter Eingangsgrößen. Im Ergebnis lässt sich damit die Risikostruktur einer geplanten Investition sehr gut offenlegen. Kritische Erfolgsfaktoren lassen sich ableiten und im Hinblick auf eine entsprechende Zielgröße ergebnisorientiert steuern. Eine Sensitivitätsanalyse zur Risikobeurteilung wird im Kapitel 8.3 anhand eines ausgewählten Fernstraßenprojektes durchgeführt.

8.1.3.2 Vollstochastische Verfahren zur Risikoanalyse

Wird allgemein von Risikoanalyse gesprochen, sind vollstochastische Verfahren Grundlage der Risikorechnung, d.h. alle unsicheren Ausgangsgrößen sind statistisch verteilt und unterliegen einer gewissen Wahrscheinlichkeitsverteilung. Der Begriff Risikoanalyse wurde 1964 zum ersten Mal von Hertz in einem Aufsatz als Konzept zur besseren Handhabung von Unwahrscheinlichkeiten dargestellt. Aufgabe der Risikoanalyse ist das "Durchdringen ... komplexer Strukturen mit der Zielsetzung einer möglichst vollständigen und genauen Beschreibung der Risikosituation".
Die Risikoanalyse kann dabei in zwei Schritte unterteilt werden:
1. Projektabhängige Klassifizierung von Risiken,
2. Bewertung der Risiken hinsichtlich
   - Risikoeintrittswahrscheinlichkeit,
   - Schadenhöhe,
   - Schadenart und
   - Schadeneintrittswahrscheinlichkeit[1].

Diese zugrundegelegte Zweiteilung wird im später dargestellten Risiko-Diagnose-Modell ebenfalls herangezogen. Der Schwerpunkt der so definierten Risikoanalyse liegt demnach auf der Ermittlung der Risiko- und Schadeneintrittswahrscheinlichkeit bestimmter Eingangs- und Ergebnisgrößen. Die vollstochastische Herleitung der Wahrscheinlichkeitsverteilungen kann u.a. auf mathematisch-analytische und simulative Weise erfolgen.

Mathematisch-analytische Risikoanalyse
Grundlage der mathematisch-analytischen Risikoanalyse ist die Annahme, dass alle Eingangsvariablen normalverteilt und unabhängig voneinander sind. Die Ergebnisgröße wie z.B. der Kapitalwert oder der interne Zinsfuß ist deswegen ebenfalls normalverteilt. Das Risiko lässt sich damit durch die beiden Größen Erwartungswert und Standardabweichung beschreiben. Die Annahme der Normalverteilung aller Eingangsgrößen ist bei Fernstraßeninvestitionen jedoch eher unzutreffend. Beispielsweise kann davon ausgegangen werden, dass aufgrund vieler Verkehrsprognosen die Variable "erwartete Verkehrsmenge" eine eher rechtslastige Wahrscheinlichkeitsverteilung aufweist.

(1) vgl. Schnorrenberg, Goebels (1997), S. 43

Simulative Risikoanalyse
Die simulative Risikoanalyse, auch als Monte-Carlo-Simulation bezeichnet, verfolgt das Ziel, die Wahrscheinlichkeit für das Eintreffen einer bestimmten Zielgröße anzugeben. Ausgehend von den wahrscheinlichsten Eingangsgrößen, die nicht nur normalverteilt sein müssen, werden über einen Zufallszahlengenerator auf Grundlage einer angenommenen Wahrscheinlichkeitsdichte und einer daraus abgeleiteten Wahrscheinlichkeitsfunktion Zufallszahlen erzeugt, die den aktuellen Wert der unsicheren Größe darstellen sollen. Aus diesen durch Simulation erzeugten Eingangsgrößen wird die Ergebnisgröße abgeleitet, deren Risiko- und Wahrscheinlichkeitsverteilung wieder durch die beiden Größen Erwartungswert und Standardabweichung beschrieben werden kann.

Aufgrund des großen Rechenaufwandes und der komplizierten Ermittlung möglicher Wahrscheinlichkeitsverteilungen setzt das Verfahren eine leistungsfähige EDV voraus. Die Durchführung der Risikoanalyse ist schwierig und benötigt viel Zeit. Die simulative Risikoanalyse eignet sich besonders für Großprojekte[1]. Auf den ersten Blick spricht dies für eine Anwendung zur Risikobegutachtung von Investitionen nach dem FstrPrivFinG. Deswegen wird nun untersucht, ob die Anwendung der simulativen Risikoanalyse beim vorliegenden Projekt Stadtumgehung möglich und sinnvoll ist.

8.1.4 Eignung der Verfahren zur Risikorechnung bei Fernstraßen gemäß FStrPrivFinG

8.1.4.1 Anwendung der Sensitivitätsanalyse

Die Anwendung der Sensitivitätsanalyse als ein Verfahren der Risikorechnung ist nach Festlegung der Eingangsgrößen auch bei Fernstraßen problemlos möglich. Aus Gründen der Übersichtlichkeit ist es aber erforderlich, die Vielzahl der Eingangsparameter für die notwendigen Zahlungsreihen im Rahmen der Cash-Flow Berechnung sinnvoll zu strukturieren und auszuwählen. Dazu wird eine klare und knapp gehaltene Datenstruktur vorgeschlagen, wie sie in Bild 8.15 dargestellt ist. Mit vertretbarem Zeitaufwand kann dadurch die Risikostruktur von Investitionen in privatfinanzierte Fernstraßen erforscht werden, weil kritische Erfolgsfaktoren erkannt werden.
Eine Reihung der kritischen Erfolgsfaktoren nach ihrer Wichtigkeit ist in Bild 8.20 gegeben. Die Elastizität der Zielgrößen Kapitalwert und interner Zinssatz ist in den Bildern 8.21 und 8.22 dargestellt und entsprechend ihrer Bedeutung für die Investition interpretiert.

---

(1) vgl. Blohm, Lüder (1995), S. 264

8.1.4.2 Anwendung der analytischen Risikoanalyse

Die analytischen Verfahren der Risikoanalyse besitzen primär theoretische Bedeutung. Der Ansatz, vordefinierte Wahrscheinlichkeitsverteilungen heranzuziehen oder durch Zufallszahlen zu simulieren, ist lediglich ein Versuch, subjektive Einschätzungen zu objektivieren. Die Anwendung der Risikoanalyse zur Beurteilung des Risikos bei privatfinanzierten Fernstraßen ist zwar grundsätzlich möglich, aufgrund der Vielzahl nicht quantifizierbarer Eingangsgrößen, für die eine Wahrscheinlichkeitsverteilung nur spekulativ angegeben werden kann, ist die Sinnhaftigkeit eher fragwürdig. Ebenso ist es zweifelhaft, ob das Ergebnis der Risikoanalyse, dass ein bestimmter Kapitalwert mit einer bestimmten Wahrscheinlichkeit eintritt, tatsächlich als objektiv betrachtet werden kann. Deswegen wird empfohlen, die analytischen Verfahren der Risikoanalyse für eine zusätzliche Absicherung der Investitionsentscheidung heranzuziehen und den Schwerpunkt auf teilstochastische Verfahren zu legen. Diese werden deswegen bevorzugt, weil sie im Rahmen des hier zugrundegelegten Projektentwicklungsprozesses eine übergeordnete Risikoabschätzung erlauben, indem sie anhand konkreter Zahlen die Risikostruktur transparent darstellen und Stellgrößen für die Risikoreduzierung offenlegen.
Interessanter als die Frage nach der Wahrscheinlichkeit einer Ergebnisgröße ist darüber hinaus vielmehr die Frage, wie hoch ein möglicher Schaden ist, der im Risikoeintrittsfall entsteht.

8.1.4.3 Notwendigkeit eines Risiko-Diagnose-Modells zur Schadenermittlung

Die bisher zur Risikorechnung dargestellten Verfahren legen alle den Schwerpunkt auf die Ermittlung von Wahrscheinlichkeitsverteilungen der Eingangs- und Ergebnisgrößen. Sie vernachlässigen dadurch aber die wichtige Frage nach dem möglichen Schaden, der beim Eintritt eines Risikos entsteht. Im Folgenden wird deswegen mit der Entwicklung eines allgemeinen Risiko-Diagnose-Modells (RDM) versucht, Schaden- und Risikoeintrittswahrscheinlichkeiten zu ermitteln sowie den möglichen Gesamtschaden einer Investition zu erfassen. Diese Einschätzung des Risikos anhand eines eventuellen Gesamtschadens ist dem Grunde nach der Versicherungswirtschaft entnommen und soll im Folgenden auf das Gesamtschadenrisiko bei Fernstraßeninvestitionen übertragen werden.
Grundlage der Kalkulation des Schadenrisikos in der Versicherungswirtschaft sind umfangreiche Schadentafeln, die mit Schadeneintrittswahrscheinlichkeiten verknüpft werden. Soll diese Vorgehensweise zur Risikodiagnose bei privatfinanzierten Fernstraßen in Konzessionsmodellen eingesetzt werden, stellt sich das Problem, dass im Gegensatz zu gewöhnlichen Schäden aus der Versicherungswirtschaft keine langjährigen Zeitreihen vorliegen, die ausgewertet werden können.

Deswegen muss ein RDM die Höhe des Schadens und dessen Eintrittswahrscheinlichkeiten ex-ante ermitteln. Als Instrument soll dabei auf das in den USA entwickelte Delphi-Verfahren zurückgegriffen werden, das bei der Bestimmung der Wahrscheinlichkeitsverteilung für eventuelle Schadenverläufe auf die Meinung ausgewiesener Experten setzt (Experten-Befragung). Die Delphi-Methode ist Teil der zweiten Stufe im RDM und wird in Kap. 8.1.6.2 beschrieben.

8.1.5 Entwicklung eines Risiko-Diagnose-Modells (RDM) für Investitionen auf Grundlage des FStrPrivFinG

8.1.5.1 Anforderungen und Ziele

Ziel des im Folgenden hergeleiteten RDM ist die möglichst objektive Beurteilung des Risikos für Investitionsvorhaben nach dem FStrPrivFinG anhand des erwarteten Gesamtschadens einer Investition. Angestrebt wird die Ermittlung einer *Risikokennzahl* auf einer Risikoskala von 0 bis 100, die verschiedene Risikointervalle umfasst. Je nach Risikokennzahl können Projekte dann in Projekte mit erhöhtem oder geringen Risiko eingestuft werden.

Eine ähnliche Vorgehensweise zur Beurteilung von Investitionsrisiken im Ausland wird z.B. von der Hermeskreditversicherungsanstalt des Bundes eingesetzt, die länderspezifische Risiken erfasst, bewertet und anschließend eine Einteilung in insgesamt 7 verschiedene Risikoklassen vornimmt. Für einen Investor ist es damit möglich, aufgrund einer länderspezifischen Kennzahl sein relatives Risiko zu beurteilen. Übertragen auf ein RDM für privatfinanzierte Fernstraßen bedeutet dies, dass für die Ableitung einer projektspezifischen Risikokennzahl drei Schritte notwendig sind:

- Ermittlung einer erwarteten Gesamtschadenhöhe innerhalb einer bestimmten Zeiteinheit, die einer Projektphase entsprechen kann,
- Festlegung einer Risikobasis als Bezugsgröße für die Gesamtschadenhöhe,
- Einstufung der Verhältniszahl aus Gesamtschadenhöhe und Risikobasis auf einer Risikoskala.

8.1.5.2 Annahmen und Prämissen des RDM

Bei der Entwicklung eines Modells, welches den Zweck verfolgt, reale Sachverhalte so klar und logisch darzustellen, dass Struktur, Funktion und Verhalten komplexer Zusammenhänge deutlich werden, sind zu Beginn vereinfachende Annahmen und Prämissen zu definieren, die es ermöglichen, die Betrachtung auf wesentliche Einflussfaktoren zu lenken. Bild 8.4 zeigt die zugrundegelegte Modellstruktur des RDM sowie dessen Prämissen.

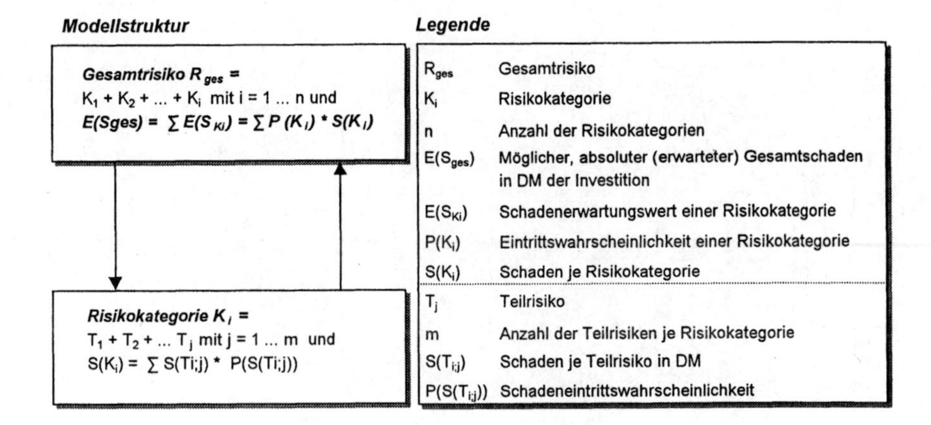

Bild 8.4 Prämissen und Risikostruktur des RDM

Im Gegensatz zu sonst üblichen Erklärungs-, Beschreibungs- oder Entscheidungsmodellen übernimmt das hier entwickelte Modell eine Diagnosefunktion. In Anlehnung an die Begriffsdefinition der "Diagnose" aus der Medizin soll im Folgenden die Diagnose übergeordnet als "Prozess der systematischen Benennung oder Beschreibung eines Zustandes" bezeichnet werden, der "in der Summe aufgrund einer bestimmten Schadenerwartung solche Erkenntnisse liefert, dass das zukünftige Handeln festgelegt werden kann". Die Diagnose zielt durch die Zerlegung einer komplexen Gesamtheit in ihre Bestandteile auf eine stufenweise Problemvereinfachung ab.

Übertragen auf die Risikobeurteilung bedeutet dies, dass die Risikodiagnose für die Erkennung und Beurteilung eines möglichen Risikoschadens eingesetzt wird, der im Eintrittsfall eine noch zu bestimmende Risikobasis vermindert. Der dazu notwendige Diagnoseprozess soll dabei als dreistufiger Top-Down-Vorgang zur Zerlegung des Gesamtrisikos (R_{ges}) in i = 1...n "Risikokategorien K" und j = 1...m "Teilrisiken T" ausgestaltet werden, bei dem jedem Teilrisiko genau ein Schaden zugeordnet wird, um anschließend eine Schadendiagnose vorzunehmen. Die Risiken sind additiv verknüpft und die Eingangsvariablen voneinander unabhängig. Ziel des Risiko-Diagnose-Modells ist es, den Schaden zu ermitteln, der das Projekt bedroht. Das RDM dient damit der Schaden-Bedrohungsanalyse einer Investition.

Bild 8.5 zeigt den Aufbau des Risiko-Diagnose-Modells, welches sich aus einer Vor-, Teil- und Gesamtdiagnose zusammensetzt.

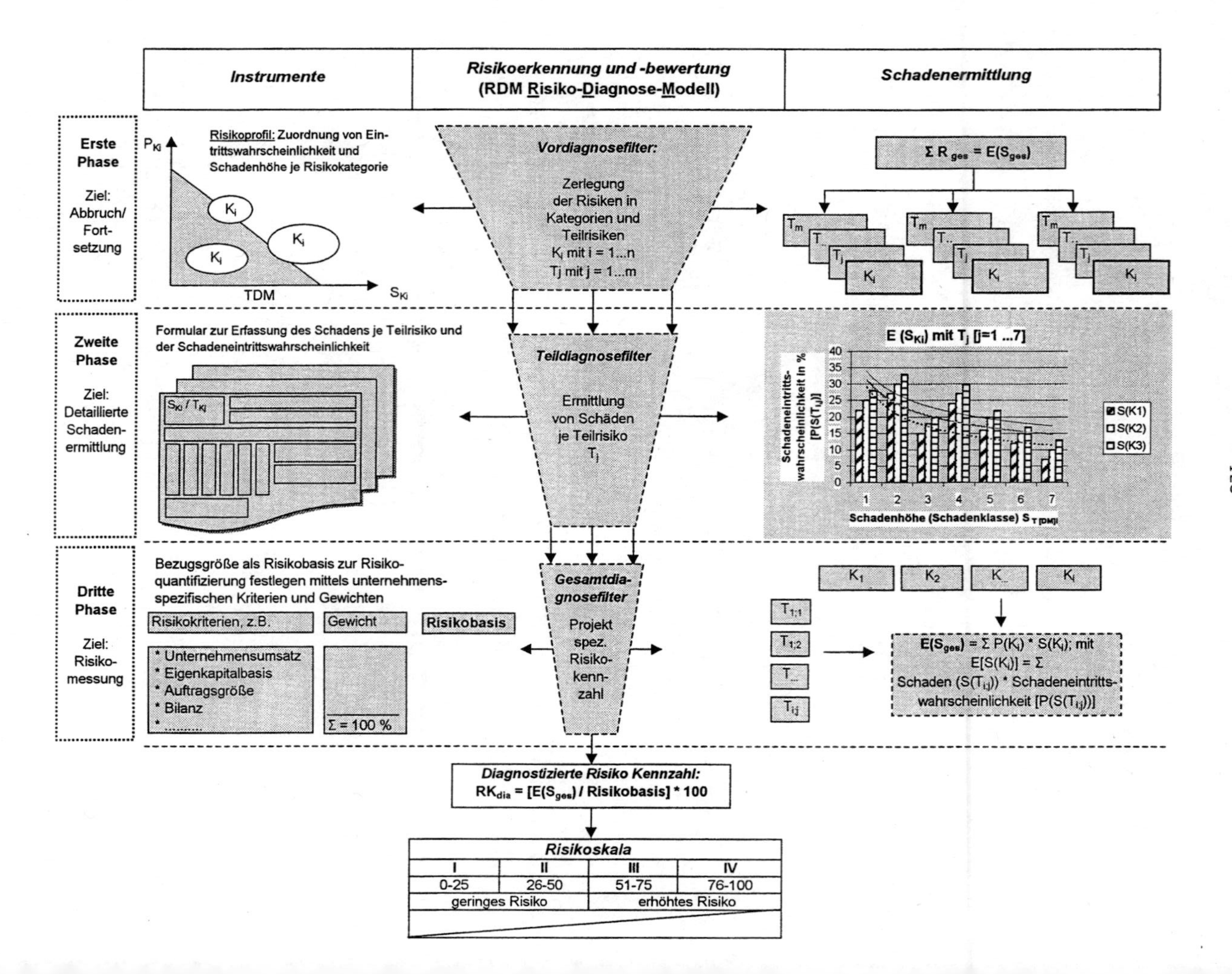

Bild 8.5 Aufbau des Risiko-Diagnose-Modells

8.1.6 Aufbau eines Risiko-Diagnose-Modells

8.1.6.1 Vordiagnose: Risikoerkennung und Kategorisierung

Die erste Stufe des RDM hat das Ziel, übergeordnet das projektabhängige Gesamtrisiko R_{ges} zu erfassen und Risikokategorien für gleichartige Risiken zu bilden. Anschließend erfolgt dann mit einem Risikoprofil eine erste Bewertung. Durch die hier zugrundegelegte Definition des Risikobegriffs wird dabei das Gesamtrisiko als Schadenerwartungswert $E(S_{ges})$ pro Zeiteinheit t während einer bestimmten Projektphase aufgefasst. Dabei wird unterstellt, dass die Wahrscheinlichkeit für die Höhe eines bestimmten Schadens unabhängig von der Wahrscheinlichkeit für das Eintreten des Ereignisses (Risikowahrscheinlichkeit) ist. Durch den Bezug des Risikos auf eine bestimmte Zeitperiode wird die Vorstellung erfasst, dass das Risiko je nach Projektphase unterschiedlich hoch ist und sich gegenseitig je nach Projektphase beeinflusst. Dadurch ist es möglich, das RDM in jeder einzelnen Projektphase erneut anzuwenden. Das Gesamtrisiko eines Projekts definiert sich also wie folgt:

$$R_{ges} = \frac{E(S_{ges})}{\Delta t}$$

Der Schadenerwartungswert $E(S_{ges})$ kann gemessen werden durch Integration über den Schadenumfang:

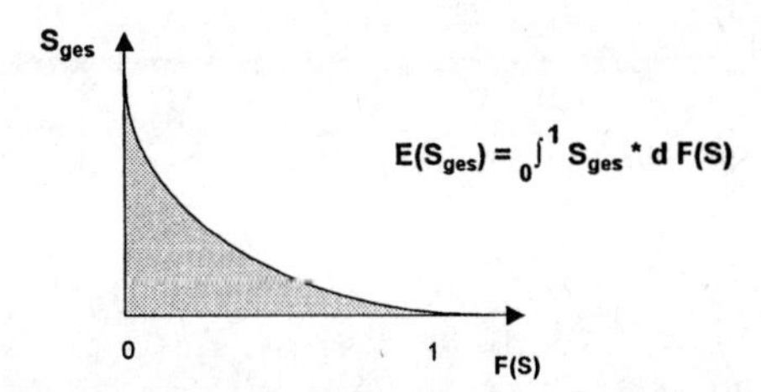

S_{ges} ist der gesamte Schadenumfang der Investition in DM und F(S) dessen Verteilungsfunktion. Bevor in Stufe zwei des RDM diese Verteilungsfunktion mit Hilfe der bereits erwähnten Delphi-Befragung ermittelt wird, empfiehlt es sich, die Risikokategorien, zunächst noch unabhängig von Teilrisiken, anhand des zweidimensionalen Risikoprofils einzuordnen. Ziel ist, in einer frühen Phase möglichst alle nicht tragbaren Risiken zu erkennen.

Diese Risikokategorisierung kann durch unterschiedliche Kriterien erfolgen. In der Literatur werden Risiken nach den Folgen für das Projekt, nach Art ihres Ursprungs, nach der Zuordnung zu versicherbaren und nicht versicherbaren wie z.B. politische Risiken, nach K.O.-Kriterien, d.h. nach annehmbaren und nicht annehmbaren Risiken, nach elementaren, d.h. durch den Betreiber beeinflussbaren, und globalen, also nicht beeinflussbaren Risiken, eingeteilt[1]. Eine mögliche Einteilung zur Erfassung der für Fernstraßen spezifischen Risiken ist vom Bundesministerium für Verkehr vorgenommen worden[2]. Hierbei wird zwischen elementaren und globalen Risiken differenziert und gleichzeitig eine Risikoverteilung zwischen privatem Konzessionär und Straßenbaulastträger durchgeführt. Die Bilder 8.6 und 8.7 zeigen die zur Risikoverteilung gemachten und kommentierten Vorschläge aus Sicht der öffentlichen Hand.

Globale Risiken		
Risiko	**Risikoübernahme**	**Bemerkung**
1. Innere und äußere Sicherheit:	Straßenbaulastträger	Entschädigung durch Straßenbaulastträger bei einem Schaden für den Betreiber
- Kriegerische Auseinandersetzung		
- terroristische Anschläge		
2. Politische Rahmenbedingungen:	Straßenbaulastträger	Entschädigung durch Straßenbaulastträger bei einem Schaden für den Betreiber
- Zwangsverkauf von Eigentum, Enteignung		
- Wechselkursschwankungen		
- Änderungen des gesetzlichen Rahmens (national oder auf EU-Ebene) für + Gebührenerhebung + Steuerpolitik + Umweltpolitik		
- Embargos (z.B. Rohöl)		
3. Naturkatastrophen:	Betreiber	Keine Übernahme von Risiken durch den Straßenbaulastträger bei Fällen von höherer Gewalt
- Erdbeben		
- Erdrutsch		
- Sturm		
- Hochwasser		

Bild 8.6 Globale Risiken bei Konzessionsmodellen von Fernstraßen aus Sicht des Bundesministeriums für Verkehr (1995b), Anlage 5

Sieht man vom Unterschied, der sich bei Konzessionsmodellen im In- und Ausland ergibt, ab, lassen sich die Risiken in jeweils gleiche Risikokategorien einteilen. Die Risiken selbst unterscheiden sich lediglich in der Höhe und der Verteilung auf die Beteiligten. Eine vollständige Auflistung aller Risiken ist ebensowenig möglich wie eine standardisierte Risikohandhabung.

Eine Auswahl der für Fernstraßen aus Sicht der Investoren maßgeblichen Risiken, eingeteilt in bestimmte übergeordnete Risikokategorien, findet sich in Bild 8.8. Die so erfassten Risiken sind in einer frühen Phase der Projektentwicklung für eine erste Risikoeinschätzung geeignet und dienen primär dazu, keine kritischen Problembereiche zu übersehen.

---

(1) vgl. Gutmannsthal-Krizanits (1994), S. 291

(2) vgl. Bundesministerium für Verkehr (1995b), Anlage 5, verkürzte Darstellung

Elementare Risiken		
Risiko	**Risikoübernahme**	**Bemerkung**
1. Planung (nur Var. 2 aus Kap. 4 Bild 4.5):		
- Planungsqualität	Betreiber	
- Planungsverzögerung		Soweit nicht vom Straßenbaulastträger zu verantworten
- Änderung des Planungsstandards während der Planung	Betreiber/Straßenbaulastträger gem. besonderer Vereinbarung	
- Kostenerhöhung durch Forderungen in öffentl.-rechtl. Verfahren		
- Scheitern öffentl.-rechtl. Verfahren	Straßenbaulastträger	
2. Grunderwerb und Bau:		
- Verzögerung beim Grunderwerb	Betreiber	
- Enteignungsverfahren	Betreiber	Beantragung des Verfahrens
- Baugrundrisiko je nach der in Bild 4.4 oder 4.5 gezeigten Variante	Var.1: Straßenbaulastträger Var.2: Betreiber	Risikoübernahme durch den Planungsverantwortlichen
- Bauverzögerung	Betreiber	Soweit nicht vom Straßenbaulastträger zu verantworten
- Bauunfälle	Betreiber	Soweit nicht von Dritten zu verantworten
3. Betrieb und Erhaltung:		
- Ungünstigere Verkehrsentwicklung als erwartet	Betreiber	Voraussetzung für realistische Kalkulation
- Anpassung an geänderte Situation		
- Bauliche Änderung zur Kapazitätserhöhung		Folgepflicht des Betreibers
- Infrastruktur-Ergänzung mit negativen Auswirkungen auf die Konzessionsstrecke	Straßenbaulastträger	
- Brandkatastrophe im Tunnel	Betreiber	Soweit nicht von Dritten zu verantworten
4. Finanzierung:		
- Baukosten	Betreiber	
- Bauzins		
- Insolvenz während der Bauzeit		Straßenbaulastträger kann die Konzession weiter vergeben
- Insolvenz während des Betriebs		
- Veräußerung der Konzession		Zustimmung des Straßenbaulastträgers erforderlich

Bild 8.7 Elementare Risiken bei Konzessionsmodellen von Fernstraßen aus Sicht des Bundesministeriums für Verkehr (1995b), Anlage 3

Nach der Kategorisierung der Risiken erfolgt gemäß Stufe 1 des RDM eine erste Bewertung hinsichtlich der Tragweite der Risiken (Schadenausmaß) und ihrer Schadeneintrittswahrscheinlichkeit. Vorgeschlagen wird dazu das Instrument des Risikoprofils, welches in Bild 8.9 dargestellt ist[1].

(1) vgl. Pfeiffer (1998), S. 446 ff

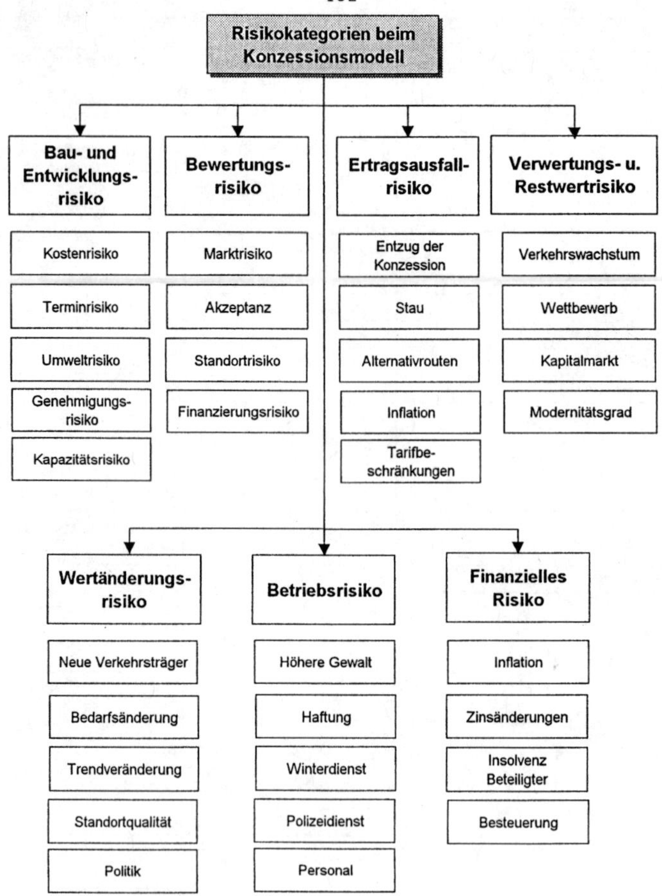

Bild 8.8 Risikokategorien bei Fernstraßen aus Sicht privater Investoren

Soll beispielsweise das finanzwirtschaftliche Risiko untersucht werden, können durch die Kombination der Ausprägungen "Finanzielle Tragweite" eines Risikoeintritts und dessen Eintrittswahrscheinlichkeit Aussagen über das finanzwirtschaftliche Risikopotenzial des Gesamtprojekts abgeleitet werden. Zur detaillierteren Untersuchung des finanzwirtschaftlichen Risikos wird auf Kapitel 8.2 verwiesen.

Risiken, die im Bild 8.9 außerhalb des Dreiecks liegen, sind nicht vertretbar und müssen durch eine entsprechende Risikohandhabung, die in Kapitel 8.1.7 erläutert wird, in das Zieldreieck überführt werden.

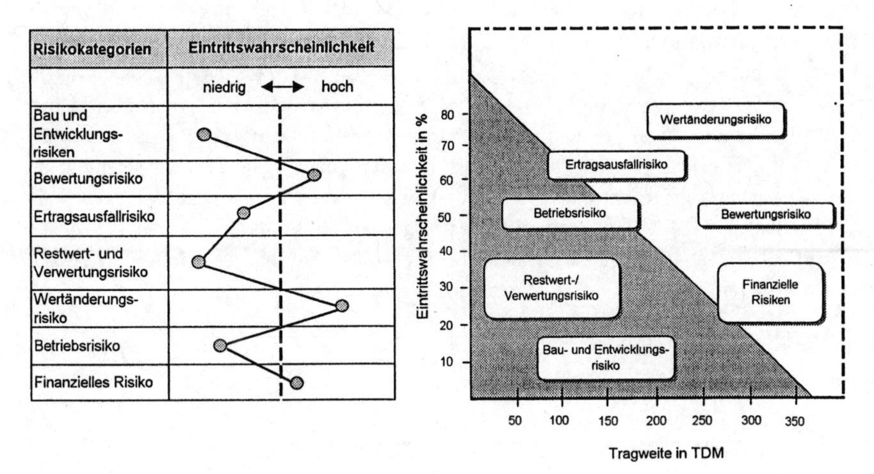

Bild 8.9 Risikoprofile

Ergebnis der Risiko-Vordiagnose:
Die Zerlegung des Risikos in Risikokategorien und Teilrisiken sowie deren Einordnung in zweidimensionale Risikoprofile ermöglicht es zu Beginn eines Projekts, beispielsweise in der Präqualifikations- oder Vorklärungsphase, eine erste Einschätzung des Gesamtrisikos übergeordnet vorzunehmen. Als Grobfilter sind Risikoprofile deswegen dazu geeignet, Projekte, die das zuvor festgelegte Risikopotenzial übersteigen, zu identifizieren und rechtzeitig Konsequenzen zu ergreifen. Aufgrund der in Stufe 1 des RDM gewonnenen Erkenntnisse darf jedoch noch keine Investitionsentscheidung getroffen werden, da das Risiko nur grob erfasst wird. In einer zweiten Diagnose-Phase, die als Teildiagnosephase bezeichnet werden kann, wird deswegen für jede einzelne Risikokategorie und deren Teilrisiken ein eigener Schadenerwartungswert $E(S_{Ki})$ ermittelt.

8.1.6.2 Teildiagnose: Schadenverteilungsfunktion und Schadenhöhe

Wird einem möglichen Teilrisiko genau ein Schaden zugeordnet, so ergibt sich der Schadenerwartungswert einer Risikokategorie $E(S_{Ki})$ als Summe des jeweiligen Produkts aus möglicher Schadenhöhe S_T und der Schadeneintrittswahrscheinlichkeit $P(S(T_{i,j}))$ mit i = konst und j = 1...m:

$$E(S_{Ki}) = \Sigma S_{T_j} * [P(S(T_{i,j})]$$

Für die Erfassung der Schadenhöhe je Teilrisiko und ihrer dazugehörigen Verteilungsfunktion kann das in Bild 8.10 dargestellte Formular im Rahmen einer Expertenbefragung eingesetzt werden. Dieses wird unabhängig und anonym mehreren Personen vorgelegt, die unabhängig voneinander eine Einschätzung der jeweiligen Schadenshöhe und ihrer Eintrittswahrscheinlichkeit vorzunehmen haben. Die Erfahrungen mit dieser Methode haben gezeigt, dass sich nach mehreren Befragungsrunden und nach Bekanntgabe der ersten Ergebnisse der vorhergehenden Durchläufe ein nahezu gleiches Ergebnis hinsichtlich einer Zielgröße ergibt. Nachstehendes Formular ermittelt z.B. den bei Mautabweichungen erwarteten Schaden und dessen Eintrittswahrscheinlichkeiten.

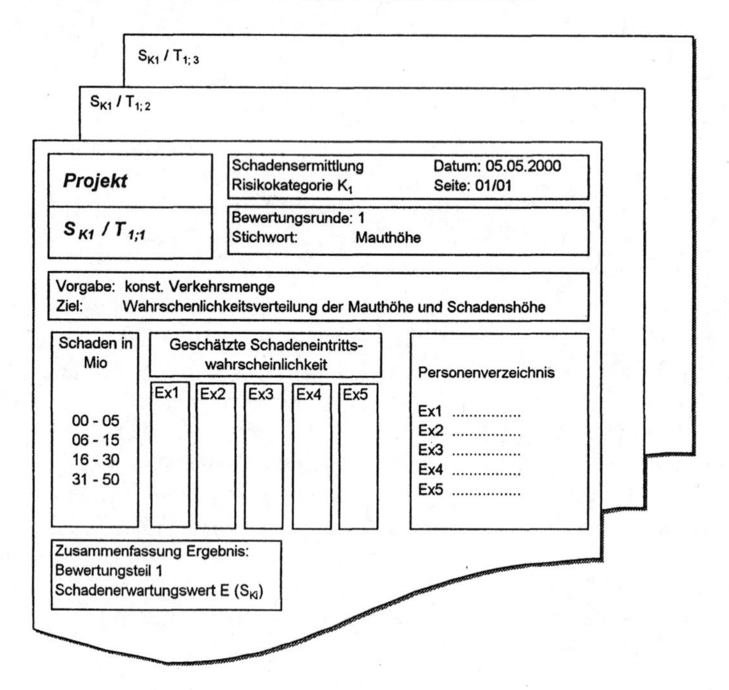

Bild 8.10 Formular zur Ermittlung von Schadenhöhe und Verteilungsfunktion

Die Anwendung der Delphi-Methode als Verfahren zur Ermittlung von Schadenhöhe und Schadenverteilungsfunktion wird aufgrund fehlender Erfahrungen mit privatfinanzierten Fernstraßen als eine Möglichkeit gesehen, einigermaßen objektiv das Schadenrisiko bei Investitionen in privatfinanzierte Fernstraßen differenziert und detailliert zu erfassen. Die vorgeschlagene Verfahrensweise der Expertenbefragung anhand von Formularen, die die verschiedenen subjektiven Meinungen von Fachleuten auf einen gemeinsamen Nenner bringen soll, ist vom Aufwand und der Transparenz praktikabel und nachvollziehbarer als die generelle Unterstellung von normalverteilten oder zufallszahlengenerierten Wahrscheinlichkeitsfunktionen bestimmter Eingangs- und Ergebnisgrößen. In einer dritten und letzten Stufe des RDM erfolgt schließlich in der Gesamtdiagnosephase eine Zusammenfassung der verschiedenen Schadenerwartungswerte je Risikokategorie zu einer Gesamtschadenhöhe.

8.1.6.3 Gesamtdiagnose: Risikokennzahl und Risikostrategie

Die dritte Phase des RDM setzt den erwarteten Gesamtschaden der Investition ins Verhältnis zu einer Risikobasis und bildet somit eine projektspezifische Risikokennzahl, die aufgrund der Einstufung in eine Risikoskala über das potenzielle Risikoausmaß der geplanten Investition Auskunft gibt. Risikobasis und Risikoskala hängen dabei sehr stark von der Risikoneigung der Entscheidungsträger ab. Eine Möglichkeit, eine Risikobasis zu finden, ergibt sich aus der Bilanz einer Unternehmung. Im vorliegenden Fall von privatfinanzierten Fernstraßen könnte dies die Planbilanz der Konzessionsgesellschaft sein, die zum Zeitpunkt der Risikorechnung aktuell ist. Ein Beispiel zur Ableitung einer fiktiven Risikobasis ist in Bild 8.11 dargestellt, welches sich auf das Projekt Stadtumgehung in Kap. 8.3 bezieht. Dabei werden einzelne Bilanzpositionen mit unterschiedlichen Gewichten, die in der Summe 100 % ergeben, versehen und addiert. Die Gewichte geben an, wieviel Prozent ein Investor bereit ist, von dieser Bilanzposition als Risikokapital für die Investition einzusetzen.
Die Risikobasis kann deswegen als maximales Drohverlustpotenzial der Konzessionsgesellschaft bezeichnet werden. Dieses maximale Drohverlustpotenzial wird dabei durch die Forderung und Vorgabe der jederzeitigen Liquidität der Konzessionsgesellschaft nach oben begrenzt. Die Bilanz als Grundlage der Kalkulation einer Risikobasis kann deswegen als seriös und gesetzeskonform beurteilt werden, weil Sie verhindert, dass ein Gesamtschaden in Kauf genommen wird, der den Fortbestand der Konzessionsgesellschaft gefährdet.

Für die Bildung der Risikokennzahl wird anschließend die Gesamtschadenhöhe ermittelt, die sich additiv aus den einzelnen Schadenerwartungswerten der Risikokategorien ergibt. Für die Gesamtschadenhöhe gilt:

$$E(S_{ges}) = \Sigma P(K_i) * E(S(K_i)) ..mit.. E[S(K_i)] = \Sigma S(T_{i;j}) * P(S(T_{i;j}))$$

Die auf diese Art ermittelte Gesamtschadenhöhe ist das Resultat einer interdisziplinären Einschätzung von mehreren, unabhängigen Personen, die gewährleistet, dass die projektspezifischen Besonderheiten der Investition ausreichend berücksichtigt werden.

Planbilanz Projektgesellschaft [in t_0]			
Aktiva		**Passiva**	
Anlagevermögen	Mio	Eigenkapital	Mio
* A1	219,00	* Ek 1	35,00
* A2	18,00	* Ek 2	42,00
* A3	20,00	* Ek 3	18,00
* A4	9,00		
* A5	4,00	Rückstellungen	
		R1	10,00
Umlaufvermögen		R2	5,00
* U1	1,00		
* U2	16,00	Fremdkapital	
* U3	1,00	* Fk 1	52,00
* U4	1,00	* Fk 2	48,00
* U5	0,00	* Fk 3	79,00
Bilanzsumme	289,00	Bilanzsumme	289,00

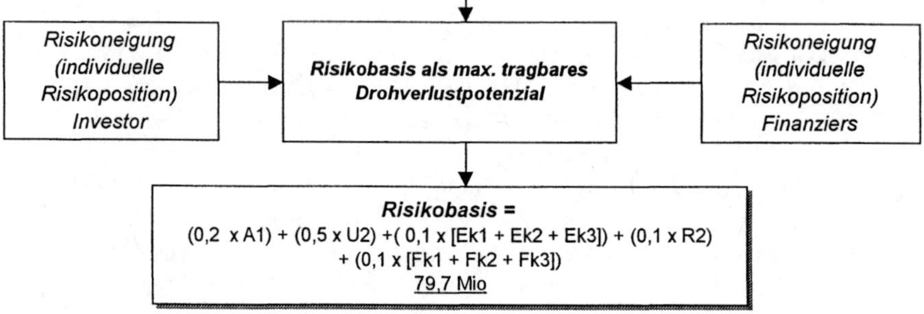

Risikoneigung (individuelle Risikoposition) Investor → ***Risikobasis als max. tragbares Drohverlustpotenzial*** ← *Risikoneigung (individuelle Risikoposition) Finanziers*

Risikobasis =
(0,2 x A1) + (0,5 x U2) +(0,1 x [Ek1 + Ek2 + Ek3]) + (0,1 x R2)
+ (0,1 x [Fk1 + Fk2 + Fk3])
79,7 Mio

Bild 8.11 Ermittlung einer Risikobasis aus der fiktiven Planbilanz einer Projektgesellschaft

Im letzten Schritt dieser Diagnosephase erfolgt die Bildung der angestrebten diagnostizierten Risikokennzahl RK_{dia} :

$$RK_{dia} = \frac{E(S_{ges})}{Risikobasis} * 100$$

Anschließend erfolgt eine Einstufung dieser diagnostizierten Risikokennzahl in eine Risikoskala mit klar definierter Intervalleinteilung. Vorgeschlagen werden vier Risikointervalle mit einem Wertebereich von [0...100]. Jedes Risikointervall beschreibt dabei eine bestimmte Risikosituation.

Je nach Zuordnung der RK_{dia} in ein Intervall können klare Handlungsanweisungen gegeben werden. Liegt die Risikokennzahl im Intervall I [0...25] oder IV

[76...100] ist die Risikosituation hinreichend eindeutig charakterisiert. Entscheidungsprobleme bereitet eine Risikokennzahl, die den Intervallen II oder III [26...75] zugeordnet wird. In diesem Fall wird die Wiederholung der Risikodiagnose empfohlen oder ergänzend die Durchführung der analytischen Risikoanalyse vorgeschlagen, um dann eine Wahrscheinlichkeitsaussage über den Eintritt einer bestimmter Risikokennzahl zu erhalten. Dadurch lassen sich Grenzfälle richtig interpretieren. Außerdem kann in analoger Weise mit einem Gewinn-Diagnose-Modell die Bildung einer Gewinnkennzahl erfolgen, die als Gewinnerwartungswert in Bezug auf die Risikobasis Auskunft über das Chancen-Risiko-Verhältnis (CRV) einer Investition gibt. Bild 8.12 zeigt dabei für zwei Investoren mit unterschiedlicher Risikoneigung die Entscheidungsräume auf. Die 45° Linie entspricht einem ausgeglichenen Chancen-Risiko-Verhältnis. Investitionen im Entscheidungsraum 2 müssen als weniger rational als diejenigen im Entscheidungsraum 1 eingestuft werden, da der CRV-Wert von Investor 2 kleiner als der von Investor 1 ist.
Ziel der Optimierung der Fernstraßeninvestition ist es deswegen, die Risiken durch entsprechende Maßnahmen so zu steuern, dass das Chancen-Risiko-Verhältnis maximimal ist.

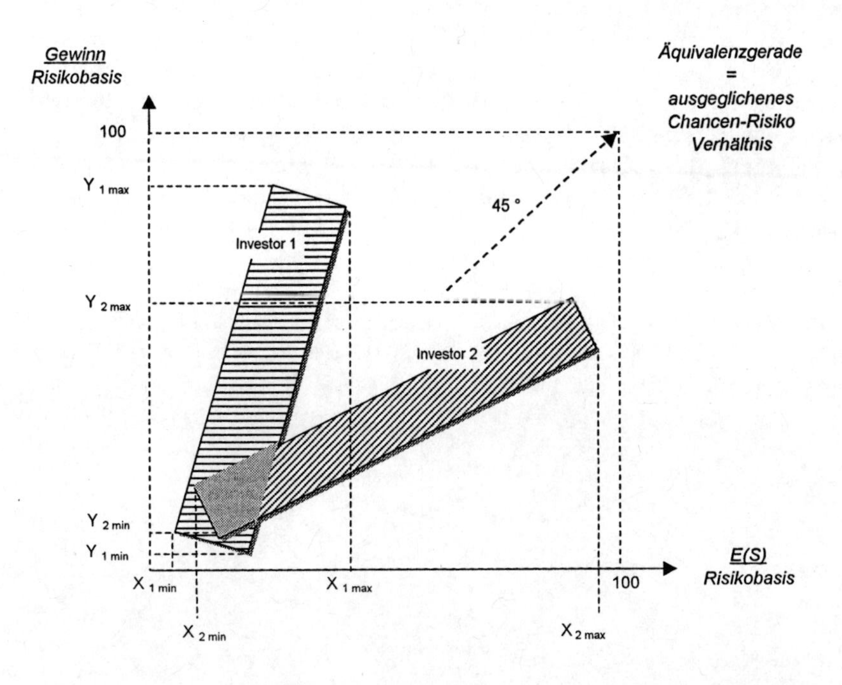

Bild 8.12 Chancen-Risiko-Entscheidungsraum

8.1.7 Maßnahmen der Risikosteuerung

Die Risikohandhabung als Stufe 5 des in Bild 8.2 zugrunde gelegten iterativen Risikomanagementprozess dient der Umsetzung der Risikostrategie und der Einhaltung der angestrebten Risikokennzahl. Das Ergebnis bei der Risikohandhabung muss sein, bei den Einflussgrößen, wie sie in Bild 8.8 angegeben sind, diejenigen herauszufiltern, die besonders hohe Risiken mit sich bringen.

Risiken, die den Schadenerwartungswert so beeinflussen, dass die Risikokennzahl nicht eingehalten wird, sind *nicht tragbare Risiken*. Sie dürfen unter keinen Umständen übernommen werden und sind vertraglich abzuwehren, d.h. an den Auftraggeber zurückzuweisen. Alle anderen Risiken sind *tragbare Risiken*, die in ihrer (auch kumulierten) Wirkung das definierte Risikopotenzial nicht erreichen. Um jedoch dem Ziel der Risikominimierung gerecht zu werden, sind auch die tragbaren Risiken durch vertragliche Gestaltungen so weit wie möglich an Dritte wie z.B. Lieferanten oder an professionelle Versicherungen durchzustellen. Da nicht alle tragbaren Risiken abgesichert werden können, verbleibt ein Teil davon zunächst als *Restrisiko* im eigenen Verantwortungs- und Risikobereich. Sie sind ständig zu kontrollieren. Mit diesen Restrisiken ist jedoch von Zeit zu Zeit die Wiederholung der Risikoanalyse notwendig, da sich im Projektverlauf Risiken verändern. Abschließend muss deswegen festgelegt werden, dass der Prozess der Risikoanalyse und -minimierung mehrmals (empfohlen wird jeweils zu Beginn einer neuen Projektphase) durchgeführt wird.
Aus der Vielzahl der oben aufgezeigten Risikokategorien ist die Kategorie des finanziellen Risikos bei privatfinanzierten und -betriebenen Fernstraßen die grundsätzlich bedeutendste Risikokategorie, die über die Existenz derartiger Investitionen entscheidet.

Im Folgenden wird deswegen die Cash-Flow Analyse zur Beurteilung der finanzwirtschaftlichen Nachhaltigkeit zunächst in ihren Grundzügen und anschließend modifiziert für Fernstraßeninvestitionen vorgestellt.

8.2 Cash-Flow-Analysen zur finanzwirtschaftlichen Risikoerkennung

Ein wichtiges Beurteilungskriterium für Sponsoren/Investoren und insbesondere für Kreditgeber (i.d.R. Banken) für oder gegen die Beteiligung an einer Projektgesellschaft für ein bestimmtes Konzessionsmodell ist der prognostizierte Cash-Flow, definiert als finanzwirtschaftlicher Umsatz- und Einzahlungsüberschuss[(1)].

Grundsätzlich lässt sich der Cash-Flow als geeignete Größe heranziehen, um die Finanz- und Ertragskraft einer Investition zu beurteilen[(2)]. Als so genannter "Liquiditätssaldo" ist der Cash-Flow auch Maßstab für die Schuldentilgungsfähigkeit eines Projekts. Durch die Cash-Flow-Ermittlung sind Rückschlüsse auf das finanzwirtschaftliche Risikopotenzial möglich. Die wichtigsten, dynamischen Methoden der Investitionsrechnung zur Beurteilung langlaufender Investitionen, insbesondere die Kapitalwertmethode, greifen ebenso auf den Cash-Flow als Haupteingangsgröße zurück. Zutreffender wird deswegen in der amerikanischen Literatur die Kapitalwertmethode auch als "discounted-cash-flow-method" bezeichnet, weil die durch die Investition generierten Bargeldrückflüsse (Cash-Flows) abgezinst und aufaddiert werden.

Darüber hinaus gibt die Cash-Flow-Analyse Auskunft über die Selbst- und Innenfinanzierungskraft einer Investition, über die dann das finanzielle Risiko beim Einsatz des Fremd- und Eigenkapitals abgeschätzt werden kann. Wird die Cash-Flow-Analyse des Weiteren mehrmals mit unterschiedlichen Eingangsvariablen wiederholt, können die kritischen Erfolgsfaktoren sowie die Sensitivität der Investition identifiziert werden.

Übergeordnet zeigt die Cash-Flow-Analyse, ob und in welcher Zeit der eingesetzte Investitionsbetrag wieder zurückgewonnen werden kann. Während der Betriebsphase einer Investition läßt sich der Cash-Flow schließlich auch als Planungs-, Steuerungs- und Kontrollgröße einsetzen[(3)]. Deswegen ist die Ermittlung des Cash-Flows Aufgabe des Finanzcontrollings.

Im Folgenden werden die bei der Cash-Flow-Analyse auftretenden Probleme zunächst allgemein, anschließend konkret am Beispiel von Fernstraßen vorgestellt und Handlungsempfehlungen zur Problemlösung gegeben.

---

(1) vgl. Gabler Wirtschaftslexikon (1997), S. 771
(2) vgl. Hahn (1986), S. 427; Möller, Schramm (1996), S. 12
(3) vgl. Siegwart (1994), S. 81 ff.

8.2.1 Grundlagen, Ziele und Grenzen von Cash-Flow-Analysen

Für die Berechnung des Cash-Flows lassen sich zwei Methoden, die zum gleichen Ergebnis führen, unterscheiden. Die indirekte, bilanzorientierte Berechnung ist durch Externe von außen durchführbar. Sie geht vom Projektgewinn einer Betreibergesellschaft aus und korrigiert diesen um nicht ausgabewirksame Aufwendungen und Erträge. Die direkte Berechnung ist nur mit internen Kenntnissen möglich und geht von der Gewinn- und Verlustrechnung aus. Sie stellt die erfolgswirksamen Einnahmen und Ausgaben einander gegenüber und ermittelt als Differenz den Cash-Flow. Beide Verfahren sind in Bild 8.13 gezeigt.

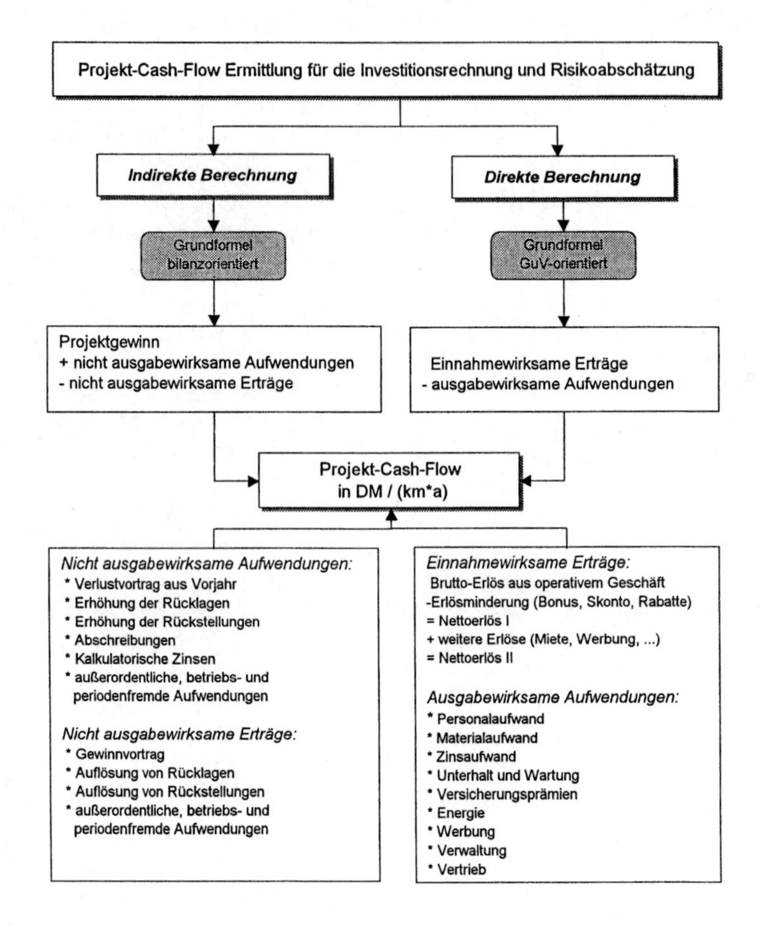

Bild 8.13 Verfahren zur Ermittlung von Cash-Flows

Der auf diese Weise, i.d.R. für das erste Planbetriebsjahr, ermittelte Cash-Flow ist Ausgangsbasis für Berechnungen der zukünftigen Cash-Flows folgender Betriebsjahre. Alle mit dem Projekt verbundenen Erlös- und Kostenkomponenten werden deswegen Jahr für Jahr der Gesamtlaufzeit kalkuliert bzw. abgeschätzt. Da es sich dabei um Prognosewerte handelt, muss mit Hilfe der Szenariotechnik überprüft werden, wie sich Abweichungen der Eingangsparameter auswirken. Dadurch lassen sich mögliche Entwicklungen des Cash-Flows darstellen.
Ausgangsbasis ist ein Standardszenario (base case), in dem alle Größen mit ihrem wahrscheinlichsten Wert belegt werden. Parameter stellen alle Faktoren dar, die den Cash-Flow beeinflussen, der unter normalen Bedingungen erwirtschaftet werden kann. Ausgehend von diesem Szenario werden weitere Szenarien konstruiert, um das Chancen- und Risikopotenzial der Investition zu ermitteln. Im besten Fall (best case) werden dazu alle Parameter mit ihrem günstigsten Wert eingeschätzt. Hier wird die mögliche Obergrenze des Cash-Flows analysiert und somit das maximale Ertrags- und Chancenpotenzial festgestellt. Im schlechtesten Fall (worst case) werden die Parameter mit ihrem ungünstigsten Wert sehr pessimistisch eingeschätzt. Damit kann überprüft werden, ob der Cash-Flow auch bei stark negativen Abweichungen der Standardparameter in der Lage ist, den Schuldendienst der Kredite zu bedienen. Sollte dieses Szenario immer noch eine jederzeitige Gewährleistung des Schuldendienstes ergeben, ist die Risikointensität des Projekts als gering einzustufen. Bild 8.14 zeigt den Verlauf verschiedener Cash-Flow-Szenarien im Vergleich zur konstant hohen Annuität.

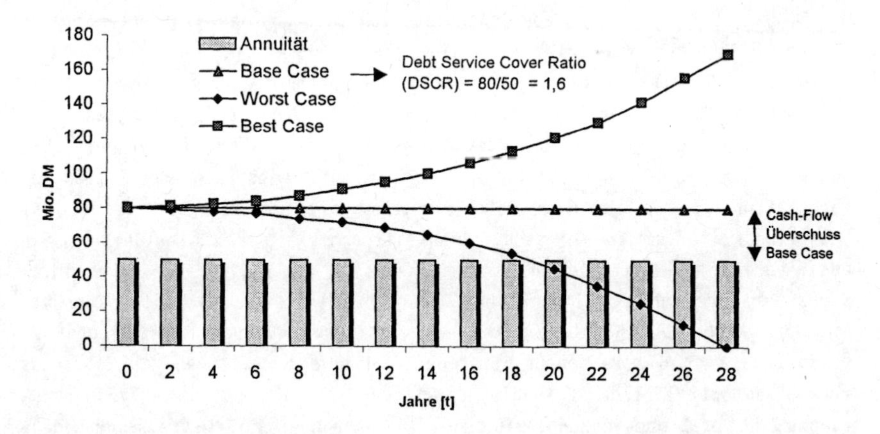

Bild 8.14 Cash-Flow Szenarien

Neben der Berechnung von verschiedenen Szenarien stellen die Banken - ausgehend vom base case - gewisse Mindestanforderungen an den Cash-Flow, der den zu leistenden Schuldendienst um eine bestimmte Relation zu überdecken hat. Als wichtigste Kennzahl wird die sogenannte "debt service cover ratio" gebildet. Sie gibt an, um wieviel der periodenweise anfallende Schuldendienst durch den jeweiligen Cash-Flow über- bzw. unterdeckt ist[1]. Eine Überdeckungsrelation von 1,5 ist in der Praxis als Richtwert anzusehen, kann aber in Abhängigkeit von der individuellen Risikointensität des jeweiligen Projekts auch zwischen 1,2 und 2,0 liegen[2]. Im Folgenden wird die Struktur von Cash-Flow Analysen und deren Besonderheiten bei Fernstraßen tiefer behandelt.

8.2.2 Eingangsparameter von Cash-Flow-Analysen für Fernstraßen

Die zur Bestimmung der Wirtschaftlichkeit sowie zur Ermittlung des finanzwirtschaftlichen Risikopotenzials von Fernstraßen notwendige Datenbasis zur Durchführung der Cash-Flow-Analyse kann, wie in Bild 8.15 exemplarisch vorgeschlagen, in zeit-, wirtschafts-, betriebs- und verkehrsspezifische Daten gegliedert werden.

Grundsätzlich besteht die Schwierigkeit in der Festlegung des notwendigen Detaillierungsgrades des Modellansatzes und in der Auswahl und Bestimmung der erforderlichen Eingangsparameter. Eine zu detaillierte Erfassung der Eingangsparameter birgt die Gefahr der Unübersichtlichkeit in sich. Eine zu grobe Darstellung der Eingangsparameter kann dazu führen, dass die Wirkung wichtiger Größen nicht erkannt wird.
Die Eingangsparameter sind abgeleitet aus zahlreichen mit Risiken behafteten Annahmen. In einem frühen Stadium sind die Annahmen oft nur Schätzgrößen, teilweise sogar spekulativ. Eine Variation der Annahmen kann zu einem späteren Zeitpunkt im Rahmen der Sensitivitätsanalyse erfolgen. Nach Festlegung aller Eingangsparameter erfolgt die Herleitung des Cash-Flows für alle Planbetriebsjahre. Durch Abzinsen der jährlichen Cash-Flows mit entsprechenden Diskontierungsfaktoren und Aufsummierung über die gesamte Zeitreihe ergibt sich als Investitionskriterium und Wirtschaftlichkeitsnachweis der Kapitalwert[3]. Ein positiver Kapitalwert gibt an, um wieviel sich das Endvermögen eines Investors zum Investitionszeitpunkt bei Durchführung dieser Investition erhöht. Ist der Kapitalwert negativ, ist die Investition unvorteilhaft für den Investor, da sich die Vermögenssituation in Höhe des negativen Kapitalwertes verschlechtert. Ziel der Cash-Flow-Ermittlung ist es gleichzeitig, Finanzierungsunter- bzw. überdeckungen für einzelne Jahrgänge zu ermitteln und Gegenmaßnahmen zur Absicherung des Risikos der Zahlungsunfähigkeit im Vorfeld zu

---

(1) vgl. Grosse (1990), S. 48
(2) vgl. Nevitt (1983), S. 10
(3) vgl. Wöhe (1996), S.757

"Stadtumgehung"	Projektdaten	Planfall 1 (3,5 km)	Planfall 2 (13 km)
Zeitspezifische Daten	Bauzeit: [a]	2	2
	Dynamisierungsfaktoren für jährliche		
	- Ertragssteigerung (Werbung/Maut)	2 %	2 %
	- Kostensteigerung	3 %	3 %
	Nutzungsdauer: [a]	30	30
Wirtschafts-spezifische Daten	Bau-/Investitionskosten: [TDM]	157.000	388.000
	Anschubfinanzierung Staat:	0 %	0 %
	Zinssatz (einheitlich für Zwifi. und Endfinanz.)	6 %	6 %
	Mautgebühr: [DM/km]	0,2	0,2
	Werbung: [DM]	0,0	0,0
	Mautverhältnis Lkw/Pkw:	4,0	4,0
	Gewährte Rabatte:	2 %	2 %
	Unternehmenssteuer:	50 %	50 %
	Geforderte Rendite nach Steuer	8 %	8 %
Betriebsspezifische Daten:	Personal Betrieb: [Personen]	6	6
	Personal Verwaltung: [Personen]	2	2
	Kosten pro Mitarbeiter [DM]	100.000	100.000
	Betrieb und Wartung: [1/Fbxkm] [DM]	50.000	50.000
	Unterhalt und Erhaltung: [1/Fbxkm] [DM]	20.000	20.000
	Versicherungsprämie: [DM]	200.000	400.000
	Durchs. Abschreibungssatz:	3 %	3 %
	Restwert	10 %	10 %
Verkehrsspezifische Daten	Streckenlänge: [km]	**3,50**	**13,00**
	Durchs. Benutzungslänge: [km/Kfz]	**3,00**	**9,50**
	Frequentierung ohne Mautgebühr: [Kfz/d]	**35.000**	**45.000**
	Widerstand durch Mautgebühr:	0,70	0,70
	Benutzungsverhältnis Lkw/Pkw:	0,15	0,15
	Fahrbahnen/Spuren je Fahrbahn	2	2

Bild 8.15 Projektdaten "Stadtumgehungsstraße"

planen. Das finanzwirtschaftliche Risikopotenzial ist die Summe aller abgezinsten Finanzierungsdefizite. Im positiven Fall stellt die Summe aller abgezinsten und aufaddierten Finanzierungsüberdeckungen das finanzwirtschaftliche Chancenpotenzial dar.

Im Folgenden wird die Cash-Flow-Analyse exemplarisch für eine Stadtumgehungsstraße anhand der o.g. Eingangsgrößen vorgenommen. Sie dient einer ersten, groben Abschätzung der Wirtschaftlichkeit und des finanzwirtschaftlichen Risikopotenzials. Auf deren Grundlage ist dann über die Weiterverfolgung des Projektes insgesamt zu entscheiden. Somit wird eine generelle Vorgehensweise aufgezeigt, die für die Erkundung wirtschaftlicher Konzessionsmodelle geeignet ist.

8.3 Projektentwicklung "Stadtumgehung"

Wie aus Bild 8.15 ersichtlich, wird als Ausgangspunkt der Projektentwicklung "Stadtumgehung" zunächst von zwei Planfällen ausgegangen. Diese Differenzierung wird zunächst notwendig, weil der geplante Trassenverlauf ein Naturschutzgebiet durchquert.
Im Planfall 1 wird im Rahmen einer Minimallösung eine Betreiberstrecke von nur 3,5 km Länge privat geplant, finanziert, gebaut und betrieben. Im Planfall 2 wird die Betreiberstrecke mit einer Maximallänge von 13 km und umfangreichen Umweltschutzmaßnahmen zur Untertunnelung des Naturschutzgebietes in gleicher Art und Weise privat realisiert. Die Projektdaten sind in Bild 8.15 für beide Planfälle wiedergegeben. Gemäß der vorgeschlagenen Einteilung in zeit-, wirtschafts-, betriebs- und verkehrsspezifische Daten, wird im Folgenden gezeigt, wie die bei der Erfassung und Festlegung der Projektdaten auftretenden Probleme im Bezug auf die Ungewissheit und Genauigkeit der Eingangsgrößen kalkulatorisch gehandhabt werden können.

8.3.1 Zeitspezifische Daten

Die Eingangsgrößen *Baubeginn, Bauzeit* und *Betriebsbeginn* sind in der Cash-Flow-Analyse so festzulegen, dass Genehmigungsverfahren oder fehlende rechtliche Rahmenbedingungen hinreichend berücksichtigt werden. Da dies häufig nur spekulativ möglich ist, sind im Anschluss an die Cash-Flow-Analyse Sensitivitätsanalysen mit unterschiedlichen Zeitpunkten für einen möglichen Betriebsbeginn durchzuführen. Dagegen lässt sich die Eingangsgröße *"Nutzungsdauer der Konzessionsstrecke"* bereits im Vorfeld vertraglich regeln. Sie ist deswegen als sicher zu bewerten und stellt kein Risikopotenzial dar. Die Bemessung dieser Zeitdauer, i.d.R. zwischen 25 bis 30 Jahren, hat so zu erfolgen, dass der zur Refinanzierung notwendige Cash-Flow in dieser Zeit ausreicht.

8.3.2 Wirtschaftsspezifische Daten

Die *Bau- und Investitionskosten* unterliegen den in der Kalkulation üblichen Risiken. Sie umfassen sämtliche Kosten zwischen der Angebotsbearbeitung und Planung bis zur Inbetriebnahme der Strecke. Wie die spätere Auswertung des Projekts "Stadtumgehung" zeigt, ist die *Anschubfinanzierung* ein wesentlicher Erfolgsfaktor für die Rentabilität. Sie ist im Cash-Flow-Modell gegebenenfalls durch Rückwärtsrechnung kalkulatorisch zu ermitteln.
Als *Zinssätze* sind die zum Zeitpunkt der Studie relevanten kurzfristigen Zinssätze zur Bauzwischenfinanzierung und die langfristigen Kapitalmarktzinssätze zur Endfinanzierung heranzuziehen. In extremen Hoch- oder Niedrig-

zinsphasen wird empfohlen, ein langjähriges Zinsmittel anzusetzen, um so das Risiko möglicher Zinssteigerungen oder die Chancen von Zinssenkungen kalkulatorisch zu erfassen.
Bei der *Mautgebühr* als die originäre Haupteinnahmequelle des Konzessionärs ist für eine erste Cash-Flow-Analyse zuerst eine möglichst realistische Annahme zu treffen, die sich z.B. an den in Kapitel 5.2.2 beschriebenen Zeitkostensätzen orientieren kann. Im vorliegenden Fall wird von 0,20 DM/km ausgegangen. Dieser Wert kann, wie aus den in Bild 5.8 angegebenen Zeitkostensätze unterschiedlicher Nutzer hervorgeht, als realistisch eingestuft werden. Darüber hinaus können *weitere Erlösquellen* neben der Maut, die z.B. durch das Aufstellen von Werbetafeln, Plakatieren von Leitplanken oder den Verkauf von Straßennamen und Benennung von Anschlussstellen mit Unternehmensnamen zu erzielen sind, als zusätzlicher Einnahmestrom für spätere Betriebsjahre berücksichtigt werden. Obwohl derzeit keine rechtlichen Grundlagen für Werbeeinnahmen bestehen, wird bei der hier vorgestellten Auswertung die zusätzliche Erlösgenerierung über Werbung entlang von Fernstraßen näher beleuchtet.

Da für Werbeerlöse entlang von Fernstraßen noch keine Ansätze vorliegen, können Vergleiche zu anderen etablierten Werbeträgern gezogen werden, um so die möglichen Einnahmen abzuschätzen. Zwar sind die Werbepreise für Fernsehen, Rundfunk und Printmedien nicht übertragbar, sie geben aber Anhaltspunkte, wieviel ein Werbetreibender bereit ist, zu bezahlen. Wie bei traditionellen Werbeträgern ist die Höhe der Werbeerlöse zum einen abhängig von der Frequentierung der Fernstraße und zum anderen von dem sogenannten Tausenderkontaktpreis, der angibt, wieviel ein Werbekunde bezahlen muss, um tausend Kunden mit seiner Werbung zu erreichen. Bild 8.16 gibt die Werbeerlöse für beide Planfälle an.

Werbeerlöse	Planfall 1	Planfall 2
Tägliche Fahrleistung:		
Durchs. Benutzungslänge: [km/Kfz]	3,0	9,5
Frequentierung ohne Mautgebühr: [Kfz/d]	35.000	45.000
Widerstand durch Mautgebühr:	0,7	0,7
Fahrleistung: [km/d]	73.500	299.250
Tägliche Werbeerlöse:		
Werbung: [DM/km]	0,15	0,15
Werbeerlöse: [DM/d]	11.025	44.888

Bild 8.16 Werbeerlöse

Dabei wird von den Werbedaten ausgegangen, wie sie bei der Außenwerbung an Litfasssäulen oder Bus- und Straßenbahnhaltestellen üblich sind. Auch Einnahmen für Werbeträger an Hausfassaden in Innenstädten können als Vergleichsbasis zur Abschätzung des Werbepotenzials einer Fernstraße herangezogen werden. Für die spätere Cash-Flow-Analyse wird angenommen, dass bei einer Genehmigung von Werbung auf privaten Betreiberstrecken 0,15 DM pro gefahrenen km durch Werbung zu erwirtschaften sind.
Dieser Wert errechnet sich durch Mittelung der Tausenderkontaktpreise für Fernsehen, Rundfunk, Printmedien und Außenwerbung(1).
Zusammenfassend kann festgestellt werden, dass entlang einer Fernstraße mit mehreren Kilometern Länge genügend Werbefläche zur Verfügung steht. Zusätzlich können anfangs Einmalbeträge beim Verkauf des Straßennamens und der Benennung von Anschlussstellen erzielt werden, so dass damit ein unerschlossenes Erlöspotenzial besonders von privaten Entwicklern in der Zukunft nutzbar sein kann.

Als weitere wichtige Eingangsgröße muss das *Mautgebührenverhältnis von Lkw zu Pkw* festgelegt werden. Diese Verhältniszahl gibt an, um welchen Faktor die Straßenbenutzungsgebühr von Lastkraftwagen höher liegen muss als bei Personenkraftwagen, um so die stärkere Belastung der Straße durch das Befahren eines Lkw kalkulatorisch zu erfassen. Außerdem kann unterstellt werden, dass der größere Nutzen des Lkw durch einen gewissen Zeitvorteil auch einen höheren Preis rechtfertigt. Ein konkretes Mauttarifmodell ist hier noch nicht zu berücksichtigen. Vielmehr geht es zu diesem Zeitpunkt darum, den Einnahmestrom grundsätzlich betragsmäßig zu erfassen. Später kann aus dieser Summe ein erlösoptimiertes Tarifmodell abgeleitet werden. Im Gegensatz dazu sind *Rabatte* bereits in dieser Phase zu erfassen, da sie die Erlössumme insgesamt schmälern und verbilligte Tarife, wie Jahres- oder Monatskarten, helfen, die Akzeptanz der gebührenpflichtigen Straße zu erhöhen. Durch Rabatte entstehen der Betreibergesellschaft zwar Einnahmeverluste, diese sind aber durch eine frühzeitigere Liquidität auszugleichen. Aufgrund der langen Laufzeiten der Konzessionsmodelle sind in jedem Falle Inflationseffekte zu berücksichtigen, die Erlöse und Kosten im Zeitablauf verändern werden. Deswegen wird vorgeschlagen, durch *Dynamisierungsfaktoren* die jährliche, prozentuale Änderung sämtlicher Größen einzeln anzugeben. Wird die Cash-Flow-Analyse, wie hier vorgesehen, in einer frühen Phase für ein Einzelprojekt durchgeführt, ist die Berücksichtigung von *Ertragssteuern* problematisch, weil zu ihrer Ermittlung nicht nur der Zahlungsstrom des Projekts, sondern auch die Periodenergebnisse der Konzessionsgesellschaft über den gesamten Projektzeitraum zu ermitteln sind(2).

---

(1) vgl. Media Daten für den Raum Stuttgart (1997), S. 1 ff.
(2) vgl. Blohm, Lüder (1995), S. 119

Deshalb kann ein durchschnittlicher und pauschalierter Steuersatz eingesetzt werden, der zunächst noch unabhängig von der späteren Rechtsform der Konzessionsgesellschaft ist. Der hier unterstellte durchschnittliche Steuersatz über die Jahre wird auf 50 % festgelegt.
Als letzte Eingangsgröße unter den wirtschaftlichen Projektdaten für die Cash-Flow-Analyse muss schließlich die *geforderte Rendite* der Investition festgelegt werden. Sie ist der Grenzwert der Verzinsung und entspricht der Mindestrendite, die die Konzessionsgesellschaft für ihr gebundenes Kapital erwirtschaften möchte. Diese Rendite muss über den auftretenden Kapitalkosten liegen. Außerdem ist zu fordern, dass aufgrund des relativ höheren Risikos bei Investitionen im Infrastrukturbereich diese Rendite höher anzusetzen ist als bei risikoärmeren Investitionen. Die geforderte Rendite ist später in der Investitionsrechnung der anzusetzende Kalkulationszinsfuß.

8.3.3 Betriebsspezifische Daten

Als betriebsspezifische Daten sind die gesamten *Personalkosten* einschließlich Sozialabgaben und Nebenkosten für den Betrieb der Strecke und Verwaltung der Konzessionsgesellschaft festzulegen. Darüber hinaus ist die Erfassung etwaiger *Versicherungsprämien*, wie die einer Betriebshaftpflicht, kalkulatorisch in der Cash-Flow-Analyse zu verarbeiten. Da die Risikohaftpflichtversicherung von Konzessionsmodellen bei Fernstraßen einen neuen Bereich für die Versicherungswirtschaft darstellt, liegen noch keine festen Prämiensätze für die einzelnen Risiken vor. Deshalb wird hier von einem Pauschalwert ausgegangen.
Gleichartige Probleme ergeben sich bei der Festlegung eines jährlichen *Abschreibungssatzes* zur Ermittlung der Kapitalkosten. Da bisher keine eindeutigen Vorgaben von der Finanzverwaltung hinsichtlich der "Absetzungen für Abnutzung", die eine steuerrechtlich anerkannte Wertminderung des Anlagebestandes zum Ausdruck bringen, bestehen, wird auch hier Neuland betreten. Da die gesamte Investition aus verschiedenen Anlage- und Bauteilen besteht, ist es aber möglich, über die zu erwartenden Nutzungszeiträume die Anfangsinvestitionen linear zu verteilen. Dadurch können z.B. bei Fahrbahnen Binder- und Betonschichten innerhalb von 25 Jahren, Deckschichten innerhalb von 12,5 Jahren abgeschrieben werden. Tunnel und Brücken haben eine Abschreibungszeit von 50 Jahren, während Lärmschutzwände innerhalb von 25 Jahren abgeschrieben werden dürfen. Aus allen unterschiedlichen Abschreibungszeiträumen ergibt sich ein mit der Investitionssumme gewichteter Mittelwert[1], der in der späteren Analyse beim Projekt "Stadtumgehung" bei 3 % pro Jahr liegt. Dadurch ergibt sich bei einer 30-jährigen Konzessionslaufzeit ein Restwert von 10 %.

---

(1) vgl. Empfehlungen für Wirtschaftlichkeitsuntersuchungen an Straßen, (EWS) 1997

8.3.4 Verkehrsspezifische Daten

Die *Streckenlänge* gibt die Länge der Fernstraße, im vorliegenden Fall bestehend aus 2 Fahrbahnen mit je zwei Spuren, in km in einer Richtung an. Als *durchschnittliche Benutzungslänge* wird die Kilometerangabe bezeichnet, die ein Nutzer auf der gebührenpflichtigen Straße fährt. Zusammen mit diesen beiden Größen sowie der *Frequentierung ohne Mautgebühr* und dem *Widerstandsfaktor* kann die Anzahl der gebührenpflichtigen Straßenkilometer pro Tag bestimmt werden. Der Widerstandsfaktor gibt an, wie hoch das Nutzerverhältnis der Strecke zu den Nichtnutzern bei einer Mauterhebung ist und wird hier mit 0,7 festgelegt. Die Problematik der Ermittlung der Frequentierung und des Widerstandsfaktors bei einer Gebührenerhebung wurde in Kapitel 5 behandelt. Die klassischen Verkehrsprognosen können eine echte, an der Ermittlung der Zahlungsbereitschaft orientierte Marktforschung nicht ersetzen.

8.3.5 Interner Zinssatz als Zwischenergebnis

Auf Basis der o.g. Daten ergibt sich die in Bild 8.17 dargestellte Rentabilitätssituation, angegeben mit dem internen Zinssatz und der dafür notwendigen Anschubfinanzierung durch den öffentlichen Straßenbaulastträger. Der interne Zinssatz gibt die Gesamtkapitalverzinsung der Investition an und kann als so genanntes K.O.-Kriterium darüber entscheiden, ob weitere Wirtschaftlichkeitsuntersuchungen sinnvoll sind.

Zwischenergebnisse	Planfall 1	Planfall 2
Fall 1:		
Ohne Anschubfinanzierung:		
Interner Zinssatz:	-3,77 %	0,82 %
Notwendige Mautgebühr: [DM/km]	0,75	0,45
Fall 2:		
20 % Anschubfinanzierung:		
Interner Zinssatz Fall 2	-1,44 %	2,94 %
Notwendige Anschubfinanzierung oder	68,33 %	51,21 %
Notwendige Mautgebühr: [DM/km]	0,59	0,35
Fall 3:		
20 % Anschubfinanzierung, 20 % Werbung:		
Interner Zinssatz Fall 3	2,13 %	6,66 %
Notwendige Anschubfinanzierung oder	55,10 %	29,41 %
Notwendige Mautgebühr: [DM/km]	0,48	0,25

alternativ für 8 % interner Zinssatz

Bild 8.17 Rentabilitätssituation für Planfall 1 und 2

Für Planfall 1 kann trotz Anschubfinanzierung und unterstellten Werbeeinnahmen keine der geforderten Mindestverzinsung entsprechende Wirtschaftlichkeit erzielt werden, so dass im Weiteren nur Planfall 2 von Interesse ist. Die sich im Fall 3 bei einer Rückwärtsrechnung ergebende erforderliche Anschubfinanzierung beträgt trotz Werbeeinnahmen 29,41 %, damit eine interne Verzinsung von 8 % möglich wird. Alternativ könnte auch die Maut auf 25 Pf/km erhöht werden.

8.3.6 Cash-Flow-Analyse

Die Herleitung des Cash-Flows für das Projekt "Stadtumgehung" zeigt Bild 8.18.

1. Erlöse [365,25 d/a]	
1.1 Maut	
Durchs. Benutzungslänge [km/Kfz]	9,5
Frequentierung ohne Mautgebühr: [KFZ/km]	45.000
Mautgebühr: [DM/km]	0,20
Widerstand durch Mautgebühr:	0,70
Benutzungsverhältnis Lkw/Pkw:	0,15
Mautgebührenverhältnis Lkw/Pkw:	4,00
Gewährte Rabatte:	2,00 %
gesamt	**31.063.362 DM**
1.2 Werbung	
Durchs. Benutzungslänge [km/Kfz]	9,5
Frequentierung ohne Mautgebühr: [KFZ/km]	45.000
Werbung:[DM/km]	0,15
Widerstand durch Mautgebühr:	0,70
gesamt	**16.395.159 DM**
Summe 1.: Umsatzerlöse	47.458.521 DM

2. Kosten insgesamt	
2.1 Personalkosten	
Betrieb und Überwachung	600.000 DM
Verwaltung der Anlage	200.000 DM
gesamt	**800.000 DM**
2.2 Fremddienste	
Betrieb und Wartung	1.300.000 DM
Erhalt der Anlage oder in Rückstellungen	520.000 DM
gesamt	**1.820.000 DM**
2.3 Kosten des Fremdkapitals	
Baukosten:	388.000.000 DM
-Anschubfinanzierung	114.110.800 DM
Höhe Fremdkapital:	273.889.200 DM
Zinssatz:	6,00 %
gesamt	**16.433.352 DM**
2.4. Abschreibungen:	
Baukosten:	388.000.000 DM
Durchschnittlicher Abschreibungssatz:	3,00 %
gesamt	**11.640.000 DM**
2.5. Versicherungsprämie	**400.000 DM**
Summe 2.: Kosten insgesamt	31.093.352 DM

3 = 1 - 2 Betriebsergebnis	**16.365.169 DM**
4. Unternehmenserfolg	
4.1. Gewinnabhänige Steuern 50 %	8.182.585 DM
4.2 = 3. - 4.1 Unternehmenserfolg nach St.	**8.182.585 DM**
5. Aufwendungen, die nicht zu Ausgaben führen	
5.1. Abschreibungen	11.640.000 DM
5.2 Rückstellungen	- DM
5.3 Summe der Aufwendungen dieser Art	**11.640.000 DM**
6. Kapitalfluss aus Umsatz (Cash-Flow)	**19.822.585 DM**

Bild 8.18 Cash-Flow-Ermittlung Projekt "Stadtumgehung"

Für die Ermittlung des Cash-Flows, der den Kapitalfluss aus dem Umsatz angibt, sind aus den Erlösen alle Erlösschmälerungen herauszunehmen und anschließend sämtliche Kosten, getrennt nach variablen Betriebs- und fixen Verwaltungs- und Kapitalkosten, zu erfassen.
Die Addition der jährlich abgezinsten Zahlungsüberschüsse ergibt den Kapitalwert der Investition, dessen Entwicklung in Bild 8.19 wiedergegeben ist.

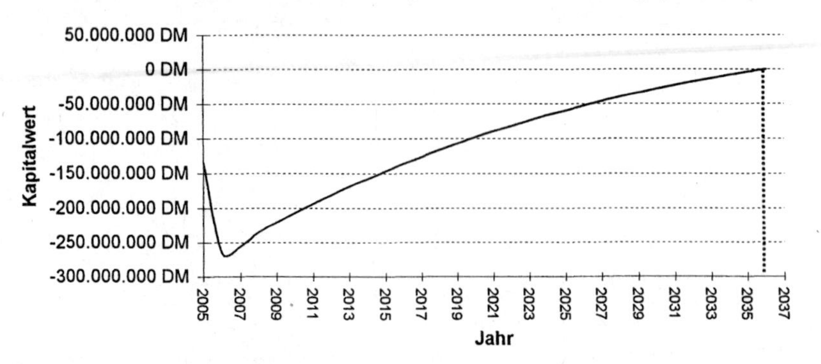

Bild 8.19 Kapitalwertentwicklung beim Projekt "Stadtumgehung"

Die in der Bauzeit negativen Zahlungsströme der beiden ersten Jahre werden ab Nutzungsbeginn mit einem positiven Cash-Flow ausgeglichen, so dass sich der Kapitalwert in die positive Richtung bewegt. Da im Zeitverlauf die wertmäßigen Steigerungen der Erlöse größer sind als die der Kosten, wachsen die Rückflüsse bis zum Ende kontinuierlich an und bewirken am Nutzungsende einen Cash-Flow von 50 Mio. DM, der zu einer Kapitalwertänderung von 4,26 Mio DM führt. Zu Beginn bewirkt bereits ein Cash-Flow von 20 Mio. DM eine Änderung von 15,74 Mio. DM. Der kontinuierliche Anstieg der Kurve verläuft durch die Diskontierung gegen Ende der Nutzungszeit etwas flacher. Nach 32 Jahren, d.h. Ende 2036, ist der Kapitalwert nahe 0 DM bzw. aufgrund der Überschreitung der Amortisationszeit von 4 Tagen bei exakt 51.014 DM, so dass die geforderte Mindestverzinsung von 8 % nach Steuern erreicht ist. Der interne Zinssatz vor Steuern liegt bei 12,18 %. Diese Verzinsung des Kapitals wäre erreichbar, wenn keine Unternehmenssteuern zu bezahlen wären. Wie die einzelnen Eingangsgrößen das Ergebnis beeinflussen, wird mit der Sensitivitätsanalyse untersucht.

8.3.7 Sensitivitätsanalyse

Im Folgenden wird eine Analyse der Faktoren vorgenommen, die auf den Kapitalwert und den internen Zinssatz beim Projekt "Stadtumgehung" den größten Einfluss haben. Hierbei ist zu berücksichtigen, dass bei der durchgeführten Sensitivitätsanalyse die Ausrichtung einiger Eingangsvariablen geändert wurde, so dass sich positive Veränderungen immer positiv auf das Ergebnis auswirken. Der Fall einer Baukostenänderung von +10 % bedeutet somit nicht eine *Baukostenerhöhung*, sondern im positiven Sinn eine Baukostensenkung um 10 %. Analog wurde beim variablen *Zinssatz* und der ***Unternehmenssteuer*** vorgegangen. Durch diese Umstellung ergibt sich somit eine bessere Vergleichbarkeit der einzelnen Variablen.

Die Faktoren, die den Kapitalwert am stärksten beeinflussen, sind in Bild 8.20 dargestellt.

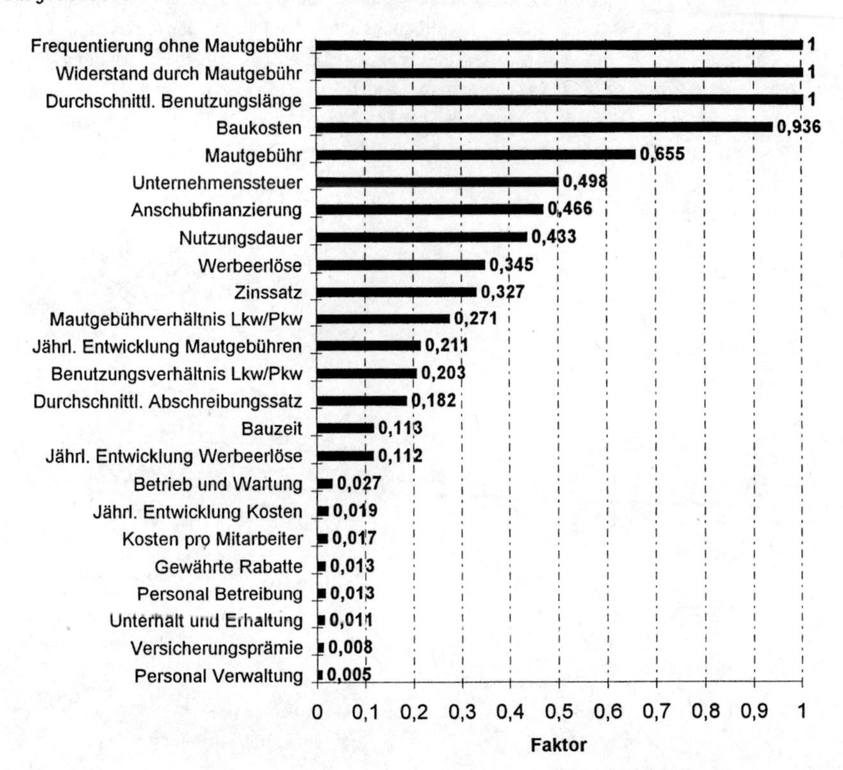

Bild 8.20 Einflussfaktoren auf den Kapitalwert

Die Eingangsgrößen Frequentierung ohne Mautgebühr, Widerstand durch Mautgebühr und durchschnittliche Benutzungslänge erhalten den Faktor eins, die anderen entsprechend ihres Einflusses einen Faktor zwischen null und eins. Betrachtet man die Verhältnisse dieser Einflussfaktoren genauer, zeigt sich, dass einige Faktoren in Korrelation zueinander stehen.

Aus dieser Korrelation folgt, dass z.B. die Baukosten (Faktor 0,936) und die

Mautgebühr (Faktor 0,665) ein Verhältnis von 1,429 ausbilden. Dieses Verhältnis erhält man, wenn man den Faktor der Baukosten durch den Faktor der Mautgebühr teilt. Daraus lässt sich ableiten, dass eine 1,429-fache Veränderung der Mautgebühren den gleichen Effekt auf den Kapitalwert hat wie eine einfache Veränderung der Baukosten. Für die Projektentwicklung heißt dies, dass eine 10 %-ige Baukostenerhöhung durch eine 14,29 %-ige Steigerung der Mautgebühren ausgeglichen werden kann, wenn die Konstanz anderer Variablen unterstellt wird. Derart lineare Verhältnisse können (unter den getroffenen Annahmen) für alle Variablen bis auf die Bauzeit, Nutzungsdauer und Kostenentwicklung sowie die jährliche Erhöhung der Maut- und Werbeerlöse festgestellt werden, die aufgrund von Zinseszinseffekten zu einem nicht linearen Verhalten dieser Variablen führen. Die linearen Verhältnisse der übrigen Variablen und ihre Wirkung auf den Kapitalwert sind in Bild 8.21 dargestellt.

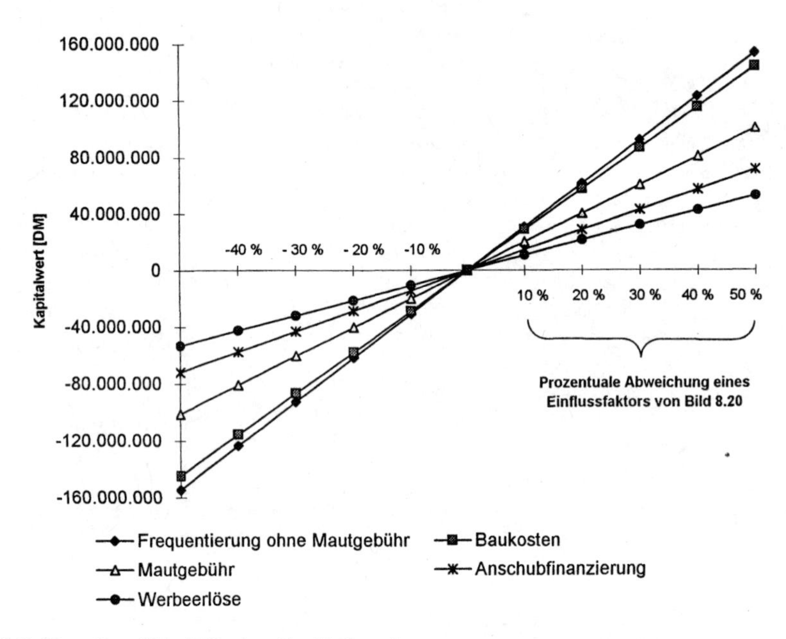

Bild 8.21 Sensitivität des Kapitalwerts

Bild 8.21 zeigt das Ergebnis der Sensitivitätsanalyse und gibt an, wie sich bei einer prozentualen Veränderung eines Einflussfaktors der Kapitalwert ändert. Im Falle einer Erhöhung der Werbeerlöse um 40 % führt dies zu einem positiven Kapitalwert von 40 Mio DM. Die "Frequentierung ohne Mautgebühr" steht hier in den Bildern stellvertretend für den "Widerstand durch Mautgebühr" und die "durchschnittliche Benutzungslänge", da alle diese Variablen denselben Faktor und damit denselben Einfluss auf die Ergebnisse aufweisen.

Die Sensitivitätsanalyse in Bezug auf den internen Zinssatz ist in Bild 8.22 wiedergegeben. Sie gibt an, bei welchen Abweichungen vom Grundwert der interne Zinssatz sich um 2 % verändern würde. Im folgenden Kapitel werden die Ergebnisse ausgewertet.

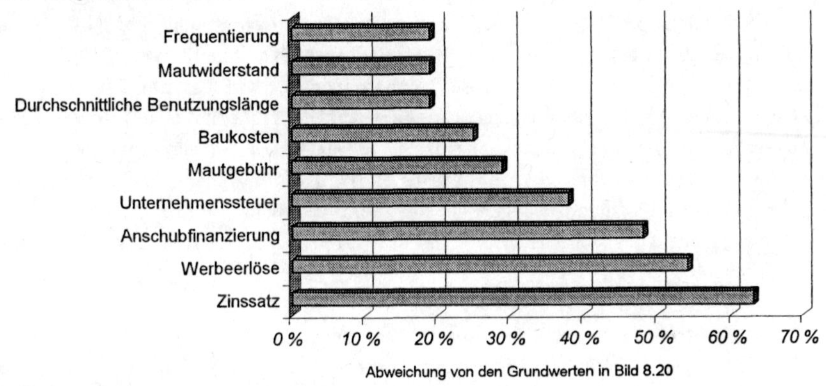

Bild 8.22 Sensitivität bei Änderung des Zinssatzes um 2 %

8.3.8 Ergebnis der Cash-Flow- und Risikoanalyse

Die in Bild 8.17 erste überschlägige Rentabilitätsübersicht zeigt anhand des internen Zinssatzes, dass nur durch eine Anschubfinanzierung in Höhe von 29 % der Investitionskosten und unter Annahme zusätzlicher Werbeeinnahmen in Höhe von 20 % der Gesamterlöse eine Kapitalverzinsung von 8 % möglich ist. Als Projekt im Rahmen des FStrPrivFinG ist die Stadtumgehung zwar volkswirtschaftlich sinnvoll, betriebswirtschaftlich jedoch nur unter den getroffenen Annahmen (hohe Anschubfinanzierung, Werbeeinnahmen) rentabel. Die übergeordnete Intention des Gesetzes, nur kostspielige Projekte privatwirtschaftlich zu realisieren, versagt aufgrund betriebswirtschaftlicher Erfordernisse. Die Auswertung hinsichtlich des Einflusses der Eingangsgrößen auf die Wirtschaftlichkeit führt zu folgendem Ergebnis:
Bei den *zeitspezifischen Daten* (Bauzeit und Nutzungsdauer) ist zu erkennen, dass sie nur wenig Einfluss auf das Gesamtergebnis haben. Ihr Risikopotenzial ist als gering einzustufen. Die Bauzeit mit einem Faktor von 0,113 spielt kaum eine Rolle. Eine Bauzeitverlängerung kann darüber hinaus durch eine Verlängerung der Konzessionsdauer ausgeglichen werden. Daraus kann abgeleitet werden, dass vertragliche Anpassungsmechanismen für einen solchen Zeitaustausch vorzusehen sind. Das mit den Zeitdaten zusammenhängende Risiko ist also vertraglich beherrschbar. Bei den *wirtschaftsspezifischen Daten* haben die Baukosten mit einem Faktor von 0,936 den größten Einfluss auf die Rentabilität.

Durch eine gezielte Steuerung des Bauablaufs zur Einhaltung der Baukosten ist dieses Risikopotenzial ebenso beherrschbar. Unter den *betriebsspezifischen Daten* besitzt der *Abschreibungssatz pro Jahr* mit einem Faktor von 0,182 den größten Einfluss auf das Gesamtergebnis. Da die Finanzbehörden noch über keine verbindlichen AfA-Tabellen für Fernstraßenbauwerke verfügen, besteht hier ein beachtliches Potenzial, um die Wirtschaftlichkeit der Gesamtinvestition zu beeinflussen. Hier zeigt sich, dass erheblicher Bedarf bei der Festlegung der Abschreibungsbedingungen besteht, um Kalkulationssicherheit für den Wettbewerb zu erzielen. Die größte Schwankungsbreite innerhalb der betriebsspezifischen Daten besitzt die Versicherungsprämie, weil die Versicherungswirtschaft derzeit keine hinreichend genauen Angaben über die Höhe treffen kann. Durch den niederen Wert von 0,008 ist der Einfluss auf die Wirtschaftlichkeit aber sehr gering.

Wie die Ergebnisse der Cash-Flow-Analyse zeigen, liegt das größte Risikopotenzial im Bereich der *verkehrsspezifischen Daten*. Dabei ist festzustellen, dass die Frequentierung unter Mautbedingungen die Wirtschaftlichkeit der Konzessionsstrecke stärker beeinflusst als die absolute Mautgebühr selbst. Als kritischer Erfolgsfaktor ergibt sich somit eindeutig die Verkehrsmenge bei einem bestimmten Mautwiderstandsverhalten. Der genauen Ermittlung der erwarteten Verkehrsmenge im Vorfeld der Investition kommt deswegen größte Bedeutung zu.

8.4 Innovative Ansätze zur Vermarktung von Fernstraßen

Gebührenpflichtige Fernstraßen unterliegen, wie aus den oben gemachten Ausführungen hervorgeht, einem prinzipiellen Akzeptanzproblem, das den wichtigsten Erfolgsfaktor, das Erlöspotenzial, nachhaltig beeinflusst. Um die Akzeptanz zu erhöhen, sind vielfältige Innovationen zur Vermarktung gegeben und im Ausland bereits erprobt. Derzeit noch wenig vorstellbare sowie ungewohnte Marketingmaßnahmen, wie z.B. das Veranstalten von Verlosungen, bei der jeder millionste Benutzer ein Auto gewinnt, würde den gebührenbedingten Widerstand gegen die Streckenbenutzung verringern und dadurch die Frequentierung der Mautstrecke erhöhen. Auch die Rückvergütung der Streckenbenutzungsgebühren durch den Einzelhandel, analog zu Parkhäusern, kann helfen, die Akzeptanz beim Benutzer zu erhöhen. Gezielte Werbung im regionalen Rundfunk und in Printmedien können die positiven Aspekte wie Zeitersparnis und Staufreiheit gegenüber anderen Strecken hervorheben und somit besonders Vielbenutzer ansprechen.

Grundsätzlich kann der Schluss gezogen werden, dass hier die kompletten Möglichkeiten aller Marketinginstrumente einzusetzen sind, um die Zeitvorteile, die die Fernstraße dem Nutzer bietet, zu vermitteln.

8.5 Übergreifende Erkenntnis für Optimierungsmöglichkeiten

Um die Wirtschaftlichkeit der Konzessionsmodelle für Fernstraßen zu verbessern, können die in Bild 8.23 aufgezeigten Handlungsempfehlungen gegeben werden.

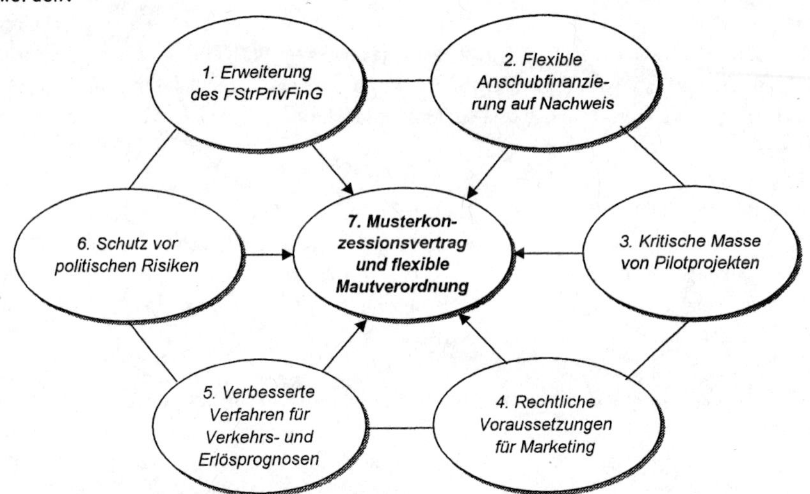

Bild 8.23 Voraussetzungen zur Optimierung der Wirtschaftlichkeit

Entscheidend für den Erfolg privatwirtschaftlicher Konzessionsmodelle gemäß FStrPrivFinG ist aus Sicht privater Investoren die Erzielung einer angemessenen, nachhaltigen Verzinsung des Kapitals, bei der die Rendite durch gezielte Steuerungs- und Eingriffsmöglichkeiten genauso zu optimieren ist wie bei alternativen Anlageformen. Diese Steuerungsmöglichkeiten sind dann gegeben, wenn folgende Randbedingungen Investitionen nach dem FStrPrivFinG begünstigen:

1. Da das FStrPrivFinG aus europarechtlichen Gründen Konzessionsmodelle auf kostenintensive Engpassbereiche begrenzt, ist unter den gegenwärtigen Bedingungen nur selten ein für privates Kapital wirtschaftliches Projekt zu finden. Eine Erweiterung auf Autobahnstrecken ist notwendig, um die Investitionskosten pro km zu reduzieren. Privatisiert werden kann außerdem nur dort, wo ein ausreichend hohes Verkehrsaufkommen vorhanden ist. Streckenabschnitte, die volkswirtschaftlich ein sinnvolles Nutzen-Kosten Verhältnis erzielen, sind betriebswirtschaftlich häufig nicht rentabel. Der Aufbau volkswirtschaftlicher Machbarkeitsstudien ist als Grundlage für unternehmerische Entscheidungen nicht geeignet. Eine geeignetere Strukturierung und Vorgehensweise wurde vorgeschlagen. Diese kann auch vom Straßenbaulastträger verwendet werden, um

die Privatisierungsfähigkeit mittels einer überschlägigen Wirtschaftlichkeitsbeurteilung im Vorfeld zu überprüfen.

2. Da der Staat trotz privatwirtschaftlicher Konzessionsmodelle nach wie vor eine Verpflichtung der Daseinsvorsorge besitzt, bedeutet dies, dass auch betriebswirtschaftlich unrentable Strecken über Zuschusszahlungen zu realisieren sind. Durch Ausschreibungen lassen sich die Bieter ermitteln, deren Zuschussbedarf in Verbindung mit der Mauthöhe am geringsten ist. Für Ausschreibung und Wertung sind standardisierte Verfahren zu entwickeln. Die Höhe der Anschubfinanzierung muss in Abhängigkeit der Besonderheiten des jeweiligen Projekts erfolgen.

3. Um mehr Erfahrungen bei der Konstruktion und Anwendung von Konzessionsmodellen zu sammeln ist es sinnvoll, erste Pilotprojekte mit einer höheren Risikodeckung durch den Staat zu initiieren, um so zu einer kritischen Masse an Projekten zu gelangen und dadurch Lerneffekte auszunutzen, die zur standardisierten Handhabung führen werden.

4. Die in Kap. 8.4 genannten Möglichkeiten zur Verbesserung der Ertragssituation durch Einnahmen, die nicht nur von der Verkehrsmenge abhängen, erfordern einen rechtlichen Rahmen, der Marketingmaßnahmen an Fernstraßen zulässt. Im dargestellten Beispiel ist die Wirtschaftlichkeit nur dann gegeben, wenn 20 % der Erlöse aus Werbeeinnahmen resultieren.

5. Bei vielen im Ausland gescheiterten Projekten sind die prognostizierten Verkehrsmengen nie erreicht worden[1]. Dies liegt unter anderem auch an falschen Prognosen über das Verkehrsaufkommen. Deswegen ist zu fordern, Prognoseverfahren durch projektabhängige Marktforschung zur Analyse der Zahlungsbereitschaft der Verkehrsnutzer vor Ort (Preiselastizitäten) zu verbessern und auf eine verlässlichere Datenbasis zu stellen.

6. Der Schutz künftiger Konzessionsgesellschaften vor staatlich bedingten Risiken, die sich z.B. aus veränderten politischen Mehrheiten ergeben können, muss bei der Gestaltung von Konzessionsverträgen gegeben sein. Werden Risiken, die der Staat nicht bereit ist zu tragen, von Privaten übernommen, steigt die in den Baukosten und Gebühren einkalkulierte Risikoprämie. Die dadurch notwendige Mehrbelastung des Nutzers durch höhere Mautgebühren erscheint gesamtwirtschaftlich unzweckmäßig. Die Verlässlichkeit des Staates und sein Verzicht auf Eingriffe, die die Wirtschaftlichkeit der Fernstraße gefährden, ist zwingende Voraussetzung für den Erfolg.

---

(1) vgl. Kapitel 6.3.4

7. Wie die Auswertung der Erfahrungen im Ausland zeigt, ist eine Regulierung der Mauthöhe nach oben durch eine Behörde strikt abzulehnen. Das FStrPrivFinG sieht aber ausdrücklich vor, dass das BMVBW per Rechtsverordnung die Höhe, Struktur und zeitliche Anpassung der Mautgebühren für jedes Projekt im Einzelfall vornehmen darf. Dadurch ergibt sich ein Ertragsrisiko. Aus EU-rechtlichen Gründen ist es derzeit auch nicht möglich, Tarifmodelle zu entwickeln, die zeit-, verkehrslast- oder streckenabhängige Komponenten gleichzeitig umfassen. Eine Optimierung der Erlöse wird dadurch erschwert. Die Gebührentarifgestaltung ist aber Teil der marktwirtschaftlichen unternehmerischen Entscheidungsfreiheit und notwendiges Steuerungsinstrument für ein erfolgreiches Investitionsmanagement, welches sich aufgrund betriebswirtschaftlicher Erfordernisse ergibt. Der Vorschlag einer allgemeinen Mautgebührenverordnung[1] kann aus ordnungspolitischer Sicht zwar helfen, den Nutzer gegen die Marktmacht einzelner Betreiber und vor überhöhten Mautforderungen zu schützen. Für die einzelne Konzessionsgesellschaft ist aber eine Gebührenverordnung nur tragbar, wenn im Konzessionsvertrag nachträglich kompensatorische Ausgleichszahlungen an die Konzessionsgesellschaften vorgesehen sind, weil beispielsweise politische Risiken eintreten, für die der Staat allein die Verantwortung trägt. Dies wäre u.a. dann der Fall, wenn aus allgemein- oder steuerpolitischen Gründen die Rahmenbedingungen des Straßenverkehrs, z.B. durch höhere Kfz-Kosten oder gebührenfreie Alternativrouten, verschlechtert werden. Für derart enteignungsgleiche Eingriffe müssen im Konzessionsvertrag finanzielle Wenn-Dann-Klauseln vereinbart werden. Zur Verbesserung der Kalkulationssicherheit muss deswegen gefordert werden, einen flexibel gestaltbaren Musterkonzessionsvertrag mit einer entsprechenden liberalen Mautverordnung zu erarbeiten.

---

(1) vgl. Ewers, Tegner (1999), S. 65

9 Zusammenfassung

Die bei der Herstellung und Vorhaltung von Fernstraßen in *Kapitel 1* dargestellte Problemsituation, die einerseits durch eine permanente Verkehrszunahme, andererseits durch einen seit Jahren sinkenden Modernitätsgrad des Anlagenbestandes gekennzeichnet ist, wird sich aufgrund der hohen Staatsverschuldung und den daraus resultierenden Sparzwängen mit immer geringeren Handlungsspielräumen der öffentlichen Hand in naher Zukunft nicht wesentlich verbessern. Die notwendigen Investitionen, um den vordringlichen Bedarf, wie er im Bundesverkehrswegeplan 1992 ausgewiesen war, zu decken, sind mit den derzeit üblichen Finanzierungsmöglichkeiten und den vorherrschenden politischen bzw. rechtlichen Rahmenbedingungen nicht realisierbar. Deswegen wurden in der Theorie zahlreiche Lösungsansätze entwickelt, die in *Kapitel 2* in ihren Grundzügen dargestellt sind. Aufgrund der dort vorgenommenen Analyse hinsichtlich der Realisierungschancen dieser Modelle muss festgestellt werden, dass kurzfristig *nur auf Grundlage des FStrPrivFinG* einzelne und besonders kostenintensive Fernstraßenprojekte umgesetzt werden können, um so zu einer Entschärfung, nicht jedoch zu einer Beseitigung des Investitionsstaus beizutragen. Da die im FStrPrivFinG vorgesehenen Modelle als eigenständige Konzessionsmodelle konzipiert sind und in das bestehende Straßennetz integriert werden müssen, wurden zunächst in *Kapitel 3* die Strukturen der heutigen Organisation und somit der äußere Handlungsrahmen für die Projektabwicklung von Fernstraßen gemäß FStrPrivFinG aufgezeigt. Dabei hat sich ergeben:

Die von der öffentlichen Hand eingesetzten Instrumente und Überlegungen, die für die Bauentscheidung von Fernstraßen ursächlich sind, eignen sich für Private nicht. Übergeordnete volkswirtschaftliche Kosten-Nutzen-Analysen, die allein auf die Gesamtwirtschaftlichkeit der Straßenbaumaßnahme abzielen, helfen aus einzelunternehmerischer Sicht nicht bei Investitionsentscheidungen, bei denen private Investoren die jeweilige Risiko- und Ertragssituation bewerten. Ziel der Arbeit war es deswegen, eine geeignete Vorgehensweise zur Wirtschaftlichkeitsoptimierung zu entwickeln, die von den an einer Konzessionsgesellschaft für Fernstraßen Beteiligten eingesetzt werden kann, um Chancen und Risiken früh zu erkennen und zu bewerten. Die dafür entwickelte Methodik setzt auf das bisher aus dem Hochbau bekannte Instrument der Projektentwicklung. Deren Grundzüge und Merkmale werden in *Kapitel 4* erläutert und auf die Anwendungserfordernisse bei der privaten Projektentwicklung von Fernstraßen übertragen. Der Projektentwicklungsprozess wird daraufhin in Phasen eingeteilt und die jeweiligen Aufgaben in den Kapiteln 5 bis 7 abgehandelt.

Bild 9.1 fasst die Vorgehensweise der Projektentwicklung von Fernstraßen durch Private zusammen.

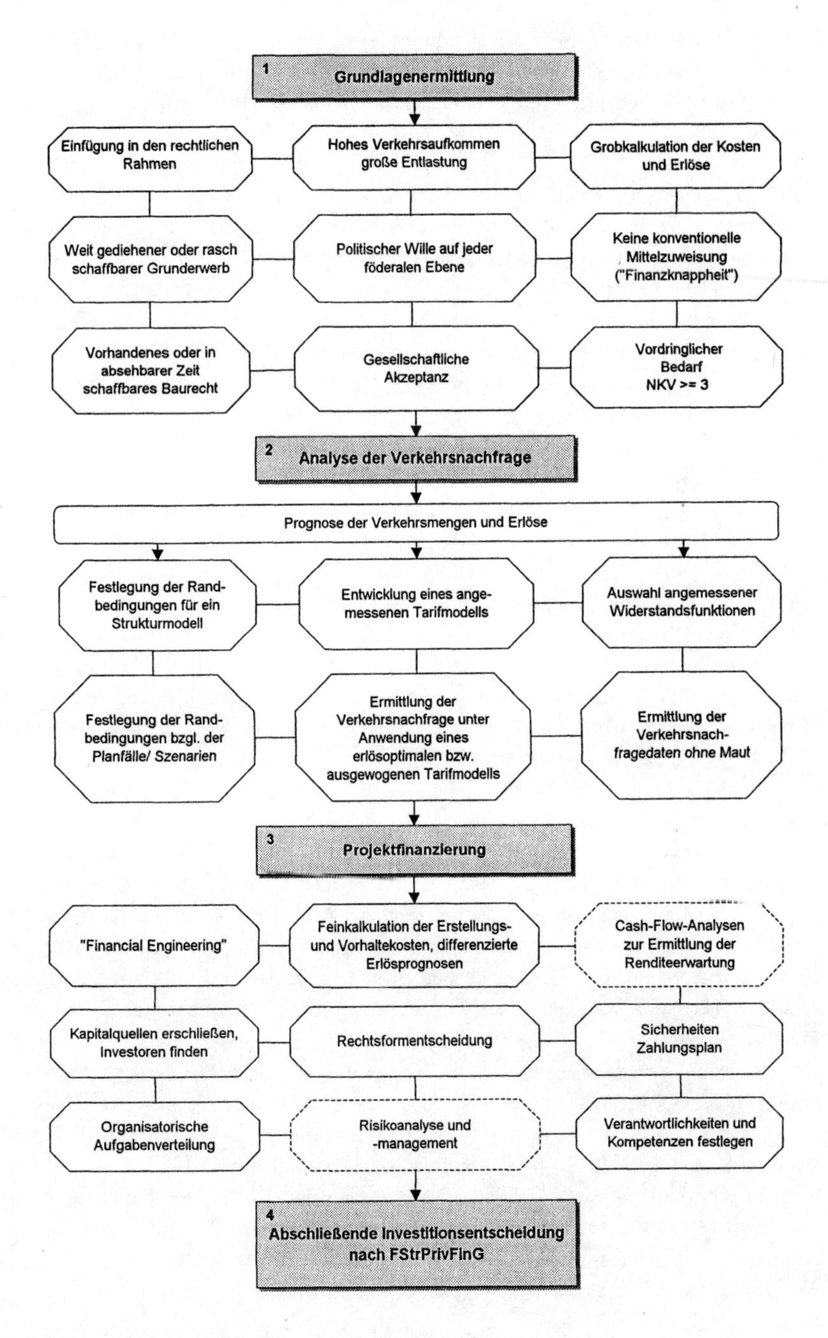

Bild 9.1 Zusammenhängender Projektentwicklungsprozess

Durch die Anwendung dieser mehrstufigen Vorgehensweise gelingt es, das vorliegende Investitionsentscheidungsproblem zu strukturieren und systematisch zu bearbeiten. Für den privaten Investor führt dies zu einer Komplexitätsvereinfachung.

Als wichtige Phasen des Projektentwicklungsprozesses werden die "Grundlagenermittlung" und "Analyse der Verkehrsnachfrage" in *Kapitel 5* sowie die Festlegung geeigneter Finanzierungs- und Organisationsmodelle auf Grundlage der Prinzipien der Projektfinanzierung in *Kapitel 7* dargestellt. Dabei lässt sich unter Berücksichtigung der in *Kapitel 6* dargestellten Erfahrungen bei Konzessionsmodellen im Ausland zeigen, dass innovative Finanzierungs- und Organisationsmodelle allein für privat entwickelte Fernstraßen nicht ursächlich für eine nachhaltige Wirtschaftlichkeit sind. Erfolgsbestimmend sind vielmehr die für jede Fernstraßeninvestition spezifischen Erlös- und Kostenkomponenten, die zu bestimmen und in ihrer Wirkung auf die Wirtschaftlichkeit hin zu untersuchen sind. Für die Optimierung der Wirtschaftlichkeit werden in *Kapitel 8* die Risiko- und Cash-Flow-Analyse eingesetzt.

Kapitel 8.1 erläutert den Entwurf eines theoretischen *Risiko-Diagnose-Modells*. Dieses besteht aus drei Stufen und ist eingebettet in einen iterativen Risikomanagementprozess. Ziel des Risiko-Diagnose-Modells ist die Ermittlung einer projektspezifischen *Risikokennzahl*, die das Ausmaß des Risikos anhand von Risikokategorien, die angegeben wurden, und einer Risikobasis quantifiziert.

Die Bildung von Risikokennzahlen ermöglicht grundsätzlich die Vergleichbarkeit des Risikos verschiedener Projekte und erleichtert die Auswahl unter verschiedenen Investitionsalternativen. Bei mehrmaliger Anwendung ist zu erwarten, dass sich für grundsätzlich wirtschaftliche Investitionen Risikokennzahlen in einer bestimmten Größenordnung, d.h. in einem Risikointervall, ergeben werden, so dass Projekte mit stark abweichenden Kennzahlen sofort als zu risikoreich erkannt werden können. Das hier entwickelte Risiko-Diagnose-Modell hilft auch, die Folgen nicht direkt quantifizierbarer und unsicherer Eingangsparameter zu erfassen und zu bewerten. Die Anwendung dieses Modells ist deswegen gerade für die Beurteilung des Risikos für Investitionen in privatfinanzierte Fernstraßen nach dem FstrPrivFinG geeignet. Die Zerlegung des Gesamtrisikos in beliebig viele Teilrisiken ermöglicht eine flexible Anpassung des Modells an individuelle Projekterfordernisse. Der Einsatz des Modells trägt dazu bei, dass das Risiko durch die Angabe eines möglichen Schadens wertmäßig beziffert wird. Dies gelingt durch die Einbindung verschiedener Expertenmeinungen und gewährleistet die interdisziplinäre Lösung des Investitionsentscheidungsproblems. Dadurch steigt die Entscheidungssicherheit.

Kapitel 8.2 erläutert die Grundzüge der Cash-Flow-Analyse und modifiziert ihre Struktur so, dass sie für die Beurteilung der Wirtschaftlichkeit von Fernstraßeninvestitionen einsetzbar ist. Aus Gründen der Übersichtlichkeit und zur einfacheren Handhabung wird vorgeschlagen, die umfangreiche Datenbasis in vier Bereiche mit ausgewählten Parametern einzuteilen. Die Durchführung der Cash-Flow-Analyse im Rahmen einer Sensitivitätsbetrachtung als teilstochastisches Verfahren der Risikorechnung ergab diejenigen Stellgrößen, die die Wirtschaftlichkeit am meisten beeinflussen. Für die Optimierung von Kapitalwert und internem Zinssatz sind die in Bild 8.20 angegebenen und nach ihrer Bedeutung aufgelisteten kritischen Erfolgsfaktoren maßgeblich. Für eine Verbesserung der Rentabilität sind sie gezielt zu steuern.

Erfolgsbestimmend ist dabei vor allem die Erlösseite. Sie wird u.a. durch den Mautwiderstand, Gebühren- und Tarifmodelle und der Benutzungslänge der Strecke bestimmt. Dabei hat sich gezeigt, dass die rein verkehrsbedingten Einnahmen nicht ausreichen, um eine angemessene Wirtschaftlichkeit zu erzielen. Zusätzliche Einnahmequellen wie z.B. Werbeerlöse sind deswegen notwendig, um Projekte gemäß FStrPrivFinG zu realisieren.

Es ist festzustellen, dass die Anwendung des Risiko-Diagnose-Modells in Verbindung mit der Sensitivitätsanalyse eine sinnvolle Kombination zur Beurteilung des hier gegebenen Investitionsrisikos darstellt, welches sich in der dargestellten Verfahrensweise besonders bei privatfinanzierten Fernstraßen anwenden lässt.

Damit leistet die vorliegende Untersuchung einen Beitrag für die Wirtschaftlichkeitsoptimierung von Investitionen gemäß FStrPrivFinG und gibt Empfehlungen, wie Schwachstellen in den Rahmenbedingungen zu beseitigen sind, damit eine breitere Anwendung des Gesetzes möglich wird.

STICHWORTVERZEICHNIS

LEBENSLAUF

Name	**THOMAS BENZ**
Anschrift	Rotweg 54, 71364 Winnenden
Geburtstag	30.01.1969
Geburtsort	71522 Backnang
Familienstand	ledig

SCHULBILDUNG

1975 - 1979	Grundschule in der Plaisir, Backnang
1979 - 1988	Gymnasium in der Taus, Backnang Abschluss: Reifeprüfung

WEHRDIENST

1988 - 1989	Grundwehrdienst als Schreibfernmelder bei der - Fernmeldekompanie 1/10 in Sigmaringen und - ELOKA in Donauwörth

STUDIUM

1989 - 1994	Studium der Technisch orientierten Betriebswirtschaftslehre an der Universität Stuttgart Abschluss: Diplom Kaufmann (t.o.)

BERUFLICHE TÄTIGKEIT

1994 - 1995	HEILIT + WOERNER Bau AG, München, Zweigniederlassung Schlüsselfertigbau Tätigkeiten im Controlling sowie kaufmännische Projektleitung und Bauleitung
1995 - 2000	Wissenschaftlicher Mitarbeiter am Institut für Baubetriebslehre der Universität Stuttgart, Direktor: Prof. Dr.-Ing. F. Berner